RADICAL MARKETS

激進市場

Uprooting Capitalism
and Democracy for a Just Society

戰勝不平等、經濟停滯，與政治動盪的全新市場設計

艾瑞克·波斯納 Eric A. Posner
格倫·韋爾 E. Glen Weyl——著
周宜芳——翻譯

謹以本書紀念經濟學家

威廉 · 維克里

（William S. Vickrey，1914-1996）

CONTENTS

　　　　貧富差距

　　　　停滯

　　　　衝突

　　　　市場與市場的不足

　　　　真正的市場規則

　　　　完全競爭：菁英的鴉片

　　　　激進市場的想像

激進市場，以進大同
二十一世紀的古典價值

唐鳳｜行政院政務委員、RadicalxChange 理事

兩年前，格倫・韋爾（Glen Weyl）和艾瑞克・波斯納（Eric Posner）合著出版《激進市場》〔*Radical Markets*，編注：Radical 可譯為「基進」（根基＋積極進取），故也可稱「基進市場」〕，引發廣泛討論和迴響。格倫和艾瑞克認為，面對公共事務，人們往往各持己見、不願分享只有自己知道的資訊。如果能透過精心設計的市場機制，促使更多人願意公開表達真正的想法，社會就能共同找出更妥善的解方。

基於「透過市場機制促進公共利益」的想法，他們選擇了五個不同領域的社會問題，並透過機制設計，設計出五種提案。如

今，這本書推出正體中文版，我認為對於臺灣讀者來說，確實別具意義。

以拍賣制促進資產流動

為什麼別具意義呢？以第 1 章的「共同所有權自評稅制」（Common Ownership Self-Assessed Tax，COST）來說，具體做法是讓民眾自行標定資產的價格，但每年必須付一定比例的稅。一旦有人願意照價收買，資產的持有者則不能拒絕。

這無疑是臺灣人再熟悉不過的做法，因為這就是孫文所提出「平均地權」的延伸。平均地權的概念，是讓每個持有的人，自己評估這塊土地因為社區的共同開發，而增加了多少價值，每年把自己評定的土地價值公布出來。

如果價值估計得過高，就要付比較高的稅，也就是照價徵稅，而如果估計的價值低於實際的合理價值，政府就可以用估值買走，則是照價徵收。

不過，這套做法只能由政府決定要不要照價收購，如果政府沒有動作，土地的價值就沒有著落。COST 則調整成，開放任何人都能按照所報的價格購買，也就是變成「拍賣制」。透過固定稅收和市場機制，讓持有人願意揭露資產的真實價值，可以促進

資產的充份運用，同時防止囤積。

新型態民主治理

另一個在臺灣運行過的機制，則是第 2 章所談的「平方投票法」（Quadratic Voting，QV）。QV 的設計初衷，源自於目前世界上普遍使用的多數決，很容易形成棄保等策略性投票，無法揭露個人的真實偏好；而一人一票的設計，往往也無法有效反映意見的強度。

「投票愈集中就必須付出愈多點數」的 QV 制度，讓每一票的邊際效用，剛好等於邊際成本。人們為了不浪費成本，便更有動機根據自己實際的偏好投票，進而讓公共議題的討論更有品質。

以臺灣的總統盃黑客松（Hackathon，注：程式設計馬拉松）為例，2019 年開始，我們都是運用 QV 進行提案票選。每位參與者各獲得 99 點，想對某個提案投一票只要 1 點，投兩票需要 4 點，三票需要 9 點，換言之，每個人付出的點數是票數的平方。

在總統盃黑客松的投票過程中，我們觀察到，縱使參與者會自行配票，但因為點數有限，加上灌票成本非常高，所以不會讓票數過度集中，因此避免極化的結果。

在臺灣之外，另一個值得讀者了解的例子，是 2019 年，科羅拉多州的眾議院採用 QV 來表決預算分配，創下了新型態民主治理的里程碑。採用 QV 的好處是，每個議員都較能接受這樣的結果，因為每個議員都傾向於分散投好幾個不同的預算案，即使其中只有一、兩個通過，自己也有促成的貢獻。

數據的勞動合作社

從平均地權和 COST 的連結，到總統盃黑客松採行 QV，可以看出社會和民主制度的創新，在臺灣是稀鬆平常的事。

我認為，另一個極有機會在臺灣實驗的做法，則是第 5 章「數據即勞務」。在臺灣，合作社、互助社已經是行之有年的傳統。合作社的設計初衷是，與其一定要有老闆，不如一群工作者集合起來，透過民主的方式決定要接哪些不同的工作。結合不同專長的人，所創造出的利益，一定比個別工作來得大，也能增加每個人的平均收入，這就是所謂的勞動合作社。

「數據即勞務」的概念，其實就類似勞動合作社。例如中研院與民間團隊合作開發、可用來監測空氣品質的「空氣盒子」，就是透過開放民眾參與認養，讓空氣盒子遍布全臺灣後，將數據公開在零時空汙觀測網，讓大家有另一個管道可以了解臺灣實際

的空氣品質，而不用完全依賴環保署的測量站。從這個例子我們就可以看到，當數據的勞務組織起來的時候，這個價值就是無限的，而且會出現各種各樣的利用。

這個做法的前提是，每個人都把自己看作資料的產製者；我對於自己的個資擁有隨時可以去請求副本、修改、刪除等等的權利，如此一來，我們就會有新的合作關係出現。例如，近來因為口罩網購的需求，許多人因此下載了健保署的「健保快易通」，發現原來領取口罩的記錄，自己可以隨時取得。在這個基礎上，我們便可以思考相關應用，例如將自己未領取的額度分享給外交部，作為捐贈國際醫護人員的憑據。這讓數據的價值獲得直接的回饋，也就是「數據即勞務」最重要的意義。

＊ ＊ ＊

以上介紹的只是書中的三種方法，其餘包括透過介紹制改善移民問題的「個人簽證計畫」（Visas Between Individuals Program，VIP）以及防止資本家壟斷的「禁止財團在同領域分散持股」，都是值得所有人一起深入研究的做法。

而在我看來，臺灣經驗給世界的啟示，在於我們在生活中實地試驗，讓這些理論變成現實可用的工具。無論是同學會、管委

會，到企業、政府部門，只要出現新的組織或專案，我們就可以運用、甚至進化這些參與機制。

舉例來說，格倫為了推廣這些方法，創立了非營利組織 RadicalxChange（RxC），我也受邀擔任理事。在我們每一季召開的理事會中，便是以 QV 進行議案表決。每一個理事都有 100 個投票點數，而任何人都可以提出議案，每個人都可以針對議案投同意或是反對，沒有用掉的點數可以折舊後累積到下一季。這樣不僅確保通過的提案符合理事們的真實意願，也能促成更好的討論品質。

目前，RxC 在《激進市場》的基礎上，持續研究如何運用這些機制設計，解決目前市場和政府都無法處理的資源分配問題。例如以太坊創辦人，同時也是 RxC 理事的維塔利克‧布特林（Vitalik Buterin），便在 QV 的基礎上，發展出平方募資法（Quadratic Funding，QF）。

這個全新募資機制設計是為了解決世人在使用公共財時常出現的「搭便車」問題而生，目前在區塊鏈平台 Gitcoin 中，即將實驗到第五輪。有興趣的讀者可以參考維塔利克、本書作者格倫與哈佛經濟學博士佐依‧希齊熙（Zoë Hitzig）合著的論文〈自由激進主義：社群間社會中立正式規章〉（Liberal Radicalism: Formal Rules for a Society Neutral among Communities），以及維

塔利克根據 Gitcoin 實驗的分析〈第四輪 Gitcoin Grants 分析報告〉
（Review of Gitcoin Quadratic Funding Round 4）。

結語

綜觀歷史，每個時代都有新思潮推動社會創新，這些思潮延伸而出的理論和工具，是改善人類處境的重要途徑。

在整理臺灣經驗後，我發現《激進市場》不只提供了一批嶄新的工具，書中這些看似激進的提案，更像是傳統「大同思想」的全新活化。

讓生產結果和財富被所有人好好運用，而不是私人藏為己用的觀念，就是《禮運大同篇》中所說：「貨惡其棄於地也，不必藏於己」；每個人運用自己的所有，對公共議題給予實質的回饋和貢獻，更體現了「力惡其不出於身也，不必為己」的精神。

對臺灣人來說，這些做法非但不算激進，更是早已存在於社會之中的古典價值。因此，我由衷希望正體中文版的出版，能創造更多思辨和討論，讓「二十一世紀的古典價值」，成為「大同世界」新的篇章。

激進與改變
區塊鏈與激進市場的神祕緣分

梁智程｜以太坊研究員

黃雅信｜RadicalxChange Taipei 社群發起人

　　《激進市場》英文版在 2018 年出版之後，隨即在區塊鏈圈引起不小的迴響，《激進市場》中思路與區塊鏈圈的理念、技術相乘互補，開啟兩者間奇妙的緣分。不只區塊鏈需要激進市場的方案來解決自身的問題，區塊鏈很適合拿來實驗激進市場的運作，做為用於現實社會前的參考。我們想藉由這篇文章，幫讀者回顧區塊領域中發生的故事，一窺實踐書中理論的過程有哪些考量與決策。

《激進市場》與以太坊

2008 年適逢金融海嘯，隔年比特幣應運而生，支持比特幣這類加密貨幣的區塊鏈技術，為世人示範了交易媒介的去中心化，不需要由單一機構的主機保管（以法幣來說就是各國中央銀行）。加密貨幣分散儲存在世界各地陌生的電腦中，區塊鏈可以保證全世界看到的所有帳戶餘額是一樣的。到了 2015 年，由維塔利克等人發起的以太坊進一步改良了比特幣的協定，做到能夠部署客製化程式在系統上。這種部署在系統中的程式，一般稱為合約（Contract），加上使用者介面，稱為去中心化應用程式（DApp, Decentralized Application）。

有了合約功能，以太坊上已有豐富的應用生態系，例如域名系統、預測市場、穩定幣、去中心化交易所、利率工具、衍生性金融、加強交易隱私用的混合器等。在區塊鏈圈，現今世人關注的重點也不再純是虛擬貨幣的轉帳，而是還有哪些有趣的應用可以建築在區塊鏈上，以及解決區塊鏈現有的問題。

《激進市場》英文版第一版上市前，讀過書稿的維塔利克發布了一篇讀後感想，提到如何將其中方案運用在區塊鏈應用上。其中一項是在 ENS 域名系統上使用《激進市場》第 1 章提到的哈柏格稅制。如同現在網頁的域名，網頁域名把好讀的「網址」對

應到不好讀的 IP 地址，ENS 讓人們可以註冊好讀的「域名」到不好讀的以太坊帳戶或合約地址。人們可以使用原生交易媒介以太幣去購買域名。如同網頁網名，一個短小好記的域名就是網站服務的品牌，服務的提供者願意出高價購買，但也有投機者會事先搶占這些域名，等著服務的提供者高價收購，也因此會造成書中提到的買方獨占問題，這種買方獨占問題，便可以考慮用哈柏格稅制解決。

區塊鏈應用的公共財性質

區塊鏈上極具價值的軟體、工具、應用、研究、基礎架構等專案，多為公共財性質。而公共財使用時常出現「搭便車」問題。公共財能在同一時間為多人共同享有，也無法阻止沒出錢的人享有。因此人們就等著別人出資建設公共財，坐享後果，而不願自行貢獻代價去取得。現在人們對應公共財的方式是透過政府徵收稅金，強制人們出資，再藉由各種治理方式，分配資金到需要的公共財上。

然而，區塊鏈社群不太能接受傳統的解決方案，即由單一政府或單位募資，再來分配給公共財。因為如此，資源就受到單一機構的支配。《激進市場》中的平方投票法（以下皆稱 QV）為這

種困境提供解方，但 QV 也有其限制，參與投票的選項必須事前決定，並不適合廣泛的開源軟體公共財的募資，因此需要將修改 QV 的某些機制。

2018 年 9 月，維塔利克、哈佛經濟學博士佐依·希齊熙與本書作者格倫·韋爾，發表了〈自由激進主義：社群間社會中立正式規章〉，將 QV 做進一步延伸，並藉此機會設計出全新募資機制設。改進後的 QV 稱為「平方募資法」（Quadratic Funding，QF），對於以太坊中的每個專案，每個贊助者各自的贊助，開根號之後，再加總起來，最後總數的平方便是募資專案分配到的金額。所有贊助者各自贊助的加總，不足所有專案需要分配到的金額，不足額由某個補助池補足。

平方募資法實驗

2019 年 2 月、3 月、9 月，2020 年 1 月，以及 3 月，在區塊鏈平台 Gitcoin 上共進行了五輪實驗。

從第三輪實驗開始，加入了抵抗共謀的機制。這是因為原來的 QF 假設贊助者之間互相不串謀，串謀之後會讓一個專案得到更多的補助金配對，這是不樂見的。而到了第四輪，也觀察到某些共謀的問題，某些專案提供了金錢或物質上的交換條件（quidpro-quo）來取得贊助。但這是否會違反公共財募資的原意？目前 Gitcoin 方的共識是禁止交換條件，但如此一來，Gitcoin 必須人為介入審查，又會造成單一機構支配的風險。長遠來看，需要另外一層抗共謀的技術來解決這個問題。

最後在第五輪實驗中，加入投負票的機制。這是《激進市場》第 2 章針對「在兩個爛蘋果中選一個比較不爛的」的平方投票解決方案的延伸。贊助者不僅能夠投正票，出資來讓專案獲得補助池配對，更可以投負票，出資讓專案原有的補助降低。如此可以抑制專案因非理性的人氣而得到補助池的補助。在本文寫作時，第五輪實驗仍在進行中。

RadicalxChange 基金會與臺灣

《激進市場》中的提案不只在區塊鏈世界引起波瀾，也開始影響當前社會的現有體制。2019 年 4 月，美國科羅拉多州聯邦眾議員首度採用 QV，表決了接下來二年預算案的優先順序。2020 年 2 月中旬，在美國科羅拉多州丹佛市舉辦的 EthDenver 黑客松與研討會活動，邀請到加拿大國會議員嘉納（Michelle Rempel Garner）進行分享，她的演講內容也多次提及《激進市場》書中概念。激進市場的革命性論點之所以在北美政治界引發討論，主

要是因為 RadicalxChange 基金會的成立。

　　本書作者之一的格倫因為《激進市場》在美國受到高度矚目而聲望竄起，他接到愈來愈多活動與演講邀約，顧問諮詢請求不斷，於是他開始思考出書之後還有什麼樣的可能性、可引發什麼樣的討論，實際在政策推動上能帶來什麼樣的改變，包括具體落實、實驗想法的可能等。在各方考慮之下，他認為基金會是一個特別適合推動願景發展的方向，同時也順應時下潮流。基金會就在這樣的蓬勃發展態勢下成立，期許激進市場提出的想法，站在出版書籍既有的基礎上，更進一步改變社會。臺灣的行政院政務委員唐鳳也在其中擔任無給職的基金會理事。

　　而 2019 年 7 月，RadicalxChange Taipei 激進改變台北社群在本文筆者以及台北以太坊社群幾個核心成員的支持下創立。我們期望本書在臺灣擴散之後，能夠激起廣泛的討論，以及有更多新想法被嘗試。

數位理想主義者的挑戰

維塔利克・布特林（Vitalik Buterin）｜以太坊共同創始人

傑容・藍尼爾（Jaron Lanier）｜虛擬實境之父

本書來得正是時候。

若非是新數位世界正在瓦解數位之前的舊世界，就是舊世界已踏上機能失調之路。到了這個時候，要和數位設計一刀兩斷早已經不可行；我們需要它們因應我們所面對最重要問題的複雜性和全球本質。現在最重要的問題，當然是這個數位新世界在變得更成熟之時，會是什麼樣貌。要怎麼做，它才會盡可能地實用、親善、給人尊嚴、有人性而富創意？

我們都知道，優良的體制是不夠的。網際網路和文明的其他數位元素在推出時，出發點多半純良至善。儘管網際網路先驅者

的精神仍然受到稱頌，引導他們的那些理想動機，有些後來發現是一種天真，招致意料之外的嚴重後果。

新創的「網路自由主義」（cyberlibertarian）理想中，有一股思潮影響了早期的網際網路，它假設某個最低程度的溝通就已經足夠；較高層的結構組成，如果顯然屬於必要性質的，可以用私部門產業假設中的未來層來支應。但是這些較高階的分層後來因為網絡效應而形成自然獨占；結果意外造成新型的資訊集中，隨之而來的是權力的集中。少數幾個科技巨人擁有大多數人接觸網絡的管道。確實，這些企業傳輸並有效地控制了大多數個人的數據。

類似地，雖然信任是奠定一個端正儒雅社會的珍貴特質，然而像是來源、認證或是數位架構裡其他可能有利於信任的項目，卻沒有任何規定。網際網路或是建構於其上的萬維網也都沒有記錄反向連結，亦即網際網路有哪些節點包含某個節點的參照資訊。那類架構的維護留給了像是商業搜尋引擎之類的企業。金融交易的支應架構則是留給私人企業，而且很快成為高度集中的領域，為少數幾家信用卡公司和線上支付業者所掌控。

最糟糕的是，數位世界所抱持的理想主義，也就是數位世界應該是零商業體驗的淨土，這種社會主義情懷，卻間接促成了廣告商業模式的成形。在這個模式下，網民體驗到的是一個含糊的

社會主義下的網路世界，在那裡他們可以自由分享，享有免費的體驗、交流和服務，但是他們其實是活在一個幻象裡。他們所做的所有事都不是禮物經濟的一部分，而是由第三方資助的服務，也就是購買對個別使用者的「電腦運算影響力」（一種詭異的新產品）的廣告主。欺哄大眾變成有誘因可行的事。

影響力科技與時俱進，已經變得空前深奧繁複。「廣告」一詞已經過時了。個人受到個人化體驗式供應內容的吸引，這些內容都是經過計算，為了鉤人成癮，能夠潛移默化，在日積月累下改變行為模式；惡質的參與者可以開設大量假帳號，提供演算法扭曲的數據，藉此操縱這些系統。整個數位世界因為缺乏信任而進入黑暗。

更廣泛的政治趨勢也依循類似的模式。一個看似勝利的後冷戰、資本主義、自由民主的共識，在整個1990年代都態勢穩健，而且在2000年代初期也都維持著強勁的後勢。不過，全球貧富不均的憂慮以及反恐戰爭的相關事件，動搖了這個模式。2008年的銀行業危機，置金融體系於崩潰瓦解的威脅，則更深地撼動了這個秩序。

有些評論者把2008年的金融危機解讀為自由市場意識形態的崩潰點，但是有些人則從這個經歷看到可以學習的不同課題。比特幣這個在2009年1月啟動的加密貨幣與平台，在它初始的

創世區塊（genesis block）刻記有以下這段文字：「2009 年 1 月 3 日泰晤士報財政大臣考慮實施第二波銀行紓困。」大家對這段文字的解讀，認為是對在政府與銀行領導下、鋪張的法定貨幣秩序更根本的批判：無論籌畫社會的最佳辦法是什麼，都絕對不是當前這種政治與金融的機構體制。

2013 年，艾德華・史諾登（Edward Snowden）驚天的爆料加深了對另一個領域現存體制的不信任，激發一股熱衷於隱私保護科技的風潮。在那不久之後，我們面臨了與網路欺詐密切相關的政治動盪。在全世界，政治似乎成為由廣告驅動的社群媒體賽局的一部分，川普之類的人物崛起以及像是英國脫歐公投的結果就是寫照。在這些以及其他許多事件裡，選舉瀰漫著虛幻不實的詭異氣氛，隱匿暗處的情報戰爭單位所操控的大量假網民，為網路的偏執言論與陰謀論煽風點火。

幾乎沒有一個人認為這些發展可以接受，但是幾個最著名的反對派之間也存在著深刻的分歧。有些人認為自由市場思想的失敗終成定局。這派論述所提出的政治解決方案是接管科技公司以加強規範，或是直接控制諸如銀行等金融機構，為集體福祉而經營。有人認為，傳統意義的政治不足以因應高科技世界的挑戰，而科技可以取代政治，而不是輔助政治。後者的構想在科技世界形成已經好一陣子。約翰・佩里・巴洛（John Perry Barlow）在

1990 年代發表「網路空間獨立宣言」（Declareation of the Independence of Cyberspace），後來才有了巴拉吉·斯里尼瓦桑（Balaji Srinivasan）的「終極出走」（ultimate exit）主張，也就是科技部門會在實質上脫離世界而獨立。

與此同時，臉書和谷歌等科技巨人記取的課題是：無論如何都必須擴張他們現在所從事業務的規模；這些企業要對社會施展更多影響力。它們學會夠明智（至少以他們自己的定義來看），才能愈來愈少牽涉政治；但是，在來自中央（企業核心）的控制之下（可能是透過大批低薪勞工或人工智慧程式），言論以及（間接的）行動卻愈來愈被減弱。這兩種規畫可以同時出現，一如在中國，以政治和科技雙管齊下，實施上令下行的審批制度以及控管。

但是，還記得有另一種因應方式，是在比特幣誕生之時嵌入其中的。要是科技社群不想自我囿限於傳統自由主義者或社會主義的思想呢？要是它既不設法自外於、也不試圖控制其他人類呢？要是它致力於追求分散式的安全機制，以幫助所有人在一個複雜新世界裡有效而公平的合作呢？雖然加密貨幣遭受迅速致富的偷竊和欺詐之累，但是它原初的動機，也就是在真實世界裡找出事物更好的運作方法，仍然存在。遺憾的是，雖然比特幣存續十年至今，規模的成長不足，禁得起驗證的可用性也不足，而無

法對全球金融產生顯著的影響力。大家對加密技術和其他隱私保護科技的興趣已然增加，但是還沒有達到具有轉化社會力量的規模，足以實現「賽博龐克」（cypherpunk）所預見保護個人自由的效果。

過去二十年間，舊體制的新數位選擇有許多都採用準自動化的集體「蜂巢思維」形式，重要的例子包括網路貨幣市場、維基百科和社群媒體上的投票；事實證明，它們都大有問題。它們通常有利於創辦人，就像龐氏騙局，而且會為後來的惡質參與者創造意料之外的機會；它們雖然意在分散化，卻通常會引進新形式的中央控制。諸如維基百科這類的設計，可能會強化自單一敘事和觀點而來的狹隘想法，因為它們最終是由菁英所引導，而不是在實證與理智範圍裡的多元主義和兼容並蓄精神。同時，其他平台（例如以廣告收入經營的社群媒體系統）通常會在不同陣營的觀點之間產生無法調解的衝突，造成最嚴重的情緒化爭端。能夠做為理想中介之地的主要數位平台，似乎寥寥無幾。

在這種種失望之後，悲觀主義以及訕笑批評理想主義的幼稚，已成為今日的時代精神，大家除了和對手進行微幅、漸進的拉鋸競爭之外，對於如何向前邁進的正向願景卻鮮少有所知覺。

在評估這些以及相關事例時，我們可以看到我們這個時代始自數位運算與網路出現及之後發展的軌跡。在早期階段，數位理

想主義者相當確定，他們設立的模式能為人類增進福祉。接下來是一個體制接著一個體制在「破壞式創新」裡顛覆（借用科技業偏好的一個術語）。後來，世人發現破壞並不是讓人人都受益。事實上，破壞式創新通常具摧毀性，普遍引起大眾意識到，人類的世界正在脫離人類的理解和控制。主流金融或政治體制失靈，數位理想主義者帶著科技解決方案趕來解救，但是他們的創新沒能獲得普遍的採納。接下來，數位理想主義者聚集在一起，提出改良後的設計，但是這些設計通常一敗塗地，更加深了已經四處瀰漫的悲觀主義文化。

然而，數位理想主義者堅持不懈。他們、也就是我們，必須堅持下去。世界現在面臨系統性的全球挑戰，例如氣候變遷，要安然度過我們的時代，就必須找到更好的方法，以連結全球，並進行全球合作，不要屈服於懷抱天真的蜂巢思維意識形態，或是一些鬼祟方法，再次把控制權集中到在制度裡最吃得開的人手中。

* * *

本書顯然是為了開闢一條新的前進之路而做的努力。或許數位理想主義者正在成熟長大。

區塊鏈領域就是一例。它自 2009 年起開始拓展至今，已有數千種加密貨幣、控制數位資產的自我執行程式〔所謂的「智能合約」（smart contract）〕，以及「去中心化自治組織」（decentralized autonomous organizations，DAOs）。區塊鏈社群（必須與較狹隘的比特幣社群做區分）採取以科技為主的方法，追尋一個更健全的社會，但是它與千禧時代早期的方法有重大差異。早期世代的理想主義者尋求的是移除數位平台中讓人想起傳統政治中央化的結構，並把這個目標當成唯一的目的。新世代的方法所採納的觀念，是強健的社會及政治體制有其必要，而且必須經過非常謹慎的設計、建構、測試和維護。現在，咸認體制的特質比意識形態的訴求更重要。

　　另外一個例子是致力於打造一個對數據採取更偏向「自我管轄」方法的平台，也就是使用者的數據預設是由使用者控制，只能在使用者同意下才能提供給應用程式或服務。本書〈數據即勞務〉一章即在廣泛描繪這個觀念。眾人能從一個新行業（也就是擔任數據的絕佳供給來源）找到自尊和維生方法，而不是讓從眾人而來的數據用於強化人工智慧，再回過頭來讓這些提供數據的人失業。本書兩位作者研究「激進市場」，提議以激烈又根本的方式改革社會體制，像是財產權和投票制。所謂「激烈」，意指脫離我們現在熟悉的體制；而所謂「根本」（拉丁文「radix」意

指「根」），意指回歸十九世紀政治哲學所潛藏理想的根源。幾年前還只有一小群愛好者在討論的這組觀念，今天啟發了熱衷於為一個更美好的世界開疆闢路的龐大社群，而且社群的規模還在成長。

值得我們警惕的是，兩位作者的計畫可能會被誤解。激進市場最簡單的例子，可能是做父母的人偶爾會必須為孩子們調解怎麼分蛋糕。一個人負責切，另一個人先選。這個簡單的機制，大家都能理解。重要的是，我們必須注意這只是一種工具，不能取代教養。就像所有工具，它只在部分時候有道理，不能套用於所有事件。所羅門王的故事告訴我們，如果要分割的資源是一個嬰兒，前述孩子們分蛋糕的方法就不能用。只有放進一個由模式與價值組成的更大體系裡，工具才會有價值；否則它可能會變得冷酷無情。

我們要從激進市場所立基的精神去理解這些激進市場提案，這點很重要。機制無法成為人類文明的核心，只能在文明的場景裡做為一種工具。既然本書提出了這麼多方法，這點應該是不言而喻的道理；讓其中任何一個成為唯一的主宰，顯然並非此書本意。

然而，或許是因為以網路為基礎的傳播已經讓我們預期極端狀況，我們習慣把每個新構想都看成是最可能的方法。如果我們

用絕對主義、宰制的角度去解讀，任何機制的構想都會變得可怕。如果蛋糕可以用「一個人負責切，另一個人先選」的方法來分，那麼嬰兒為什麼不可以？（確實，在我們這個時代，我們見過美國的難民家庭如何根據已經失控的觀念被拆散。）本書提出一個落實移民法的新方法，有些讀者把它解讀為通往新型奴役之路。類似地，那些避免富豪政治的機制，也可能被視為侵吞弱勢者個人財產的模式。

抽象觀念的演繹可能會因所在脈絡而異。任何機制若是過度簡化、蓋過社會所有其他流程，都可能變成暴力的工具。然而，沒有更好的機制，我們就注定要跌跌撞撞、無力因應我們這個時代的複雜性。

關於哪個激進市場可能成功、哪個不會，雖然歧見必然存在，但它們都有一個共同的核心，與過去十年的理想主義者常見的方法大不相同。早期的數位設計者通常會宣稱，我們需要做的就是移除障礙，然後就可以放手旁觀，讓「非人力」發揮，所謂的「非人力」就是人所造的神，例如股市、社群媒體的「按讚」或「按爛」，還有像是維基百科的網路蜂巢思維。最近這一輪發展所根據的思想，即使像是「市場」之類的事物，也是由人為人而建構的機構體制，而我們眼下要做的就是建構更好的機構體制。一邊是單一個人的創意，另一邊是團體和蜂群的力量，摸索

兩者之間複雜的二分法（任一方都不會贏得最終勝利的一種互動），不但是關鍵的挑戰，也是必須謹慎以對的挑戰。

平方投票法是本書提出的另一項機制，它是這種平衡的絕佳例子。從傳統投票法（也就是一人一票制）的缺點開始說起，就像那句俗話說的，公說公有理，婆說婆有理，誰也強不過誰。是否能有一種機制，可以適當地捍衛人權，並防範為少數所厭惡的結果出現，即使這些結果滿足多數暴力稍縱即逝的偏好？這樣的設計，能否確保少數但有權力的個人和群體，無法不顧其他人而一意孤行？傳統上，這個答案是否定的，這就是為什麼政治進程會出現許多諸如權利法案等的衍生物，可是在一個複雜的世界，一項權利法案要如何預見需求？機制能更廣泛地處理少數權利的問題嗎？

市場也面臨與那些經常浸染政治的類似問題。最富者的偏好可能很容易完全不顧及他人，在財富變得高度集中時尤其如此。傳統的補救辦法是制定法規：經由投票而實施的法律雖然可以對資本主義施緊箍咒，但是投票本身就不是保護少數利益可以依賴的機制。本書兩位作者問道、並想要透過平方投票法來回答一個必要問題：若是結合市場與民主最佳部分，以綜合兩者的優點並抵銷兩者的缺點，這樣的混合式設計如何？

本書中的其他觀念，也同樣耐人尋味，調性也相仿，都是尋

求重新統合誘因於一致，並避免極端。激進市場的一個標誌，就是它既不是左派，也不是右派。作者不肯在複雜議題上選邊站，而是提出新機制，讓人們可以藉此找到折衷。本書有許多構想，都將在企業、市場和國家的運作上引發重大變革；如果你還不願意承受這些觀念的完整影響，如果你想要先試行較為漸近而溫和的做法，那麼本書也有許多建議，能助你達成目標。

但是，一如兩位作者自己所指出的，本書提出的各項提案，是為了開啟討論，而不是蓋棺定論。我們不能透過攻擊或防衛意識形態的鏡片來看政治與社會體制，而是要以建立或改良科技的角度觀之。本書認可各種觀點的正當性，同時尋求開闢一條更新、更好的前進之路。這正是復興的自由、民主精神所追求的。

信拍賣者，得自由

> 十九世紀的自由主義者是基進派（radical）：從語意上來說，他們對事究其根本；從政治面來看，他們贊成社會體制的重大變革。因此，自由主義的現代傳人也必如是。——彌爾頓·傅利曼（Milton Friedman），《資本主義與自由》（*Capitalism and Freedom*），1961 年

本書作者的其中一人在里約熱內盧的夏日之旅，為本書的寫作埋下種子。里約是全世界最富自然之美的城市。綠意盎然的熱帶丘巒，一路綿延到小島如星羅棋布的明亮藍色海灣，景觀舉世無雙。然而，就在同樣的這些山丘上，布滿了污穢不堪、偷工減料的貧民窟，沒有衛生設備，也沒有交通運輸。

位於山丘腳下的萊伯倫（Leblon）可能是全拉丁美洲最富裕的地區。在那裡，你可以用瘋狂飛漲的價格買到象徵上流地位的奢華手錶和汽車。然而，萊伯倫的居民不敢戴著錶走在大街上，也不敢在夜間停車等紅燈，因為他們害怕那山丘中隱隱伺機而動的暴力。

自稱「卡利歐卡」（Cariocas）的里約熱內盧人輕鬆、善良、富創意又心胸開放。對於種族這件事，比起在白人與黑人涇渭分明的美國，他們的認知比我們更細膩。兩個國家都有悠久的奴隸史，但是在巴西，每個人都有混雜的血統傳承。即使如此，膚色的差異還是反映了社會階層，而階層是巴西社會無所不在的力量。

在經濟上，巴西是西半球最為貧富不均的國家。儘管它蘊藏著豐富的自然資源，全國大部分財富卻為少數幾個家族所把持，有 10% 的巴西人生活在全球貧窮線以下。前任總統迪爾瑪·瓦娜·羅塞夫（Dilma Vana Rousseff）因為濫權遭到彈劾而停職，她的前任盧拉·達·席爾瓦（Lula da Silva）因為貪腐成為階下囚，而貪腐調查人員現在正緊盯著支持度只剩個位數的現任領導人米歇爾·特梅爾（Michel Temer）。在本書付梓之時（注：2019 年 3 月特梅爾涉貪被捕），他恐怕也會鋃鐺入獄。這個國家的生活水準已經長期停滯。創業是罕見的稀缺品。

天堂為何隕落？它要如何才能充分實現它所蘊藏的潛能？這是一個熟悉的辯論。

- **左派見解**：政府應該對富人課稅，為窮人提供居所、醫療照護和工作。
- **右派見解**：沒錯，然後我們就會落得像委內瑞拉、辛巴威一樣的下場。政府應該讓國有企業私有化、強制執行財產權、降低稅賦，並放寬規範。讓經濟發展，貧富不均的問題就會自己解決。
- **專家政治中間派見解**：我們需要一個由接受過國際訓練的專家審慎規範的經濟、經過隨機對照試驗（randomized controlled trial，RCT）測試而目標明確的干預措施，以及保護人權的政治改革。

　　貧富差距正在加劇的富裕國家人民，都可以在巴西身上看到自己國家的影子。在富裕國家，經濟也處於停滯，政治衝突和貪腐方興未艾。長久以來，世人都相信，像巴西一樣的「開發中」國家終究會變成像美國一樣的「已開發」國家，但是這個信念現在正被放在顯微鏡下審視，而大家開始懷疑，事情是否正朝著反向發展。與此同時，改革的標準處方卻已經長達半個世紀不曾更

改：增加稅賦與所得重分配；強化市場與私有化；或是提升治理和專家知識。

在里約，這些處方顯然已陳腐過時。貧窮、嚴密而集中的土地控制權以及政治衝突之間的關聯似乎密不可分。以財富重分配減緩貧富不均，進展有限。以財產權的改善促進發展，成效仍然不彰。貧民窟的居民盤踞著原本可以規畫為公園、自然保護區或現代住家的土地。能夠讓貧民窟居民過著像樣的生活、使用公共服務的市中心土地，被富人所獨占，但富人卻又因為太害怕犯罪行為而無福享用。財富集中在少數人的掌控之中，衍生了貧富不均，似乎也腐化了政治，限制了商業活動：根據世界銀行的資料，以創設企業的容易度來看，巴西是排名墊底 10% 的國家。

里約需要的是以下這問題的解答：沒有更好的方法嗎？這座城市逃不掉貧富差距、停滯和社會衝突嗎？今日的里約，會是未來的紐約、倫敦和東京，只是少了森巴的歡樂和海灘嗎？

拍賣：激進市場

問題的根源在於觀念，或者不如說是觀念的缺乏。右派和左派的主張，在它們誕生的十九世紀與二十世紀初期，確實有其貢獻，但是時至今日，它們已經黔驢技窮。它們不再是膽大無畏的

改革，而是束縛我們的框限。為了開啟社會的可能性，我們必須打開心智，著眼於激進的再設計。要找到問題的根源，我們就必須理解我們的經濟和政治體制的運作方式，運用我們的所知，建構因應辦法，而這正是我們在本書裡所做的。

我們抱持的前提是，市場是籌劃社會的最佳機制（而且在中期仍然是如此）。儘管我們的社會理應透過競爭市場來架構，但是我們認為，最重要的市場目前若非獨占，就是完全不存在；我們可以創造一個真正競爭、開放而自由的市場，藉此大幅減緩不平等、促進繁榮，消弭那些存在於意識型態和社群、撕裂我們社會的裂痕。

一如右派人士，我們認為市場必須強化、拓展和淨化。然而，我們看到右派思想有個致命缺陷：對於創造市場繁榮所必需的社會變革，右派的眼光不但膽怯保守，也缺乏想像力。許多右派人士支持市場基本主義（market fundamentalism）：他們認為它是已經從經濟理論和歷史經驗得到驗證的意識型態。事實上，這種想法不過是一種懷舊的忠誠，嚮往著那個存在於十九世紀盎格魯－薩克遜世界的理想化市場。〔我們用「資本主義」（capitalism）一詞指稱這種歷史上的理想化市場。根據這種思想，政府的角色是致力於私有財產的保護與契約的強制執行。〕我們以「市場激進主義」（market radicalism）對照「市場基本主

義」：市場激進主義是我們從根本去理解、重新架構並改良市場的努力方向。

我們與左派人士的理念相通之處在於，我們也認為現存的社會籌劃會造成不公平的貧富差距，並削弱集體行動。但是，左派思想的缺點是它仰賴政府官僚菁英的裁量權以解決社會弊病。這些在左派的想像裡樂善好施、意識型態中立、有志於公益的菁英們，有時候其實專斷、貪腐、無能，或是不受大眾信任（或者說，無論實情如何，這就是大眾的認知）。我們相信激進主義是市場內在的本質，為了善用它，我們必須分散權力，同時激發集體行動。

我們所看到的「激進市場」（radical markets），是讓市場分配的基本原則得以充分發揮作用的制度安排；而那些原則包括：以競爭規範的自由交易，以及開放所有人參與，來者不拒。拍賣（auction）是最典型的激進市場。因為拍賣的規則就是參與者彼此競標，拍賣的物品最後會落到最想要它的人手中──只不過，出價的差異所反映的可能是財富、也可能是渴望程度的差異。

除了遺產清算、藝術品和募款會，大部分人都沒有想過，拍賣也能出現在其他領域，可是在遠離大庭廣眾之處，大家又都會在網路上從事拍賣活動。我們接下來就要闡釋，讓拍賣傳遍社會各個角落，如何拯救里約──還有全世界。

拍賣里約：一場思想實驗

假設整個里約市就是一個永不打烊的拍賣場：想像一下，每棟建築物、每家企業、每間工廠、每一塊山坡地都有現行價格，任何出價高於現行價格的人就可以擁有它。拍賣或許會擴及某些類型的個人財產（例如汽車），甚至納入某些常態下透過政治程序決定的事物（例如工廠的污染排放許可量）。本書大部分內容都在推敲這樣一套體制可能的運作方式。

不過，既然是思想實驗，我們姑且進一步假設，拍賣是透過智慧型手機應用程式（app）進行，app 會自動根據預存設定自動出價，讓大家在大多時候可以免除不斷計算出價的必要。在法律的保障下，不會出現某些顯而易見屬於擾亂的事件（例如在你回到家時發現你的公寓已經不再屬於你）。適當的誘因也都已經到位，以利於資產的維護與開發，並確保隱私和其他價值都得到保護。拍賣的全部收入都回饋給公民均分，做為「社會紅利」（social dividend），或用於融通公共計畫，一如阿拉斯加和挪威對石油收入所採用的處置方式。

這種拍賣生活能改造里約的社會和政治。首先，大家對財產會抱持不同的思維。漸漸地，擁有一座房屋與占據海灘一角之間的差異，愈來愈不再那麼鮮明。在很大的程度上，私有財產變為

公有，而從某個意義上來說，你周遭的人所擁有的東西，你也有份。

　　此外，持續不斷的拍賣能修正土地和其他資源的不當運用。景觀最佳山坡地的最高出價者，打算在山坡上蓋的，絕對不是搖搖欲墜、殘破不堪的貧民窟。市中心土地的最高出價者，不會是時尚小宅的開發商，而是摩天大樓的營建商，目標住客是拍賣制度所創造出來的龐大新中產階層。

　　第三，經濟不平等的主要根源將走入終結。你一開始可能會以為，拍賣能讓富人買下有價值的每一件東西——請再多想一下。你所謂的「富人」指的是誰？擁有許多企業、土地之類的人。但是，如果所有東西隨時都在開放拍賣，沒有人會是這些資產的所有權人。資產的利益將是人人均霑。第 1 章會解釋箇中究竟。

　　第四，里約的拍賣制度能將許多重大政治決策從政治人物身上轉移到公民手中，藉此限制貪腐。公眾生活提升，犯罪隨之減少，市井生活得以重建，避居於私人社區的現象也會消失。激進市場不但不會如一般印象所以為的，以市場取代、弱化公共領域，反而能強化公眾生活裡的信任。第 2 章會闡釋拍賣制度如何組織政治活動。

激進英雄榜

我們的主張有智識傳統做為立足點,而這項智識傳統可追溯至亞當‧斯密(Adam Smith)。現今的保守派思想家,包括市場基本主義者,經常援引亞當‧斯密的論述。但是,亞當‧斯密是個激進派,從本章卷首引言點出的兩個角度來看都是如此。首先,他深入挖掘經濟組織的根源,提出時至今日仍然擲地有聲的理論。第二,他批判在他那個時代盛行的觀念和體制,提出一系列有膽識的立論和改革。這些觀念之所以在今日被視為「保守」,正是因為它們在當年成功地重新塑造了政策和思想。

市場基本主義者把海耶克、傅利曼、喬治‧斯蒂格勒(George Stigler)之輩視為亞當‧斯密的傳人。這些世紀中期的保守派代表人物與諾貝爾桂冠經濟學家,承繼了亞當‧斯密立基於私有財產的理想化市場觀念。他們運用這個觀點支撐自由主義(libertarian)的經濟學與政治學。然而,市場基本主義者忽略了那些承襲亞當‧斯密那份激進精神的經濟學家,例如亨利‧喬治(Henry George):他的思想是開啟進步時期(Progressive era)的助力;他可能是有史以來論述流傳最廣的經濟學家,但是他的觀點在冷戰時期左派與右派的論戰中消聲匿跡。亨利‧喬治對於不平等的關注,勝過亞當‧斯密的保守派追隨者;他體認到私有財

產會妨礙真正的自由市場。為了補救這個問題，他提出一套稅賦方案，用以建構土地的共有制度。

「喬治學派」最重要的經濟學家是二十世紀中期的威廉·史賓瑟·維克里（William Spencer Vickrey）教授（我們正是把本書獻給他，以紀念他）。圖 P.1 的照片中人即是維克里教授。他是經濟學界的尤達大師：傻氣、無憂無慮、孤僻、迷糊，還有滿腹經常深藏不露卻能改變世界的真知灼見。他腳蹬滑輪鞋，下了火車一路溜進教室，襯衫上還沾著午餐食物的渣漬。他可能會在研討會進行中途打盹醒來，評論道：「亨利·喬治的土地價值課稅原則……對這篇論文會有幫助。」他實在太常提到亨利·喬治的稅賦方案，頻繁到有位同事在懷念他時打趣道：「我相信他現在一定也已經和上帝提過了。」[1] 維克里也是個高傲、自大、注重隱私的人，因而經常沒能順利發表那些涵蓋他最精采的觀念的學術論文。

維克里研究的靈感，與我們的非常近似。他在大半職涯裡關注的都是城市的組織結構，以及存在於大部分城市型態裡龐大的資源浪費。拉丁美洲的城市特別令他著迷，他也針對都市規劃和稅賦方案，向拉丁美洲政府提出建言。他在為委瑞內拉設計財政制度時，完成了那篇讓他終究無法再極力保持低調無聞的論文。

那篇論文發表於 1961 年。論文有個看起來注定很快被遺忘的標題：〈反投機、拍賣與密封投標競價〉（Counterspeculation, Auction, and Competitive Sealed Tenders）。但是，它在十年後再度被挖掘出來。若是提到拍賣的力量如何解決重大社會問題的研究，維克里的論文是開山祖師，催生了一支名為「機制設計」（mechanism design）的經濟學領域，並讓他贏得 1996 年的諾貝爾獎。

【圖 P.1】威廉‧史賓瑟‧維克里（William Spencer Vickrey，1914-1996），諾貝爾經濟學獎得主，機制設計之父，也是我們寫作本書背後的沉默英雄／照片拍攝者是 Jon Levy，照片使用業經 Getty Images 同意。

維克里的觀念轉化了經濟理論，對政策發揮影響。世界各地的政府對無線電頻譜的使用授權，運用的就是以維克里的觀念為基礎的拍賣模式。臉書、谷歌和 Bing 從維克里的拍賣理論導引

出一套系統，用以分配它們網頁上的廣告空間。維克里對於都市規畫和壅塞訂價的見解，正慢慢地改變城市的樣貌，而在 Uber、Lyft 等叫車 app 的訂價政策上，維克里的論述也扮演重要角色。[2]

然而，這些應用全都無法反映引燃維克里這些研究的雄心壯志。維克里贏得諾貝爾獎時，據說他希望這座獎能成為「名望講壇」（bully pulpit），讓亨利‧喬治具顛覆力量的觀念，以及機制設計的激進潛力，觸及更廣大的閱聽大眾。[3] 但是，維克里在得知自己獲獎後三天因心臟病發而辭世。不過，即使他還活著，啟發大眾恐怕也要讓他耗費一番掙扎。在 1996 年，全球經濟正處於榮景，全球合作的新時代似乎就要拉開序幕。沒有人想拿成功開玩笑，維克里的方法在實務上也就面臨艱巨的障礙。

不過，時至今日，經濟展望與政治進展不再一片光明，另一方面，拜經濟學與科技發展所賜，我們現在已經可以克服維克里的方法在實務上的限制。因此，本書意在扮演維克里失去的「名望講壇」，描繪出他若是還在世、或許會和世界分享的觀點。

自由秩序的危機

> 經濟學家與政治哲學家的觀念無論是對或錯，力量都超乎世人普遍的理解。確實，統治這個世界的正是這股力量，少有其他。相信自己能完全免於任何智識思想影響的務實者，通常是某個已逝經濟學家的奴隸。──凱因斯（John Maynard Keynes），《就業、利率和貨幣的一般理論》（*The General Theory of Employment, Interest, and Money*），1936 年

柏林圍牆倒塌時，本書作者中的一人才剛開始就讀幼兒園，另一人則正站在職涯的起點；那是我們的政治身分成形的關鍵時刻。自由市場、主權在民和全球整合等所謂的「美國之道」，已經打倒了蘇俄的「邪惡帝國」。自此之後，那些價值〔我們稱之

為「自由秩序」（liberal order）〕就主宰著智識界的討論。領導思想家宣告「歷史的終結」來臨。長久以來占據政治舞台核心的重大社會問題已經解決。[1]

在智識思想上，我們兩個人都成長於一個全球有識一同、信心滿滿、自鳴得意的時期。最能清楚感受到這種氛圍的，莫過於我們兩人最後落腳的政策世界：我們有一人進入法學，另一人踏入經濟學。諷刺的是，在一個經濟體制論戰已然消失的世界裡，經濟學在所有領域中脫穎而出，承繼了領導的衣鉢。一度在政治光譜刻畫下極端定位的經濟學家〔還記得馬克思（Karl Marx）嗎？〕，自視為理性的主流之聲，肩負了大眾託付的政策決策。[2]

在大學院校和專業學會，經濟學家以中間派政策分析為焦點，也就是高度數學與量化的分析，以顯示意識型態上的中立。與此同時，這個領域貶抑激進左派（馬克思主義者）以及右派（所謂的奧地利學派）的分析。[3] 經濟學、法學與政策領域的學者所做的研究，大部分都致力於為現存的市場體制辯護，或是提出在本質上旨在維持現狀的溫和改革。

除了少數例外，這個時期的主流經濟學家假定，市場體制的現行設計，運作已經發揮到盡善盡美。按照他們的理論，如果市場「失靈」了，根據成本效益分析而研擬的適度規範，應該就足以補強。貧富差距的相關問題多半被忽略。經濟學家相信，由於

市場創造出這麼多財富，貧富不均可以受到容忍；而且社會安全網也能夠能確保最困乏的人免於挨餓。本書作者之一最後進入微軟（Microsoft）工作，追求個人志趣，也就是把經濟學標準方法延展應用於現代科技平台；另一人則投身於法律改革問題。這時，我們的立足之地出現了變化挪移。

2008 年的金融危機以及隨之而來的衰退只是最初的顫震。儘管這是從大蕭條時期以來最嚴重的經濟衰退，一時之間，它卻看似和大部分的衰退無異。大家失去了房屋、工作和信用額度，但是這種事過去也發生過許多次，而經濟每每都能恢復。只有在 2016 年，我們才清楚看到，事情已經起了多麼劇烈的變化。

在衰退之前的經濟進步，有許多都只是幻象，受到嘉惠的大部分人都是極富階層。擴大的貧富差距、停滯的生活水準以及與日俱增的經濟不安全感，讓舊式政策分析變成一個笑話。對衰退憤怒的政治反應（在美國的例子就是「占領華爾街」和「茶黨」運動），並沒有隨著經濟恢復而消失。菁英們先是支持金融鬆綁，後來又支持不得人心的紓困措施，而公眾對他們的主流政治分析失去信心。舊辦法疑慮重重，新方向渾沌不明，輿論也呈現兩極。由於文化議題的爭議醞釀已久，尤其是移民議題，對菁英階層的憤怒轉為醜惡的本土主義運動。全球爆發排外主義與民粹主義風潮，而且強烈程度是自 1930 年代以來就不曾見到的。

遺憾的是，我們的思潮沒有跟上危機的腳步。世人把惡化的貧富不均、緩慢的成長都怪罪到資本主義頭上，但是替代選擇卻不見踪影。自由主義民主制度（liberal democracy）成為貪腐與麻痺的罪魁禍首，但是獨裁專制絕非是有吸引力的備選。全球化與國際治理機構變成千手所指的代罪羔羊，卻也沒有人指出國際關係另一條可長可遠的道路。即使是最先進國家中運作最績優的政府，也守著在過去主流的專家政治，儘管它有許多弊病。

　　在尋求突破僵局之時，我們發覺自己在重讀現代社會組織開創者的論述：它來自十八世紀末與十九世紀一群自詡為「政治經濟學家」與「哲學激進派」（philosophical radicals）的人士，包括亞當・斯密、康多瑟（Marquis de Condorcet）、邊沁（Jeremy Bentham）、彌爾（John Stuart Mill）、亨利・喬治、瓦爾拉斯（Léon Walras）與碧雅翠・韋伯（Beatrice Webb）。

　　我們會在後續各章裡探究這些思想家的觀念。雖然他們生活所在的世界與我們的不同，但是他們面臨了一些類似我們在今日遭遇的挑戰。當時，他們承襲自十八世紀的經濟和政治制度，已經趕不上科技、人口特徵、當代的全球化以及更廣大的文化環境的變動。根深柢固的既有特權阻擋了促進平等、成長和政治改革的努力。哲學激進派人士相信當時的智識思想資源不足以鋪一條前進的道路，於是發展出新觀念，而在我們現代以市場為導向的

經濟制度、自由主義民主制度的發展上，這些新觀念都扮演了舉足輕重的角色。他們的願景和改革結合了今日右派的自由主義抱負與今日左派的平等主義目標，也同時承繼了標準政治光譜的兩端。這是我們想要復興的兼容並蓄精神。

貧富差距

我們這個時代最重要的問題就是富裕國家內部擴大的貧富不均。圖 I.1 顯示美國所得分布位居最高 1% 者的所得占比從 1913 年至 2015 年的演變。[4] 圖中同時顯示稅前與稅後的占比。如果把焦點放在與最終消費最相關的稅後所得數字，我們可以看到，排名前 1% 所得者的所得占比，自 1970 年代中期的低點（8%）到最近的高點（16%），大約翻為兩倍。在這段期間，類似的模式普遍出現在許多盎格魯－薩克遜國家，雖然比較沒那麼劇烈。在部分的歐陸與東亞國家，政府的所得重分配較為優渥，所得差距較為緩和。[5]

根據許多「新自由主義」（neoliberal）經濟論點的說法，這種財富不平等的擴大不過是動態經濟的代價，是這樣嗎？有些經濟學家主張，擴大的貧富差距反映的是人才在技能和機會的分歧，所得無法增加的技能，就會廢棄。然而，加劇的所得不均所

反映的不只是分歧的工資，還有國民所得與工資徹底分道揚鑣。圖I.2顯示的是從工廠工人到執行長等所有勞工的國民所得占比，也就是經濟學家所稱的「勞動報酬份額」（labor share）。在同一期間，美國的國民所得中，工作報酬的比例下跌了將近10%，讓美國更接近發展中國家的狀況（傳統上，勞動報酬份額在發展中國家遠低於在富裕國家的水準）。

過去通常是支付給勞工的錢跑到哪裡去了？如果是流入有報酬的儲蓄，我們或許就不必憂心。反正任何公民都可以選擇儲蓄，而有報酬的儲蓄可以刺激成長。然而，愈來愈多的證據顯示，儲蓄的報酬本身在走低（下降的利率就是證明），國民所得這塊大餅被市場力量吃掉的部分愈來愈大──這就是我們在後文會討論到的「獨占問題」（monopoly problem）。[6]這股趨勢如圖I.3所示。

圖I.3的上圖顯示美國國民所得中屬於「經濟利潤」（economic profit）的比例，也是超過完全競爭下利潤水準的獲利，亦即可以歸因於獨占力量的利潤。自1980年代初期以來，這種超額利潤已經增加為大約四倍，與貧富差距的擴大、勞動報酬份額的萎縮同步。[7]這些利潤絕大多數由極度富裕者所擁有。

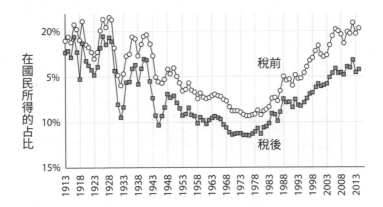

【圖 I.1】美國家計所得排名前 1% 的稅前及稅後所得占比,包括資本利得。

資料來源:Thomas Piketty, Emmanuel Saez, & Gabriel Zucman, Distributional National Accounts: Methods and Estimates for the United States, Quarterly Journal of Economics

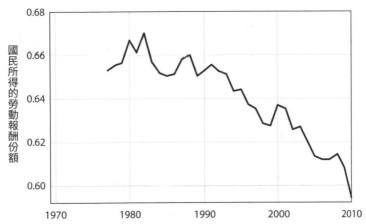

【圖 I.2】美國國民所得的勞動報酬份額的與時變化。

資料來源:David Autor, David Dorn, Lawrence F. Katz, Christina Patterson, & John Van Reenen, The Fall of the Labor Share and the Rise of Superstar Firms (MIT Working Paper, 2017), https://economics.mit.edu/files/12979

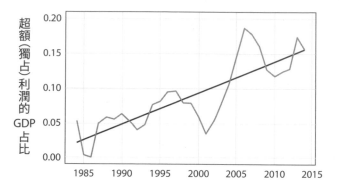

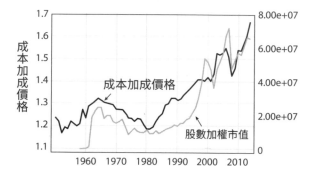

【圖 I.3】上圖：美國國民所得中，競爭利潤占比的與時變化。
　　　　　下圖：成本加成價格（黑線），與股數加權平均市值（灰線）。

資料來源：Simcha Barkai, Declining Labor and Capital Shares (2017), http://home.
uchicago.edu/~barkai/doc/BarkaiDecliningLaborCapital. pdf, and Jan de Loecker & Jan
Eeckhout, The Rise of Market Power and Macroeconomic Implications (2017), http://
www.janeeckhout.com/wp-content/uploads/RMP.pdf

如我們在後文的論述，不平等的擴大以及勞動報酬份額的萎縮不但助長了富者愈富的動態，也因富者愈富而加劇。所得排名最高 1% 者的所得有 60% 來自這類從資本而來的利潤或報酬（相對於工資），是所得排名最低 90% 者這項比例的四倍。圖 I.3 的下圖是市場力量另一項衡量指標〔成本加成價格，「加成」（markup）是指廠商的產品定價超過成本的部分〕與企業市值的共同演進狀況。[8] 除了這些序列資料密切的一致性，作者也發現，市值與成本加成之間於所述年度在各個企業均呈現緊密的相關度，這些都強烈顯示，衰退的勞動報酬份額與升高的不平等不純然是加速成長的必然結果。相反地，這些變項與增強的市場力量密切相關（現象、成因，或可能兩者皆是）。

跨國間貧富差距的發展軌跡則是另一番景象。圖 I.4 顯示從 1820 年至 2011 年間，以平均對數差（mean logarithmic deviation，MLD；將在第 3 章進一步討論）評量全球各國之間、而非各國之內的貧富差距狀況。從 1820 年至 1970 年，各國之間的貧富差距成長為將近十倍；對比之下，各國之內的貧富差距大約降低五分之一。這個模式自 1970 年起翻轉；國際之間的貧富差距降低約五分之一，而富國國內的貧富差距情況走向惡化。

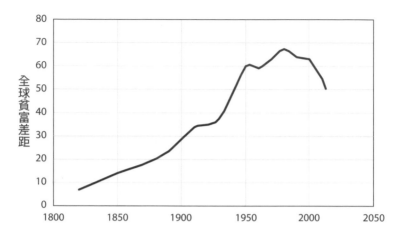

【圖 I.4】以平均對數差（mean logarithmic deviation，MLD；參閱第三章）衡量自 1820 年至 2011 年全球在國際之間、而非各國之內的貧富差距。

資料來源：本圖是根據 Branko Milanovic 幫忙我們合併下列文獻的序列資料而來：François Bourguignon and Christian Morrisson, Inequality Among World Citizens: 1820–1992, 92 American Economic Review 4 (2002)；以及 Branko Milanovic, Global Inequality of Opportunity: How Much of Our Income Is Determined by Where We Live?, 97 Review of Econonomics & Statistics 2 (2015), performed by Branko Milanovic as a favor to us。

　　還是一樣，如果這種國際之間的貧富差距是動態國際市場的發展結果，這項代價或許還算值得。然而，國際之間的貧富差距就在全球化開始加速、去殖民化完成之時開始縮減，這個事實顯示國際之間的貧富差距可以歸因於殖民主義以及封閉的國際市場，而不是自由市場。

停滯

　　經濟思想最後一波重大轉變出現在 1970 年代,「停滯性通膨」(stagflation)削減了當時受到認可的凱因斯學派主張的威信——凱因斯學派認為,通膨是為了達到充分就業而值得付出的代價。應此而興起的新自由主義「供給面」經濟學觀念信誓旦旦地主張,容允資本主義更大的運作空間(降低稅賦、管制鬆綁、私有化),就能釋放經濟成長。即使資本主義可能會引發一些貧富不均,財富終究會「涓滴而下」,披澤於一般勞工。然而,說好的財富不只沒有產生涓滴效應,甚至根本沒有實現。事實上,生產力的成長在這段期間嚴重下滑。例如在美國,勞動生產力的成長自二次世界大戰末以來一直到 2004 年為止,年成長率大約是 2.25%。自 2005 年起,生產力成長趨緩至大約 1.25%,整整降了一個百分點。[9]

　　相較於其他富裕國家。這個現象在美國比較不嚴重。圖 I.5 顯示全球各國(注:圖表中歐洲五國包括奧地利、比利時、盧森堡、荷蘭與瑞士;北歐包括丹麥、芬蘭、冰島、挪威與瑞典;拉丁美洲包括巴西、智利與墨西哥)自 1950 年代起的生產力成長情況。[10] 整體而言,生產力成長自世紀中以來就大幅跌落,不過在 1995 至 2004 年這段期間的某些富裕國家,以及在發展中國家

所觀察到的趨勢是例外。在許多富裕國家，例如法國和日本，生產力成長率跌到只剩一成：在 1950 至 1972 年期間還維持在 5% 至 7%，到了最後一個十年，剩下不到 1%。最近的資料所呈現的樣貌，甚至更令人灰心。[11]

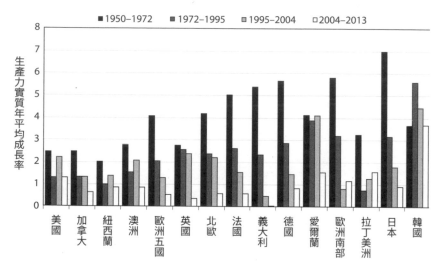

【圖 I.5】 1950 至 2013 年間，全球各地區或國家的生產力實質年平均成長率。

資料來源：經濟合作發展組織（OECD）

一個相關的問題和勞動與資本這兩項重要經濟資源有關，問題反映在普遍的失業（以勞動力而言）或是錯置（以資本而言）上。經濟成長疲軟的這個層面，重要性別具一格，因為失業和低工資會引發社會和政治衝突。失業和錯誤就業（misemployment）

的情況因國家而異，取決於國家對長期失業者的處置。歐洲的失業率攀升，然而美國卻出現壯年男性退出勞動力的現象。例如，美國壯年男性的勞動力參與率從 1970 年的 96% 滑落到 2015 年的 88%。在歐洲大部分國家，失業率自世紀中的 4% 至 6%，升高至 10% 或更高，並居高不下。[12] 在今日經濟裡，低度利用的不只是勞動力。最近的研究顯示，資本資產在各企業間都有配置錯誤的情況，也就是資本沒有讓可以發揮最高價值的企業、部門或城市所運用。[13] 這表示資本以及就業若能重新分配，從生產力較低的主體轉移至生產力較高之處，就能大幅提升總合產出。[14]

擴大的貧富差距與停滯的成長這兩股趨勢的匯流意味著，富裕國家的老百姓不再能享有遠優於父母親一輩的生活。經濟學家拉傑・切提（Raj Chetty）等人指出，儘管在 1940 年出生的美國兒童有 90% 的人享有高於父母親的生活水準，但在 1980 年出生的兒童，這個比例只有 50%。[15] 類似的數據在其他富裕國家尚未出爐，但是可能也會顯現相似模式。

之前，停滯性通膨對凱因斯學派的共識構成難題，現在，這些趨勢也對新自由主義經濟學的信念丟出同樣的問題。經濟學家答應我們以貧富不均換取經濟動能。現在，我們得到了貧富差距，但是經濟動能實質上卻走入衰退。我們姑且稱之為「停滯性不平等」（stagnequality），也就是低度成長伴隨擴大的貧富不

均，而不是通貨膨脹。難怪，公眾後來拒絕了傳統經濟見解。

衝突

有鑑於左派長久以來批評「涓滴經濟學」（trickle-down economics），一個左派民粹主義者對停滯性不平等展開反擊，並祭出所得重分配做為下一招，自然是意料中的事。最近的事件或多或少驗證了這個預測，也就是表 I.1 裡所總結的現象。伯尼・桑德斯（Bernie Sanders）差點贏得美國民主黨初選，雖然公認他在年輕時是社會主義者，並以社會主義民主黨人之姿競選總統。在英國，工黨黨魁傑瑞米・柯賓（Jeremy Corbyn）是英國工黨自二次世界大戰以來首度有可能勝出的極左翼領導者，而法國和義大利的左翼運動也達成了非凡的政治成就。

然而，歷史已經顯示，當社會結構開始鬆動，就是法西斯主義者或極端民族主義運動趁隙崛起掌權的時候。反動運動承諾為大眾爭取財富，財富的來源不是掠奪富人，而是某個外來的敵人，或是某個內部的「他者」、某個易受攻擊的弱勢群體，而反動運動通常把怒氣的矛頭朝外，因而威脅國際穩定。雖然有一段時間因為大屠殺和第二次世界大戰而名聲掃地，但它們捲土重來的惡兆已經出現。

【表 I.1】 全球前十大經濟體（生活水準高於平均）的反建制、反自由與民粹運動。本表以經濟體的規模遞減排列；規模資料為國際貨幣基金（International Monetary Fund；IMF）2016 年的名目國內生產毛額（Gross Domestic Product；GDP）。

國家	左派運動	最近在選舉中的地位	右派運動	最近在選舉中的地位	歷史上的前例
美國	桑德斯	差點贏得民主黨初選	川普	贏得總統大選	至少自南北戰爭以來沒有前例
日本	無		執政黨內的民族主義與軍國主義	首相與極右派關係密切	第二次世界大戰以來沒有前例
德國			德國另類選擇	第三大黨	第二次世界大戰以來沒有前例
英國	柯賓的工黨	2017 年普選接近勝利	脫歐，英國獨立黨，梅伊	贏得公投，向觀點接近的保守黨靠攏	第二次世界大戰以來沒有前例
法國	不屈法國	總統選舉第一輪居第四位	國民聯盟	總統選舉位居第二	第二次世界大戰以來沒有前例
義大利	五星運動	在最近的民調裡領先	五星運動北方聯盟	領先，在最近的民意調查裡位居第三	第二次世界大戰以來沒有前例
加拿大	無		無		
南韓	無		無		
蘇俄			普丁	自 1990 年代晚期即主政	1980 年代早期的布里茲涅夫
澳洲			寶琳·韓森的單一民主黨	第四大黨	史無前例

　　如表 I.1 所示，右派運動在吸引選票和達成政治目標上優於左派運動。[16]在美國、英國和蘇俄，這些運動若非在政府裡當權、對政府發揮了顯著的影響力，就是達成明確的政治目標。在法國和義大利，右派運動已經成功在望。在這些國家的歷史上，右派上一次得勢，要追溯到十分久遠之前。在日本、法國、德國、義

大利和澳洲，自第二次世界大戰以來，這類運動就不曾取得如此豐碩的成果。儘管美國有輝煌的民粹主義傳統，川普是第一位真正的民粹主義總統，沒有政治經驗，也沒有軍事背景。川普在競選活動與在任時以煽動的語言攻擊基本主義政治體制，這是任何其他總統都不曾做過的事，恐怕只有安德魯・傑克森（Andrew Jackson；美國第七任總統）算是例外。[17]

右翼民粹主義運動的訴求對象，是在歷史上居主要地位、在經濟上落後於他們所預期情況的人口群體：像是教育程度低落的人、鄉村地區居民，以及因為國際貿易而失業的工人。[18]右翼民粹主義運動提出的貿易障礙、移民限制等主張，找到了知音。但是，右翼民粹主義運動的領導者並沒有大剌剌地訴諸階級身分或是分配正義，而是族群民族主義的信條「血統與鄉土」。這些群體懷想著過去，在那個時候，像他們一樣的人享有更高的經濟安全與更高的地位。

右翼民粹主義運動把他們要挑戰的體制問題都攤在陽光下。他們是政治高度兩極化的鏡子，也是激化劑，對民主國家的政治穩定性構成威脅。[19]右翼民粹主義運動並沒有提出什麼能造福成員與一般大眾的務實政策提案；他們所做的是抗議現存政治體系的失敗，而非扮演一股正向的力量。[20]因此，這些運動的崛起像是照妖鏡，反映出民主體制無能提升公共利益、解決不同社會群

體之間的衝突。

今日的右翼運動與那些不具有右翼狹隘身分認同的人產生衝突。在富裕國家，白人藍領階級男性的所得處於停滯；然而，白人女性、少數族裔與人種、發展中國家人民正享有相對的提升。[21] 右派領導者把壓迫藍領階級白人男性的問題怪罪給少數群體的經濟成就，並承諾「奪回」貧窮國家增加的財富，就可以解決這些問題。

在富裕國家，有為爭取女權和各種少數族群權利的運動。在發展中國家，有另一種國家主義的力量正在壯大。獨裁專制思想與民族主義思想在許多崛起的新強權國家（中國、印度、土耳其、墨西哥）裡抬頭，多半是領導者指控由西方主宰的國際機構妨礙了他們的國家所致。發展中國家對經濟進展的需求，以及富裕國家愈來愈高張的國家主義政治生態，兩者之間的衝撞暗流四伏。

有些議題會挑起少數群體的根本關注與多數群體較不迫切的利益之間的相爭，而這些國內與國際的政治衝突，許多都與這些議題難以用民主手段解決有關。這些議題有重要的經濟基礎，但是建構這些議題的社會和文化語言，通常清楚彰顯出右翼領導者的特定群體立場。

例如在美國，槍枝權利、宗教自由與富人捐獻給政治活動的

權利是右派的動能泉源,而少數族群的身分政治學以及公民自由是左派的鼓舞力量。想要解決這些議題,最後通常是訴諸於司法系統。但是,法官屬於菁英階層,往往與許多平民百姓的生活脫節。他們的決定通常是文化爭端的導火線,而不是解藥。

在國際舞台上,諸如世界貿易組織和歐盟等機構,原本是為了協助化解國家主權與國際秩序之間的緊張關係而設計,現在卻愈來愈被視為是不正當、反應遲鈍、無力平衡富國與窮國之間的利益。簡單說,全球的治理機構面臨了正當性危機。

市場與市場的不足

我們故事裡的英雄(也就是哲學激進派),在面臨一系列與我們今日所見問題密切相關的問題時嶄露頭角。他們認為限制市場的貴族特權是問題癥結所在。他們的目標是將市場從囤積土地、妨礙生產力並讓財富集中化的封建獨占者手中釋放出來;建立能夠回應民情、解決內部衝突的政治體系;建構國際合作體系,以造福各國普世大眾,抑制傳統菁英階層。這正是我們當前危機所需要的運動。

談到彰顯市場形式的組織精神,最著名的就是亞當・斯密在十八世紀晚期的著述。亞當・斯密認為,在市場的環境裡,「我

們的晚餐所指望的不是肉販、釀酒人、麵包師傅的善心，而是他們對自身利益的考量。」[22] 儘管現在說來老套，透過自利行為達成公益這個觀念，在當時有如石破天驚，因為它與一般經驗形成如此尖銳的對比。

在過去，大部分個人都在緊密交織的小型社群裡生活，在這樣的社群裡，道德的熱血、社會的譴責、街論巷議與同理心構成個人順應公益的主要誘因。經濟學家與社會家有時候稱這些社群為「道德經濟」。[23] 自利行為儘管是常見而不可避免，卻被視為人類墮落天性的惡果，而不是繁榮興盛的源頭。農夫、工匠、軍人與英勇的貴族戰士是品德高尚者，他們遵守歷史悠久的生活方式，無論是為遵守而遵守，或是為了取悅上帝。商人、金融家和其他自「商業」累聚財富的人，一直到十九世紀都承受世人懷疑的眼光。

即使在今日，道德經濟仍在城市之外以近似的形式蓬勃發展，以親近的朋友和家人支配我們的關係。法蘭克·卡普拉（Frank Capra）的經典電影「風雲人物」（It's a Wonderful Life）就刻畫了這樣一個社會的理想景象。劇中人物貝里〔吉米·史都華（Jimmy Stewart）飾〕是一名銀行家，讓他在工作上保持士氣高昂的是滿足鄰里的需要，勝於對利潤的追求。拜他對社區居民瞭若指掌之賜，他能夠服務鄉里。當問題隨著大蕭條而出現時，

社區也對他的利他善行投桃報李，挽救他和他的銀行免於崩壞。亞當·斯密資本主義被描繪為對社區的危害，在電影中的化身就是貪婪、道德淪喪的競爭者波特先生，在貧民窟放高利貸，剝削他的顧客。貝里的銀行和小鎮之間相互扶持的意識，是道德經濟的效率以及其內在價值的明證。

亞當·斯密的批評者強調道德經濟的實質利益優於市場。[24] 市場價格無法偵測、考量、獎勵或懲罰個人行動影響他人的許多方式。如果有個屋主美化自己的房子，提升了鄰里不動產的價值，但是在市場經濟下，市場只會針對房子的增值給予屋主獎勵，而不會獎勵屋主對鄰居創造的利益。在道德經濟下，同樣的舉動會提升屋主在小鎮的地位，屋主會得到鄰居的感謝，而鄰居也會以某種方式回報。在市場經濟，銷售瑕疵產品的公司，可能最後會付出名譽受損的代價，但是通常能獲利多年。在道德經濟，這樣的企業主可能要出逃小鎮。政府想要取代街論巷議，但是政府官僚和法官做成的規範和裁決，永遠無法像社區成員一樣敏銳地反應在地狀況。

道德經濟儘管有這些優勢，但是在交易的範疇和規模擴張時，就會隨之瓦解。我們之所以能受惠於大量生產和全球供應鏈，就是因為固定生產成本可以由數百萬人分擔，世界各地的各種技能和投入可以供我們取用，因而讓我們能以非常低的價格生

產令人喜愛的產品。但是，如果某項產品在全球有數百萬個消費者，要這數百萬個人統籌協調一項杯葛行動，並不是切實可行的事，除非是特殊狀況，例如產品會造成危害或品質低劣。此外，大量生產需要商賈居中與陌生人進行遠距離貿易，這表示個人聲譽無法成為合約履行的保證。現代市場經濟結合了政府對貿易的支援（合約法與財產法）與政府對濫權的防範（侵權法規），而它所產生的利益，遠遠超越道德經濟的能耐。道德經濟礙於這些限制，在面臨大規模市場社會時，可能會變得侷限與過時。道德經濟無法考量到遠距他方的需求，可能會構成仇外心理，並對內部的多元性缺乏包容力，害怕多元性會侵蝕群體價值。

從《紅字》（*The Scarlet Letter*）到《嘉莉妹妹》（*Sister Carrie*），對道德經濟的反烏托邦觀點一直是美國文學長青不墜的題材。2017 年，由瑪格麗特‧愛特伍（Margaret Atwood）的小說《使女的故事》（*The Handmaid's Tale*）所改編的影集，描繪的就是在生育率嚴重衰退的美國，嚴格道德經濟的重建。故事裡，仍然有生育能力的少數女性被禁錮在生殖奴隸制度之下，依照規矩遭受統治階層男性強暴；在防止這些男性濫權的安排與結構下，這些男性變得扭曲而地位低卑。被奴化的女性和她們的男性對象被迫不斷彼此監視，各種異見和生活方式也隨之遭到無情地壓迫。

這些警世故事不只粉碎了極右派對道德經濟的理想，甚至也打擊了某些復古的左派思想。但是，自從量產時代在十九世紀揭開序幕，只有少數幾個獨特、以宗教為基礎的社群，成功地維持了道德經濟，幾乎完全在市場體系之外運作，例如艾美許人（Amish）。

中央計畫經濟是另一個主要觀念，也是極左派政治理念背後的力量，我們會在下一章討論。馬克思主義者相信，資本國有與產業國控是走出「工資奴隸」的唯一道路，[25] 但是中央計畫經濟最終證明失敗。蘇聯確實成功地製造出武器、打造了工廠，但是卻蓋出單調的公寓、產出呆板的汽車，甚至連基本用品都出現短缺。蘇聯的中央計畫者無法顧及個別消費者多樣的品味。總之，做為大規模經濟體的組織方法，市場經濟沒有什麼勁敵可言。

真正的市場規則

即使市場經濟打遍天下無敵手，我們還是得問問，市場應該以什麼樣的方式來組織。根據右派的標準觀點，政府只需要「閃一邊去」就好。這項主張倒有幾分真理。共產國家在 1989 年以及 1990 年代初期垮台時，脫掉中央計畫的沉重靴子一開始看似是創造繁榮市場唯一需要的處方。然而，任何成熟、大規模的市

場都要仰賴設計精良、執行確實的遊戲規則，如果沒有這些規則，就會竊匪橫行、違約行為層出不窮、拳頭大的人稱霸為王。這些規則可以歸納為三條原則：自由、競爭與開放。

在一個自由市場，個人可以隨心所欲地購買財貨，只要他們支付的價格足以補償賣方失去這些財貨的損失。他們也必須從事勞務或提供產品，以此向他人收取報酬，而且報酬要與這些服務為其他公民所創造的價值相當。這樣的市場賦予每一個個人在不侵犯他人自由下的最大自由。一如知名的哲學激進派經濟學家彌爾所言，「在一個文明社會，唯有為了防止個人對他人造成傷害，權力違反個人意願而加諸其身才能被視為具有正當性。」[26]不自由的市場剝奪了個人從交易中獲利的機會。關於交易自由的限制，一個鮮明的例子就是許多國家在第二次世界大戰期間實行的配給制度。雖然配給制度可能是這樣一段時期必要的權宜之計，也具有社會凝聚力，但卻造成單調乏味的同一性，黑市及灰市的以物易物經濟也因而竄起，讓個人有機會可以交易，例如用自己不抽的菸交換孩子需要的嬰兒食品。1950 年代，英國終於廢除配給制度時，有人在特拉法加廣場慶祝，有人焚燒配給小冊，這些在在見證了人們有多重視自由市場交易所容允的彈性和多元性。

在競爭市場，個人必須接受他們支付以及得到給付的價格。

他們沒有能力行使經濟學家所說的「市場力量」，藉此操縱價格。非競爭市場容允個人或團體阻礙貿易、減少生產，為一己之利改變價格，因而把自利行為從一部具生產力的引擎變成一場毀滅性的災難。對抗獨占的奮鬥至少可以追溯至美國殖民時期居民對東印度公司獨占茶葉貿易的反抗。在十九世紀晚期，為了對抗那個時代的大型卡特爾（注：cartel，同產業的企業透過協議，聯合降低產量，藉以抬高價格，為所有成員謀利，容易演變成壟斷市場），出現一項反獨占的民粹運動，在政治界鼓動風雲，並孕育了許多政黨，如美國的進步黨（Bull Moose，又稱「公麋黨」）、英國的「新自由」黨、法國的激進黨和丹麥的激進自由黨。獨占者以高價提供低品質財貨。比方說，美國大部分地方只有一家有線傳輸服務業者，但是連接線路的電子裝置有許多種類。於是，我們為網際網路服務支付高價格，卻只得到低品質的服務，但是我們卻有許多高品質、價格合理的裝置可以選擇，從電腦到電話，無所不有。

在開放市場下，無論國籍、性別認同、膚色或信念為何，所有的人都可以參與市場交易過程，創造最大的互利機會。封閉市場減少交易機會，不公平地將某些人排除在這些交易的利益之外。拜跨國貿易市場的開放之賜，義大利麵食於焉誕生（注：據說義大利麵食源自馬可波羅自中國帶回的麵條）。開放勞動市

場，讓新參與者加入，女性始能貢獻於董事會。開放 app 市場，我們現在才有這麼多運用智慧型手機的方式。開放市場具體呈現了一個觀念：透過廣納合作，我們都能彼此互惠。

在亞當‧斯密的眼中，他周遭的蓬勃市場不只是一股生產的力量，也是一股深具平等精神的力量。他一鳴驚人地主張，在運作良好的市場裡，「富人……在一隻看不見的手引領下，生活必需品的分配，會接近地球由所有居住者均分時的分配；進而在不意之間、在不知不覺之中，增進社會利益。」[27] 我們在這段引言中以底線標記的部分，在對亞當‧斯密論述的討論裡，通常會被忽略，或許這是因為這句話的原初出處，是他最知名的《國富論》（*Wealth of Nations*）之前發表的著作。然而，亞當‧斯密熱切地相信，貧富不均主要是由有利於貴族階層的法律和社會限制所致，而且與市場經濟並不相容。

亞當‧斯密不認為自由、競爭與開放的市場是自動形成或是必然現象。他觀察到，「從事同一行業的人鮮少聚在一起，即使是為了歡樂和消遣也很罕見，但是他們一旦對話，最後就出現對付公眾的串謀，或是提高價格的計策」，他還宣稱。「法律……不應該有任何促進這種集會的作為，遑論讓它們變成必要行為。」[28]

哲學激進派人士的核心命題是對抗一個由貴族階層主宰的社

會。激進派人士指責貴族階層控制了政府，造成政府限制市場、關閉貿易邊界，藉以保護貴族階層的獨占權。他們深明經濟特權和政治特權是一體兩面，因此以同樣的衝勁追求選舉權的擴展，以爭取競爭式的民主選舉，並爭取開放邊界，以進行國際貿易。

這些先驅者贏得許多勝利，但是他們很快就體認到，他們原初的提案走得還不夠遠。土地市場與勞動市場進步的同時，工業資本主義卻走向新形式的獨占力量，掌握了工廠、鐵路和天然資源。選舉權的擴張削弱了握有土地的貴族階層，但是新得勢的多數群體宰制了各種少數族群，而資本家運用他們的資源，腐化政治家、控制新聞媒體。伴隨著擴展跨邊界自由貿易而來的，是國際權力政治。英國這個頭號自由貿易者，剝削它的殖民地，強取奴工和天然資源。

十九世紀晚期與二十世紀初期，諸如亨利‧喬治、瓦爾拉斯與韋伯等人的新一代自由改革者，起而尋求這些問題的解答。他們沿襲哲學激進派思想而孕育的傑作，直到今日還影響著我們。反托拉斯政策以及支持工會的法律限制了獨占力。社會保險、累進稅制和免費義務教育，廣開機會之門，以提升競爭。制衡體制、基本權利的保障以及保障少數群體權利的司法力量漸增，都是為了因應多數暴政（tyranny of the majority，注：即「多數暴力」，或稱為「多數專制」）的問題。國際機構、自由貿易與人權

條款的設計，旨在為自由秩序裡更多的國際合作而鋪路。

第二次世界大戰之後，富裕國家在這些改革的推波助瀾下，歷經一段前所未見的時期——經濟成長、貧富差距逐漸消弭、政治共識形成。自由主義的這項豐功偉業，也把實踐政治學、學術經濟學帶往類似的風向。兩個領域的領導者都認為現在已經達到堪稱完全市場（perfect market）的境界。著眼於在擴張貿易或削減獨占力方面做進一步突破的觀念，多半遭到摒棄。經濟學家已然相信，個人天賦的差異是不平等的主要根源。他們都同意，累進稅制和福利制度是確保公平分配之所需，但是這些必須設限，以免減損經濟大餅的總規模。

這種權衡取捨讓自由聯盟陷入分崩離析。第二代改革的領導者合流為現代政治左派，在美國是（左派）自由主義人士（liberal），在歐洲則是社會民主人士（social democrat）。他們的優先要務是追求一國之內的平等，以及對國內少數群體與女性（過去被市場交易排除在外的群體）開放市場。在 1960 與 1970 年代，他們在美國民權運動與已開發世界各地的女性運動裡贏得勝利。

重視自由市場和效率勝過平等的自由派人士，形成現代政治右派，在美國是（右派）自由主義人士（libertarian），在歐洲則是新自由主義者（neoliberal）。除了對抗政府干預，在推動財貨

和資本市場的國際開放程度方面，右派也扮演了關鍵角色。他們的重大勝利在 1980 和 1990 年代來臨，當時各國出售國有化工業、經濟鬆綁解禁，並開放對外貿易。然而，儘管跨國之間的不平等以及主宰身分群體（白人男性）與其他群體（女性、非裔美國人）之間的不平等縮小，富國之內的不平等卻擴大了。成長率衰退，不曾回復到世紀中的水準。隨著經濟停滯、國內的不平等惡化（即「停滯性不平等」）政治也受到分化和荼毒。

有些評論家相信，停滯性不平等是廣泛的經濟與人口特徵力量所致，這些力量超越人力的控制，但是我們相信這是觀念失靈的結果。左派和左派的經濟思想沒有直切資本主義與民主制度在基本結構裡的衝突。私有財產的本質隱含著市場力量，而這個問題會因為不平等而加劇，並不斷突變，重挫政府為了解決不平等而做的努力。一人一票制賦予多數宰制少數的權力。制約、平衡和司法的介入措施限制了這種宰制，但是也把權力交給了菁英階層和特殊利益團體。在國際關係上，提升合作與跨經濟界域經濟活動的努力，賦予國際資本家菁英權能，從國際合作得到超乎尋常的利益，而面臨來自勞工階層民族主義的猛烈反擊。

第二次世界大戰與冷戰在意識型態與軍事上的勝利，加上二十世紀下半在經濟與政治上的成就，養成了傲慢自大的心態，導致志得意滿與內部分歧。十九世紀與二十世紀初期的激進改革

者，變成了今日吵吵鬧鬧的技術官僚。

完全競爭：菁英的鴉片

　　這種困窘處境的思想根源在於經濟學家傾向假設市場處於「完全競爭」[29]，也就是市場只有少數同質產品，沒有個人能大量持有任何產品。所有人都必須激烈競爭，以銷售自己的產品，並向他人購買自己需要的產品。穀物是完全競爭市場的典型例子。沒有任何一個穀物生產者持有高額市占率，也因此沒有任何一個穀物生產者能對價格有絲毫影響。此外，由於購買穀物的磨坊工、農場主與烘焙師眾多，沒有任何一個購買者可以藉由拒絕採購而抑制穀物價格。所有人都必須接受市場價格。

　　然而，就像瓊安·羅賓森（Joan Robinson）等理論經濟學家先驅所體認到的，在真實世界裡，很少有市場會這樣運作。[30] 大城市裡的房屋市場是最接近完全競爭的房屋市場，市場裡經常有房子要賣，也有許多人想要買房子。然而，所有在大城市買賣過房子的人都知道，這個體系離完全競爭差得遠了。房屋因地點、設施、景觀、採光等條件而各不相同。房屋根本不是同質產品，完全不能和穀物相提並論（穀物的同質性本身是嚴謹的市場設計的結果）。[31] 一次交易破裂，買方就得另尋符合他們需求的房屋，

一拖就是好幾個月。

這表示，買方與賣方都有相當高的議價能力。各方都想盡辦法打探，查明對方願意支付或接受的價格，並盡可能爭取最佳價格。這種策略行為通常會導致交易破裂。即使成交，交易過程中也要耗費大量時間和心力。在複雜的商業交易裡，這些問題會更形放大。例如，有一項土地開發計畫必須整合多塊相毗鄰的土地，以建造工廠或購物中心，由於這件案子對開發商的利害關係重大，現有屋主將在談判中占居上風。許多屋主會堅持高額價金，讓這項專案延遲或喊停。

個人與企業參與的市場，多半都比較像房屋市場，而不是穀物市場。工廠、智慧財產權、企業、畫作，全都是高度特異、獨一無二的資產。在這些以及許多其他案例裡，完全競爭的假設實在沒什麼道理。勞動市場也是一樣，因為工作者的能力和性情各異，居住地點也各不相同。即使許多相對同質的大宗商品市場，例如網路服務或飛機航班，仍然有少數企業能占居主導地位。即使是看似有許多家主宰企業時，他們也經常有共同的所有權人或是相互串謀。市場力量（企業或個人影響價格以利己的能力）從下到上滲透整個經濟體。我們認為，市場力量無所不在，它內生於資本主義目前的體制結構，它是造成停滯不平等與政治衝突的兩個主要源頭之一。

我們相信，另一個主要問題是在有些市場受到市場力量阻滯的同時，人類生活的許多領域，都缺乏可以大幅提升人類福祉的市場。這個問題在通常由政府提供的財貨和服務方面最為嚴重，例如警察、公園、道路、社會保險和國防：這裡需要的是政治影響力的市場。

政治影響力的市場？聽起來實在愚蠢荒謬。如果金錢買得到政治影響力，政治不就淪為少數財閥把持的囊中物嗎？美國就見證了十九世紀晚期那段政治貪腐的歷史。當時的在地政客，都被政治機器、鐵路巨頭和石油大亨所收買。

還有一種模式是賦予每個公民同等的發聲權，因此每一項議題都取決於多數原則；然而，這種模式自身也有嚴重的缺陷。一旦採取多數原則，少數要怎麼辦？他們可能深度關切某項議題，比如說跨性別者使用廁所的權利，或是防止墮胎，但是他們沒有辦法發揮與這項議題對他們個人重要性相當的影響力。一人一票制抹煞了不同群體之間的妥協空間，導致權力在意識型態陣營之間劇烈搖擺。

現代生活裡，市場幾乎完全缺席的領域，政治不是唯一。移民的嚴苛限制遏止了勞工的跨境流動，讓勞動市場出現漏洞。數位經濟最有價值的商品之一就是數據，谷歌和臉書之類的企業蒐集數據，把數據變成鈔票，但是創造這些數據的使用者卻沒有得

到直接的補償。我們迫切需要數據市場，但是它不存在。看樣子，我們理應完全競爭的市場經濟，其實正受到獨占市場與市場不存在之害。

　　這些觀察一方面讓人對標準經濟辭令所描述的玫瑰色美麗假設起疑，另一方面也暴露出我們錯失了哪些機會。如果我們面對現實，承認市場受到市場力量的拖累，甚至通常不存在，那麼我們或許可以跳脫左派和右派的兩個極端，為激進派的對抗偏見和特權之戰注入新意。

激進市場的想像

　　面對當前的危機，我們的解決方案是積極擴展市場。第 1 章與第 2 章提出本書的核心觀念，闡述如何在經濟與政治場域實踐這些觀念。第 1 章說明一種簡單的稅制，它藉由把私有財產市場轉化為一種「使用權」市場，大幅削弱濫用市場力量與限制競爭的誘因。第 2 章為「公共財」描繪一種效率市場（公共財就是由許多人共享的財貨，通常由政府所創造）。其他各章縮小焦點範疇：第 3 章倡議一些政策，以創造一個更有效率、在政治上更可長可久的移工市場；第 4 章為金融持股的設限提出辯證，以打破機構投資人對企業經濟的箝制；第 5 章說明市場力量如何延伸至

數位經濟。這些章節裡的觀念具有解決當代危機的力量。它們可以促進平等和經濟成長，同時增進公共秩序與折衷精神。

任何志在開創全面變革的計畫，在得到採納前都會面對龐大的障礙。我們的提案需要多年的測試、改良和逐步擴大規模，才能夠為全面落實做好準備。

為了幫助讀者領略這些觀念有多激進，我們在每一章都用一段虛構故事做為開頭，說明這些觀念在未來社會可能的運作情況。接下來，我們針對我們提議要根除的那些體制，檢視它們背後的歷史，點出導致當前危機的事件、悖論和錯誤。接著，我們以簡單明瞭的方式鋪陳我們的提案，並回應常見的反對意見，藉此為我們的主張辯護。最後，我們提出一些可以測試並改良我們構想的方法。

每一章都可以各自獨立觀之，但是我們在結論一章彙集所有提案，討論如果它們一起實施，能開創什麼樣的局面。在尾聲一章，我們勾勒出一幅想像中的圖像：激進市場的利益若是耗竭，會是怎麼樣的光景。

即使我們無法說服你接受全部構想，我們也希望本書能開拓你的心智，看到經濟與政治的一種全新想像。在長期根深柢固的假設就要被推翻的挑戰時刻，正是激進的重新思考成熟之日。

1

財產權就是獨占權

透過部分共同所有權，創造使用權的競爭市場

Property Is Monopoly

CREATING A COMPETITIVE MARKET
IN USES THROUGH PARTIAL COMMON OWNERSHIP

想像一下有這麼一個世界：所有重要的私人財富（每座工廠、每項專利，或每塊土地）都持續以公平的價格拍賣，而大部分的財產價值都會用做社會紅利，平均分給所有的公民。你可能會忍不住質疑，這樣一個極度市場導向的世界將會由富人主宰，但事實上大部分的私人財富都會變成社會財富，並由所有人均分。由於資產大部分的價值都歸於公眾，（部分）擁有每一項資產的成本就會變得更低，讓資產的控制權民主化，使得每個人都有成家或立業的新機會。同時，由於每一項資產都有一個價格，諸如高鐵等大規模專案的開發也會更加容易，因為負隅頑抗者將再也無法把持路權。

我們所提出的財產新制度能夠讓這樣的世界成真，我們稱之「共同所有權自評稅制」（Common Ownership Self-Assessed Tax，COST）。每個公民、尤其是公司，都要自己評估他們所擁有資產的價值，再以這些價值的大約 7% 計算應付的稅額，而且只要有人願意用這個自評價格購買資產，他們就必須售出。這項稅賦所徵得的稅收足以削減其他資本稅，例如遺產稅、公司稅、資本利得稅、財產稅等等，以大幅降低所得稅，並支付大部分的公共債務，同時能做為一筆高額社會紅利的資金來源（以美國的四口之家而言，大約是 20,000 美元），或是融通重大公共基礎設施。同時，與大部分稅賦的不同之處在於，COST 其實能讓經濟成長 5%。除了這些經濟利益，COST 還能在人與財產之間營造更健康的關係，教我們對物質所有物保持超然，不再在商業交易裡機關算盡剝削對方，而是尋求增加共有財富的價值，並強化社群的凝聚力。這樣劇烈的變化似乎像個純屬推論的白日夢，實際上近期內這已是統理公共資源的自然方法，例如無線電頻譜。

亞羅（假名）在孩提時代，深深著迷於伊隆・馬斯克（Elon Musk）的超迴路列車（Hyperloop），他經常想像自己搭乘首航的超音速列車，和駕駛員並肩而坐。他從來沒有想過，這些列車可能沒有駕駛員。不過，他窺探的這幅全息影像圖，其中所顯現的地形圖與經濟地圖，對他童稚的夢想甚至會造成更為猛烈的衝擊。

　　亞羅長大後成為新創公司「開放軌道」的領導者，這家公司可以實現他一生的雄心壯志。這家公司正在規畫它往返於洛杉磯和舊金山之間的超音速列車，但是在安裝車廂、鋪設磁鐵、抽設真空之前，他們必須先選定一條貫穿中央谷地（Central Valley）的路線。這部列車行經東灣（East Bay）和聖費爾南多谷（San Fernando Valley）的路段，選擇非常有限，不過在中央谷地，有很多潛在路線可以選擇。

　　亞羅想要迅速行動。如果中央谷地的地主聽聞這項計畫，其中有些可能會想要提高房地產價格。可是，抬價是一項高風險的賭注：價格提高會增加持有人的稅賦負擔，同時降低路線雀屏中選的機率。

　　可能的路線如此眾多，要如何淘汰，令人傷透腦筋，即使有應用程式「Cadappster」顯示每一塊土地的價值，而且每個人都可以看得到所有土地的價值資料。亞羅仍感到頭暈腦

脹，不禁遙想在共同所有權自評稅制（common ownership self-assessed tax，以下稱 COST）實施之前，像這樣的專案是如何規畫的。他必須在還不了解沿線地主願意接受的支付條件為何之前，就選定一條路線；接下來，他可能必須忍受長年的協商和法庭訴訟，才能取得全部地產。他知道他很幸運，現在終於有一個透明、流動、定價誠實的財產市場。他不必把老婦人趕出她家族世代居住的土地，不必忍受由此而來的罪惡感和公關災難。現在，這樣的居民可以貼出高價，讓收購者知難而退，或是出售土地並得到豐厚的補償。

為了找到可行的路線，「開放軌道」的電腦科學家運用了許多近似估計。他們著眼於工程師可能遭遇的地形障礙數量，例如區域的地質堅硬度，以及丘陵、山巒或峽谷的高度與深度，並運用簡單的經驗法則進行篩選。亞羅指示他們選出五條最有潛力的路線。

入選的五條路線，土地價格大致相近，工程成本與速度也都在合理取捨範圍內。過去，火車行駛速度較為緩慢，各條路線的沿線景觀可能影響決策，但是在今日，即使車廂是透明的，風景在乘客眼前只會變成一片模糊。在與幾位高階工程師以及一名行銷專家開過會之後，團隊選定一條土地成本最低廉的路線，而且信心滿滿地認為他們做出最佳選擇。

亞羅的財務主管立刻打開 Cadappster，確認「開放軌道」按標價收購沿線每筆土地的意願。此舉自動保障了「開放軌道」的所有權：最近才發起新一輪募資的「開放軌道」，現在滿手現金，因此立刻支付了全部款項。由於居民排定在三個月內遷出，因此專案可望在年底前破土動工。身為新地主，亞羅把整條路線的土地都合併為一筆，並公告了一個數倍於總購入金額的價格，以保障路線。

　　今日的開發者面臨了艱難的挑戰。在被問到超迴路一號（Hyperloop One）在執行過程所遭遇的最大障礙時，共同創辦人喬許・吉格（Josh Giegle）回答：「我們真的需要道路權。」受訪者回應道：「有些團體，例如地主……可能會僵持相當長的時間。」[1] 位於如此高價值計畫的行經地段，地主顯然有獅子大開口的誘因。

　　假設沿線的 2,000 名地主個個都願意照常以 10 萬美元的價金讓出路權，吉格相信，超迴路在扣除其他成本之後，能夠產生 5 億美元的營運利潤。現在，假設在開發商買下 1,999 塊土地的路權之後，第 2,000 名地主知道了開發商的計畫。於是，地主可能會拒絕以 10 萬美元出售，而堅持一個遠為更高的價格。吉格別無選擇，只能照付：因為如果他不買下第 2,000 塊土地，他投資

在前 1,999 塊土地的 1.999 億美元等於付諸東流。原則上，地主可以獅子大開口，獨吞將近 5 億美元。即使地主開價 4 億美元，開發商接受也好過拒絕，因為獲利 1 億美元總比一毛錢都沒有來得好。但是，如果開發商事前就料到有釘子戶，一開始就不會展開這項開發案。切記，開發商必須與全部 2,000 名地主協議，而其中任何一個都可能拿翹。只要有幾個這樣的釘子戶，整個開發案就會迅速崩潰。

目前，開發商在收購土地時，會採取高成本的預防措施，藉此把遭受鉗制的風險降到最低，例如透過空殼公司祕密行動。但是，他們仍然必須與個別賣方協商，這個歷程不但曠日費時，而且代價高昂，可能造成計畫延遲，風險因而升高到無法忍受的水準。這就是為什麼政府通常要當帶頭者，行使國家徵用權，以開闢新的商業區或住宅區。但是，國家徵用權通常有失公平，在政治上一向有爭議。

大規模的土地開發爭議會引起大眾關注，但是開發商所面臨的那些議價問題，每天都在影響市井小民和小型企業，每年造成數兆美元大眾看不到的損失。這項我們稱之為「獨占問題」（monopoly problem）的挑戰，其實是私有財產所固有。自現代經濟的誕生以來，它就一直受到經濟學家和哲學家的關注。

資本主義與自由 vs. 資本主義與獨占？

　　現代資本主義演變自土地封建制度；在封建制度下，土地和勞動的買賣自由都受到嚴格限制。亞當・斯密解釋道，資本主義的重要特質就是交易的權利。資本主義的進展與科學和科技的創新同步並進，交易成為經濟體有價值而重要的一部分。比方說，假設在十三世紀的歐洲，某個山谷裡的領主偶爾會與巡迴商人進行交易，但是大部分財貨（包括食品和紡織品）都還是在社區裡為社區成員所生產。當航行技術進步，遠距貿易的成本也隨之降低，這時，社區如果專精於生產單一商品（例如麥子或紡織品），同時向其他社區購買它所需要的財貨，這麼做會更有效率。在十九世紀晚期與二十世紀，由於蒸汽動力和電力的運用，貿易得以大幅拓展。[2]

　　要提升這個體系的效率，社區還必須調適，容許社區內以及在地區域的廣泛交易，以服務更廣大的市場。例如，貴族可以把他的遊樂園賣給創業家，創業家可能會用它從事現代集約農業，或是闢建工廠的廠區。單一工匠製造的大頭針，數量遠遠不及一家工人分工專精的工廠。然而，為了設立工廠，創業家必須從好幾個封建莊園取得土地，並雇用許多工人，而這些工人原本是農奴，分別屬於不同的領主。因此，工業的發展有賴限嗣繼承制度

的終結（因為在限嗣繼承制度下，土地將為單一家族所持有），以及農民擺脫效忠的約束。同時，大量地產為共同持有，例如農民畜牧牲口的共同牧場。農民無法買賣畜牧的權利，也無法自這片共有土地瓜分出幾塊，據為己有。

亞當・斯密和英國的激進改革者（例如邊沁和彌爾）視這些特權和傳統為達成財產運用最佳效率的障礙，也就是後來所說的配置效率（allocative efficiency）。為了增進配置效率，激進派倡議更明確、更自由的財產權，以及共有區域的圈圍（包括牧場與森林），把它們變成私有財產。這些變革與資本主義的崛起密切相關。在美國西部，開放牧地轉成家族農場是工業化的第一步。

然而，私有財產的正當性可以追溯至資本主義之前，至少可及於亞里斯多德；他體認到，人對於自己的東西會最在意。如果你擁有一塊土地，若非經過你的允許，沒有人可以從你手中奪走，你能從你對土地所做的投資得到報償，不管是你自己享用這片土地，或是向未來買方收取高價。對比之下，共有的牧地會過度消耗地力、共用的廚房會變成三不管地帶，團體計畫通常會優先被擱置。私有財產的這種增益特質，我們稱之為「投資效率」（investment efficiency）。

然而，在付諸實行時，激進派的資本主義觀點，運作不如他們所希望的那麼順暢。一開始，事情似乎驗證了他們的樂觀。十

九世紀出現一段空前的經濟發展時期。在此之前，經濟成長多半與人口成長同步，進展緩慢。人均所得（社會進步的重要衡量指標）過去在人類歷史上幾乎全程處於停滯狀態。十九世紀，國家產能首次出現穩定成長。發明與開發結出豐碩纍纍的果實。工廠如雨後春筍般大量設立。蒸汽火車載著乘客跨越州界。在許多國家都有來自全世界各地的財貨。

然而，這些利益集中在名為「布爾喬亞」（bourgeoisie）的資產階級手中，他們是一小撮富有的城市居民階級。過去的農民現在變成勞工階級，生活境況悲慘，一如狄更斯（Charles Dickens）筆下所描繪的景象。儘管是在工業革命早期，英國工人的工資從1750年到1850年就一直沒有漲過。[3]

新資本主義秩序的生產力看起來甚至也不如期望。有些貴族任他們手中大批土地荒廢，或是以不具生產力的方式使用。美國在1870年代的「長期蕭條」（Long Depression）啟發了自學有成的政治經濟學家亨利·喬治，寫下他1879年的傑出之作《進步與貧困》（*Progress and Poverty*）。在那本書裡，亨利·喬治總結了十九世紀資本主義的矛盾：

> 生產財富的能力在十九世紀大幅增長。蒸汽動力與電力、機械化、專精分工以及新商業手法大幅增進了勞工的權力……

確實，這些新權力能從基礎提升社會，讓最貧窮的人不再為生活物質需求憂慮⋯⋯然而，我們現在卻必須面對一個不爭的事實。全世界的各個角落都怨聲載道⋯⋯勞工淪落至出於不得已的無所事事；資本虛擲浪費⋯⋯我們最積重難返的貧窮、為了爭生存最艱苦的奮鬥、最嚴重的強迫失業在哪裡？唉，就在物質最進步之處⋯⋯貧窮與進步的這層關聯，是我們這個時代最大的疑問。[4]

亨利・喬治的憂慮引起愈來愈多社會主義評論家同聲迴響。他們也認同亞當・斯密的效率目標，但是對於私有財產制能否達成這個目標，卻心存懷疑。[5]

猶記十九世紀的英國，許多人從繼承得到土地，卻不投資或出售他們的土地，而是消極怠惰地向佃農收取地租。即使早期改革者成功地撤銷許多封建制度對財產的限制，地主通常拒絕出售手中的土地給那些想把土地用於更有生產力用途的人（不然就是開價高得離譜），因而阻礙了工業化。[6] 貴族階層疏於關注他們的財產，他們比較喜愛把時間花在上流社會或政治界。許多關於這個時期的描述，焦點都放在貴族的社交生活；吃重的貴族財產管理工作，鮮少得到關注，或是說鮮少得到貴族的關注。即使真的出售財產的貴族，也是把得到的錢揮霍在珍・奧斯汀的小說所描

述的奢靡逸樂，而不是投資於新事業。

照料土地的工作落在農奴、奴隸和佃農身上。即使是這些人當中最幸運的佃農，也沒有什麼理由投資土地，因為投資的成果可能會被怠惰的地主所侵占。於是，農人任土地衰敗，產出貧脊。隨著人口成長、生產力增加，貴族也跟著哄抬地租，阻礙了進一步的發展，佃農人數變得更少。土地閒置荒廢，城市的成長也受到妨礙。

富人什麼都不做也有報酬可拿。需要土地的窮人必須支付一大筆錢才能取得土地，不然就得挨餓。評論家把這些境況斥為悖謬，在小說與非小說作品裡把富人描繪成寄生蟲〔有時候真的就是名副其實的寄生蟲，一如史杜克（Bram Stoker）筆下《德古拉》（*Drucula*）裡的吸血鬼〕。

評論家所指出的問題，我們稱之為獨占問題（一如當時許多評論家也如此指稱），雖然我們對這個名詞的運用範圍，比現今常見的略為廣泛，原因我們會在稍後討論。我們通常認為獨占者是一個人或一家企業，某項財貨全部都為他們所持有，因此他們可以藉由扣留部分供給，以索取高於正常市場水準的價格。然而，地主也可以視為獨占者，因為土地通常具有獨一無二的特質和地點。

就像獨占者，地主可以不理會第一個出價合理的人，繼續待

價而沽，等待更高的出價（等同扣住市場的供給），以賺取更高的報酬。在等待的這段期間，土地處於荒廢不用或低度利用的狀態。因此，私人所有權反而會妨礙配置效率。這種現象不獨發生於土地的私有制：除了同質的大宗商品，任何資產的私有制都會妨礙配置效率。商業設備、汽車、藝術、家具、飛機、智慧財產權等，都是如此。我們在這裡談的金錢並不是個小數目。在我們的經濟體裡，私有財產無所不在，有實證研究顯示，由獨占造成的資源錯置，以及後文討論的相關問題，每年可能減損了 25% 或比例更高的產出，光是在美國，這個數字就相當於每年數兆美元的產值。[7]

因此，激進改革所創造的資本主義體系，看似放鬆了限制，允許土地與勞工自由流動，好得到最佳的利用，但是其實還沒有完全消除限制。獨占力是進步之道的擋路石。

中央計畫制度／企業計畫制度

有些社會主義評論家會揣想，資本主義的這種「不理性」可以透過國有制和中央計畫制度解決。他們的推論是，若是由政府持有所有土地、雇用所有公民，政府自然可以下令進行土地改良，並做最佳利用。只要政府秉持良善，由見多識廣的專家來運

作，就不會有獨占問題，因為沒有任何一個人享有排除他人使用土地的權利。咸認這種中央計畫經濟與馬克思的思想密切相關，雖然馬克思最終排拒中央計畫制度，認為它容易流於濫用[8]。

然而，計畫制度最後成為資本主義的重頭戲，一如它在任何社會主義烏托邦夢想裡的地位。地主、小型企業主以及其他財產所有權人對於具經濟價值的專案構成阻礙，社會評論家不是唯一對這種現象感到灰心的人。許多經濟學家都指出，大規模企業的創建必須集合各項資源，而每一種資源都掌控在地方獨占者手中。[9] 創業家每每都要為獨占問題而苦惱。如果他們想要擴張工廠，地主就獅子大開口，堅持高價。如果他們想要建造鐵路，就有數千名地方政客趕來揩油，想要分一杯羹。油、煤或任何資源的小供應商，每一家都願意耗費無數時間和他們討價還價，或是想辦法占他們便宜。

諾貝爾桂冠經濟學家寇斯（Ronald Coase）稱這些波折為「市場的交易成本」。[10] 他闡釋，為了避免這些混亂，商業人士會建構大型企業，取得許多資產的所有權，包括工廠和土地，並雇用許多工作者，這些人可以統一由企業領導者直接指揮，不必歷經不斷協商，就能達成企業目標。在十九世紀與二十世紀初期，大型企業迅速攻占商業世界。例如，標準石油（Standard Oil）成為石油業的主宰，而鐵路業也由類似的大型企業所經營管理。

不過，大型企業最後達到它們的極限，它們過度擴張的結果是變得笨重無效率，從而走向衰敗，就像品質隨著據點愈來愈多而下降的連鎖餐廳。企業經理人對於在地情況和新機會通常不敏感，不斷受到市場新進入者的威脅。就像我們會在第4章討論到的，企業確實克服了部分獨占問題，但是它們累聚的大量財富和權力，也讓它們可以抑制工資、抬高價格、妨礙經濟發展，造成政治與社會的反彈。因此，儘管企業計畫制度在經濟體裡扮演了重要角色，有助於克服許多局部獨占問題，但是它絕對無法取代市場，成為主要的組織方法。

沒有財產權的市場

　　政治經濟學家因為對私人財產制產生的獨占力量有所顧忌，因此繼續尋找中央計畫經濟以外的選項。有個處方是由政府持有土地和其他「大自然的禮物」，但是容允這些資源以競爭方式來管理。所謂的「人造資本」（artificial capital），也就是由人所生產的有用事物，仍然採取私有制，以獎勵人造資本的創造者。

　　政府把土地出租給那些理應最可能以具生產力的方式善用土地的人，而在有人願意為使用土地而支付高於現有租戶的租金時解除租約。在這些方案下，人可以租用土地，但不能擁有土地。

土地的私有財產制遭到廢除。

這個構想被稱之為「競爭共有」（competitive common ownership），這是許多塑造二十世紀經濟學思想的人物所抱持的核心信條。在人稱「邊際革命」（marginal revolution）的經濟思想重大進展，傑逢斯（William Stanley Jevons）、瓦爾拉斯與孟格（Karl Menger）這三位邊際革命之父，當中就有兩位對私有財產有很深的質疑。傑逢斯寫道：「財產不過是獨占的別名。」[11]瓦爾拉斯在他的社會經濟專論裡述及：「個人土地所有權的宣告……意即……讓土地無法以對社會最具優勢的方式來運用，藉此阻撓自由競爭的有益效應。」[12]瓦爾拉斯相信，土地應該國有，而由此產生的地租應該以「社會紅利」（social dividend）還諸於公眾（直接給付或是化為公共財）。[13]他的目標是藉由終結「個人土地所有權和獨占」，以「壓制……封建……真正的導因」。[14]

瓦爾拉斯把他的方法描述為社會主義的一種型態，他稱之為「合成社會主義」（synthetic socialism）。不過，瓦爾拉斯敵視中央計畫制度，唯恐計畫者會自己變成獨占的封建領主。他想要透過一套競爭程序，把財產權交由社會控制，並希望由財產而來的報酬能由社會共享。一如這些各不相同的社會主義思想所顯示的，「社會」有許多方法可以管理它所控制的資源。在十九世紀晚期，社會主義是一個內涵變化多端的詞彙，不一定都和中央計

畫制度有關。社會主義者只有一點共識：傳統的私有財產制以及所有權的不均，對繁榮、福祉和政治秩序構成重大挑戰。

在想要解決獨占問題的一幫經濟學家裡，我們已在前文見過的亨利・喬治，提出了或許堪稱是最著名的構想。他主張，要實踐共同所有權，一個比國有制「更簡練、更容易、更平和的方法」，就是「以課稅徵收地租，做為公眾之用」。[15]

亨利・喬治的土地稅不同於今日的財產稅（低稅率，通常為1%到2%，不過是以房屋的全部價值為稅基，而房屋價值通常是由政府估價人員決定）。一方面，亨利・喬治的土地稅要高得多：一個人為占用土地所支付租金的全部價值。另一方面，土地上的建物價值，則可以完全免稅。估價人員必須根據附近空地近期的銷售資料，決定房屋白房屋基地所在的未經改良土地所產生的價值幾何（也就是說，土地在房子拆除後還有多少價值）。土地的價值要全數課稅，但是屋主可以保留地上建物額外創造的價值。

課徵全數「地租」表示，所有權人雖然可以享有地上所有建物的全部價值，但是他們必須支付土地價值給政府，就像土地承租者一樣。「土地獨占不再有報酬。原本以高價讓人止步的數百萬畝土地，現在將遭棄置，或以微不足道的價格售出。」[16]如果政府對土地所有權課稅，那麼有能力讓土地發揮生產力的人就會

善用土地，也能夠支付稅金，至於那些寧可坐視土地閒置的人，就會為了避稅而出售土地。

亨利·喬治的提案很快就抓住大眾的想像（參閱圖 1.1）。原名「地主遊戲」（The Landlord's Game）的桌遊「大富翁」〔名稱正是「獨占」（Monopoly）〕，可能是有史以來最受歡迎的桌遊。它在 1904 年問世，設計者是伊莉莎白·梅奇（Elizabeth Magie），遊戲目的是教育大眾，以理解亨利·喬治所提出的觀念。根據我們現在熟悉的遊戲規則，每個玩家都要設法獨占財產，讓其他玩家破產、退出遊戲。不過，原版遊戲（可以在 eBay 的 Folkopoly Press 賣場買得到）的規則不同：地租要課稅（但是地上的房屋不用）以融通公共工程，讓玩家可以自由使用公用事業和鐵路，並在玩家通過現在叫做「Go」的那一格時發送社會紅利，以擴增薪酬。[17] 在這些規則下，遊戲不可能出現由單一玩家稱霸的局面，確保所有玩家都能開發自己的財產，所有玩家都受益。

1933 年，美國哲學家約翰·杜威（John Dewey）估計，喬治·亨利的《進步與貧困》一書的流傳之廣，幾乎勝過其他所有政治經濟著作的總和。[18] 許多知名的政治家和思想家都是喬治主義的信徒，包括貴族出身的邱吉爾、激進的進步主義教育思想家杜威，以及高瞻遠矚的錫安派領袖西奧多·赫茨爾（Theodore

Herzl）。

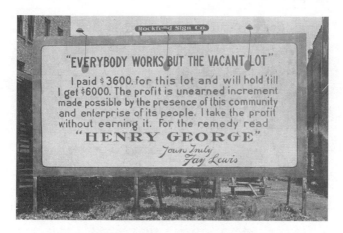

圖 1.1　宣傳亨利‧喬治思想的看板。

看板上的文字：「人人都在工作，只有空地閒著」。我花了 3,600 美元買下這塊地，我要把它一直放到可以用 6,000 美元賣出的時候。這份利潤是不勞而獲的增值，它來自這個社區的成形與社區民眾的積極進取。我不勞而獲，坐享其利。欲知解決辦法，請讀「亨利‧喬治」——你真誠的，費依‧路易士

　　然而，喬治主義有一些嚴重的缺陷。因為稅賦徵收了建物腳下土地的全部價值，也剝奪了持有者投資、甚至照顧土地的誘因。這是投資無效率的問題。在亨利‧喬治的時代，土地的投資無效率還不是個問題，因為在世人的觀念裡，土地不需要養護，土地增加價值的唯一方法就是增加地上建物，如房屋。但是這些

假設忽略了環境破壞。多年後，生態學家加瑞特・哈丁（Garrett Hardin）觀察到，單一所有權人的土地，通常不會落入他所說的「公地悲劇」（tragedy of the commons），過度放牧、遭受侵蝕和污染。[19] 若是會耗竭的自然資源，像是礦藏的金屬或是鑽井的石油，亨利・喬治的方案會陷入更嚴重的問題。如果土地的價值全數被課走，這類資源的所有人會盡可能迅速地開採石油或礦石，導致浪費。

此外，亨利・喬治的方案會是行政管理工作的夢魘。亨利・喬治區分了自然形成的土地（應該被課稅），以及在地面上建造或是利用土地而產生的所有東西（他稱之為「人造資本」）。兩者的界線在於──沒錯，就是人為因素。工廠是由自有礦藏開採的金屬建造而成，而一旦完工，可能就會變成獨占，這點和土地並沒有兩樣。此外，工廠無法輕易到處搬遷，也可能有助於鄰近區域的發展，增加土地的價值。因此，要區分從土地而來的價值與地上建物的價值，極度困難。

就拿紐約的帝國大廈來說，它腳下土地的純價值是多少？你可以對照相鄰土地的價值，以推算它的價值。但是，這棟建築物本身是這個地帶的地標，沒有這棟建築，周遭土地的價值幾乎一定會因而變動。這塊土地與這棟建築，甚至連周邊地帶，都互有關聯，難以個別界定價值。同理，有許多區域的價值，與其說純

粹取決於實際地點，不如說是由許多其他因素共同決定，例如區域內建築的外觀與給人的感受，還有屋舍、街道、公園、小徑之間的關係。

社會主義的靈魂之爭

在社會動盪、思想紛擾的二十世紀初期，亨利・喬治的觀念蔚為風潮。惡化的不平等與產業的緊張關係傷害了富裕國家的社會結構。德國的社會民主黨、英國的工黨、美國的進步運動以及工人國際法國支部（French Section of the Workers International）於是崛起。殖民地在帝國的宰制下，怒火愈燒愈烈。兩次世界大戰讓既有的社會秩序受到質疑，許多政府面臨顛覆的遭遇。1930年代，第一次真正的全球經濟蕭條摧毀了對傳統自由放任資本主義的信心。

革命一幕幕爆發。1911 年，由孫中山領導的中國國民革命軍推翻了清朝，建立了掙脫外國控制的新共和政府。孫中山的思想有許多源頭，亨利・喬治的哲學是他所著《三民主義》的經濟柱石。孫中山曾寫道，「亨利・喬治……的學說……將是我們改革計畫的基礎。」（注：根據本書注釋，作者此處的引文不是直接取自原典，而是轉自其他英文文獻，因此文字敘述與原典實際文字

有所差距。這裡依本書英文而譯。原典原文（中文）是「甚欲採擇顯理佐治氏之主義施行於中國……」，顯理佐治即亨利‧喬治。）[20] 然而，由於中國陷入軍閥割據，孫中山沒能成立一個協調一統的政府。

在俄國，列寧從孫中山的錯誤中學習，冷酷無情地鎮壓異己。他自早期馬克思主義中央計畫制度的夢想、法國大革命的狂熱以及官僚公司組織崛起的力量得到啟發。列寧施展鐵腕，建立強而有力的政府，不只控制蘇俄的領土，也把革命出口到其他國家，包括中國。在中國，毛澤東的中國共產黨在蘇俄的協助下，最後擊敗承繼孫氏國民革命組織反共派系的蔣介石。蔣介石逃至臺灣。然而，此時的世界多半可以區分為資本主義陣營和共產主義陣營。國民革命的喬治主義思想，在反共者的獨裁專制下凋萎。兩大主要經濟體系隨即爭奪主宰地位：一是西方的資本主義，以規管、重分配和反獨占法做為調節；二是蘇聯和其盟友的共產主義國家計畫制度。

雖然資本主義市場最後的勝利讓我們現在難以想像中央計畫制度的魅力何在，但是在經濟大蕭條時期，甚至在第二次世界大戰之後相當長的一段時間，資本主義其實都處於拉警報狀態。1942 年，知名的保守派經濟學家熊彼得（Joseph Schumpeter）預測，社會主義有一天會取代資本主義。[21] 他認為，資本主義經濟

體大部分的經濟活動，都發生在企業，而企業只不過是一個官僚體系，由位居中央的「管理階層」對工作者發號施令。從這個視角來看，這情況距離一個各產業都由一或兩家龐大企業主宰、以政府法規確保它們不會濫用獨占力的經濟體，只有一小步之遙，與社會主義的中央計畫制度，差異幾希矣。

許多經濟學家受到大型企業與戰時計畫的成功所啟發，於是更進一步欣然肯定蘇維埃體制。最極端的例子之一是 1930 年代與 1940 年代在芝加哥大學講學的波蘭經濟學家蘭格（Oskar Lange）。在前往蘇維埃占領的波蘭旅行一趟之後，他放棄他的美國公民身分，成為親蘇的波蘭共產政府的駐美大使。接下來的二十年間，他在波蘭政府擔任領導角色。我們會在本書的尾聲一章詳細描述他的中央計畫制度主張。[22]

米塞斯（Ludwig von Mises）與海耶克（Friedrich Hayek）是第三位邊際革命之父孟格的高徒，他們指出中央計畫制度的缺陷：中央計畫者缺乏做成最佳配置決策所需的資訊和分析能力。[23] 人們對價值的評估是私人資訊；市場的高明就在於它有能力透過價格體系，把這項資訊從消費者傳播給生產者。對比之下，中央計畫則導致資源的嚴重錯置（生產沒有人想要的財貨），而在真實世界裡，這正是典型的社會主義經濟體，例如蘇聯。[24] 此外，中央計畫的經濟體為政治的濫權開了一條路，這就

是海耶克那句令人難忘的名言——「通往奴役之路」。[25]

面對中央計畫制度的威脅，西方自由主義者於是斷言，資本主義儘管有其限制，仍然是較優越的經濟組織方法。應付獨占的最佳辦法就是反托拉斯法（參閱第 4 章）、管制，並在最重要的產業裡限制國家的所有權。在美國，政府對「自然獨占」（如電力）實施價格管制；在歐洲，重要公用事業與其他大型公司通常為政府所有。在戰後的經濟榮景裡，大家對私有財產的問題變得眼不見為淨。

寇斯那篇 1960 年的經典論文〔〈社會成本問題〉（The Problem of Social Cost）〕遭到錯誤解讀，為存放獨占問題的思想冰庫蓋上封印。寇斯主張，如果交易成本（也就是議價成本）低，從效率的觀點來看，財產權的分配就無關緊要，因為財產會透過議價從低估值使用者轉移給高估值使用者。[26] 假設一棟辦公大樓裡，有一間安靜的醫師辦公室，與一間吵鬧的音樂教師辦公室，隔著薄牆相鄰。醫師覺得噪音惱人，希望音樂教師離開，或是安裝隔音設施。無奈，有某條法規保障音樂教師有權利隨心所欲製造噪音，而醫師免於噪音干擾的權利也受到另外某條法規的保障。

寇斯主張，在理想狀況下，雙方不管在價格上達成什麼協議，得出的噪音水準都是一樣的：如果法律說音樂教師有權製造

噪音，醫師付錢給音樂教師，讓音樂教師安靜一點，達到某一個噪音水準。如果法律說醫師有權享受安靜，音樂教師就得付錢給醫師，讓醫師接受一些噪音，噪音會達到和上述同一個水準。如果協商在完全資訊下進行，噪音水準不是由法律來決定；法律只能影響誰結果要付錢給誰。

寇斯的論點比通常所理解的更複雜，但是其中的細膩之處在資本主義的狂熱捍衛者手中流失，而芝加哥大學的諾貝爾桂冠經濟學家喬治・斯蒂格勒（George Stigler）就是其中一位。[27] 他在其所著 1996 年版的《價格理論》（*The Theory of Price*）裡宣揚「寇斯定理」（Coase Theorem），以此為一個過度簡化的觀念背書：財產權如果有強力而清楚的定義，私人議價行為通常能達致效率結果。這個錯誤解讀打發掉獨占問題，暗指私有財產的優越，因為它能提升投資效率。[28] 即使時至今日，大部分主流經濟學家還是繼續假設，議價行為能消除獨占問題。

設計完全競爭

不過，不是所有的思想家都追隨斯蒂格勒的腳步。維克里發現了獨占問題，推崇亨利・喬治在共同所有權的見地，並提出拍賣的準則，做為他的解決方案。我們在本書前言為這套方法鋪陳

了一個想像的版本：所有財產，包括每座工廠、每間房屋、每輛車子，都納入共有，而租用的權利可以持續進行拍賣。出價最高的公民（出價形式為租金）就能持有物件，一直到有別的公民出價超過為止。每座工廠、每間房屋或每輛車子都有一個現有的最高遞價，代表目前持有者為使用資產而支付政府的資金。任何人都可以超過這個遞價，以主張持有該物件。由此收得的租金則用於公共財的融通（第 2 章），並挹注社會紅利。儘管維克里從來不曾直接勾勒這幅烏托邦的景象，但由於它連結了如此多他的思想，因此我們把它想像成維克里希望在辭世前傳遍這個世界的願景的一部分。於是，我們把它取名為「維克里共有財」（Vickrey Commons）。

新奇的觀念多半在一開始都看似牽強。把公寓放在網路上出租給陌生人，這個構想在十年前也看似極其怪異。本章稍後會討論一個你一定已經想到用來反對維克里共有財的理由，那就是它會顛覆日常生活的穩定度。不過，請銘記，他的觀念已經用於我們每個人每天造訪的網路和臉書網頁上的廣告版位。每幾秒鐘，這些版位就會透過維克里所提出的拍賣設計，重新分配給當下最高的出價者。[29]

政府也採用拍賣制度。寇斯說服聯邦通訊委員會（Federal Communications Commission；FCC），以拍賣方式發放廣電頻譜

的使用權,而不是直接核發,或是以政府決定的價格出售。[30] 為了回應,經濟學家羅伯特‧威爾森(Robert Wilson)、保羅‧米爾葛羅姆(Paul Milgrom)、普雷斯頓‧麥卡菲(Preston MaAfee)把維克里的論述發展成一種拍賣設計,出售頻譜。[31] 但是,這個設計只是暫時解決了獨占問題。頻譜拍賣不常發生,而且賦予得標者持有頻譜一次長達數年、甚或數十年的機會。數年前贏得頻段的公司,可能不再是最高價的持有者。如果有新公司想要買下那段頻譜,它的持有人可能決定開一個超高的價格,而這正是已經發生的狀況,我們會在後文討論。

維克里最著名的迫隨者羅傑‧梅爾森(Roger Myerson;以他在這個主題的研究獲得諾貝爾獎)與馬克‧薩特斯韋特(Mark Satterthwaite),運用他的觀念,深化傑逢斯與瓦爾拉斯關於財產權獨占本質的見解。[32] 他們以數學說明,寇斯結果的過度簡化詮釋永遠不會成立,除非是在一種不尋常的情況下,那就是買方與賣方同時絕對確定買方對資產評估的價值高於賣方。否則,議價無法克服獨占問題,也無法確保資產不斷流入最佳使用者之手(即評價最高者)。這項研究有助於解釋為什麼頻譜市場如此根深柢固,無法重新分配頻譜給新使用者,以及為什麼網路廣告版位的運作順暢得多。唯有使用權真正的連續拍賣可以解決獨占問題,因而產生配置效率。

但是，連續拍賣也會引發投資效率上的問題。如果持有人知道自己的持有物隨時都會被他人取走，而自己無法從任何出價得到收益，他們就會不願意照顧、改良他們的財產。在這種情況下，你可能會任你的房子破舊失修。就像亨利・喬治的稅制提案，維克里共有財沒有賦予人們良好的投資誘因。

一項因應做法可能是在投資誘因比配置效率重要時運用私有財產權（喬治的「人造資本」），而在配置效率重於投資效率時運用共有財產權（透過拍賣分配使用權）（喬治的「土地」）。確實，美國現行的所有權制度隱約呼應這個公式。在大部分情況下是私有財產制度勝出，但是政府擁有廣大資源（包括大部分的國家土地），可做為出租、允許大眾免費使用，或是偶爾拍賣，一如頻譜的例子。但是，把這些極端模式強制套用於在每種財產形式是一種浪費，不管在投資面或分配面，都勢必造成極端的無效率。大部分來自投資的財產利益種類，以及大部分財產類型，在可使用年限內，都要、也應該在不同的人之間流動。

一個比較好的方法是在對投資效率與配置效率的需求之間找到平衡之道。我們稱這個方法為「部分共同所有權制」（partial common ownership），為共有制與傳統私有財產制的折衷。部分共有制能在單一財產制下達成配置效率與投資效率的最適化，就像共有制可以扼止獨占力，而私有財產制有利於投資。在 1980

年代末期，經濟學家彼得・克雷姆頓（Peter Cramton）、羅伯特・吉本斯（Robert Gibbons）與保羅・克倫佩勒（Paul Klemperer）提出一個共享財產權的方法，並經伊利亞・賽格爾（Ilya Segal）、麥可・雲斯頓（Michael Whinston）以及其他人改良。[33]

假設有一家新創公司，它的兩個創辦人陷入爭執，於是現在想要分道揚鑣。合夥事業的解散通常是一件棘手的事。拆夥必須經過每一個合夥人的同意，但是誰應該分得比較多、合夥事業的價值幾何，合夥人難免有歧見，讓協商陷入僵局（這是另一種獨占問題）。根據克雷姆頓等人的提議〔在法律圈稱之為「德州槍戰」（Texas shootout）〕，每個合夥人都要為公司價值競價投標，由出價最高者得標，而得標者必須以兩人投標的平均價格買下對方的持股。

如果每個合夥人的持股比例與他成為公司最終所有權人的機會相當時，這種安排的成效會最好。[34] 我們現在就來思考，以這個案例來說，為什麼兩個合夥人會認為，根據他們認為持有公司的真實價值出價，會對自己有利。

假設 A 合夥人對合夥事業的持股比例為 60%，B 合夥人為 40%。他們同意採用德州槍戰法決定誰能成為公司的唯一所有人。兩個人都投標；價高者得標，贏得合夥事業；而合夥事業的

價值就取決於兩張標單的平均價格。接下來，贏家必須根據這個價值買下輸者的持股。因此，如果 A 贏了，A 可以得到 B 手中那 40% 的持股，不過他必須支付雙方出價平均值的 40%。由於我們假設持投比例與成為公司最佳所有權人的機率相當，如果每個競標者的出價都反映真實的想法，A 得標的機率是 60%，而 B 為 40%。

現在假設 A 考慮提高出價，高於她所認為的真實價值。如果她贏了（機率大約是 60%），她必須支付給 B 更多的錢，以買下公司 40% 的股份。因此，不管她加價多少，她必須支付加價部分 12%（60%×40% 的平均）。另一方面，她大約有 40% 的機率會輸，這時 B 要為她的 60% 持股支付更多，所以，她會得到加價部分 12%。這兩個數字相互抵銷並不是偶然：它正是表示，A 沒有提高出價的誘因。同理，她也沒有降低出價的動機。

然而，A 確實有誠實出價的誘因，原因有二。第一，要是她提高出價，高於她真正認為的真實價值，B 的出價有可能超過她所認為的真實價值，但是低於她的新出價，因此她最後必須買下公司，同時支付超過她所認為真實價值的價格。這不利於 A。另一方面，如果她降低出價，低於她所認為的真實價值，B 的出價有可能低於 A 所認為的真實價值，但是高於 A 的出價。如此一來，B 會得標，但是支付給 A 的價格少於 A 所認為的公司價值。

這麼做還是不利於 A！進一步說，若是 A 提高出價，會增加得標並以她所出新高價格付款的機會，若是她降低出價，就會增加未得標而得到付款較少的機會。所有這些力量讓 A 有非常強的誘因按照她所認為的真實價值出價，同樣的邏輯也適用於 B。

即使各方持股比例與各方得標機率不是完全一致，任何程度的共享所有權都會削弱各方誇大或低報價值的誘因。每個合夥人都知道，出價無論是高報或低報，都要承擔交易出岔的風險。如果她出價過高是希望得到更多付款，就要面臨得標而付款過高的風險，但如果她出價過低是想要付少一點，就要面臨被迫折價賣出股份的風險。

本書作者其中之一與金融學家張翼東（Anthony Lee Zhang）所進行的研究指出，這套制度優於維克里共有財的重要優勢：它大致上保存了投資誘因。[35] 一個在合夥事業有 90% 持股的人，他的投資誘因，相當於一個持份 100% 者所抱持投資誘因的 90%。如果她最後得標，她可以保留標的物（也保留了投資的報酬），而只需支付 10% 的價金給合夥人，取得享有這項價值的權利。如果她沒有得標，她的合夥人會支付她投資價值的 90% 以完成交易。因此，雖然維克里共有財讓人沒有任何投資於資產的誘因，克雷姆頓等人提出的程序，卻能給所有人按照所有權持份比例進行投資的誘因。

合夥事業是人們出於自願的共同所有權形式。也就是說，它們可以透過合約安排最有效率的解散方法。因此，克雷姆頓等人的方法無法應用於土地和我們私人擁有的其他日常資產。不過，有個歷史悠久、淵遠流長的古老簡單構想，讓這個邏輯得以延伸應用至各種情況。

自己的價格自己定──繳稅也是

大部分人都認為「聖儀」（liturgy）就是指宗教團體成員所歌詠的言詞。但是這個詞彙源自古雅典，意思大致是「公共事務」，指的是大約一千名最富裕的公民要肩負起提供資金的責任，以推動國家的運作，尤其是陸軍和海軍。雅典人如何決定誰是最富裕的人？根據狄摩西尼（Demosthenes）的記載，聖儀階級可以對他認為更富有的公民提出「交換」的挑戰。[36] 被挑戰的人必須承擔公共事務責任，或是與挑戰者交換所有財產。這套制度讓每個人即使面對公共事務的負擔，也都有誠實的誘因。如果你為了逃避公共事務負擔，謊稱自己比千大富戶貧窮，那麼你的下場可能是與某個比你更窮的人交換財產。

就我們所知，這是歷史上第一個「自評」制度的例子。在這樣的制度下，個人（而不是官僚管轄機構）必須申報他們財產的

價值，以因應交易或公共計畫所需，但是他們也必須隨時準備好「證明」申報價值的正確性。自評制度在今日仍然在某些地方採用。在名為「認購賭注」（claiming stake）的賽馬形式中，你可以讓馬在任何一場賽事出賽，即使讓這匹馬降格參賽也可以，但是你隨時都可能必須以比賽獎金的金額（即「賭注」）把這匹馬出售給任何願意用這個價格買馬的人（即「認購」）。[37] 這項規定能阻嚇快馬的主人讓馬參加慢馬的賽事。相反地，馬的主人只會讓快馬參加價值足以讓他願意以馬換獎金的賽事。

安道爾有一種名為「la crema」的相互火險條約，由個人申報自己的財產價值。如果房子燒毀，這是屋主從團體其他成員那裡得到的償付金額，每個人都是按照自評價值的比例繳付。社區有人蒙受祝融之禍時，高價值房屋的屋主要支付高份額的補償金。[38] 這項負擔能防止屋主申報的房屋價值高於實際價值。

孫中山曾提出自評制，以落實喬治學派的土地稅制。[39] 正常情況下，屋主支付按房屋評價某個比例計算的財產稅，評價是由官方人員核定。在孫中山的制度下，個人自己申報地價，支付的稅金為自己申報價值的某個比例，但是國家可以在任何時間以自評價值徵收土地。蔣介石的政府（奉孫中山為「國父」）撤退到臺灣時，就實行了孫中山設計的制度。遺憾的是，蔣氏政府罕有意願或沒有能力徵收評價過低的土地，這項制度多半功

敗垂成。[40]

芝加哥大學經濟學家阿諾德·哈柏格（Arnold Harberger）於 1962 年在智利的聖地牙哥市演講，提出孫中山制度一項的巧妙變化形，以解決處處貪腐的拉丁美洲在財產稅的強制執行問題。繼維克里對委瑞內拉財政體系的顧慮，哈柏格更進一步，擔憂核定者經常接受屋主賄賂，低核財產價值，好把稅賦減到最低。雖然他顯然對歷史上的前例渾然不覺，但他提出的解決方案，仍有一種歷久彌新的洗練：

> 如果要對財產價值課稅，……就必須採取估計真實經濟價值的評價程序。……經濟學家的解答，……不但簡單而且從根本上防呆：允許每個所有權人……申報自己財產的價值，公告申報價值……只要有出價者願意支付申報價格，所有權人就必須出售。這套制度簡單、能自動落實，沒有貪腐的空間，行政管理成本微不足道，還能創造誘因，除了那些已經在市場上的財產，每項財產的運用都能發揮最高的經濟生產力。[41]

雖然哈柏格設計方案的目的是為了提高政府收入，但也為前文點出的獨占問題指出一個深具啟發的解決辦法。哈柏格的稅制〔諾貝爾桂冠經濟學家莫里斯·阿萊（Maurice Allais）後來也曾

提出〕讓抬高申報價值以扼止他人購買資產的人付出高昂的代價。因此，它懲罰任何對資產行使獨占力的企圖。[42] 持有人開的價格愈高，必須付的稅就愈高。

哈柏格的稅制和克雷姆頓等人提出的合夥人方案非常類似。假設年稅率等同於對資產評價高於賣方的買方在一年內真正出現的機率——舉個例子，安娜擁有一間房屋，而且喜歡這間房屋。但是，有可能出現一個比安娜更喜歡這間房子的人，願意支付高於安娜對房屋評價的價格，也就是保留價格（我們稱這種可能性為「週轉率」，意即這種資產轉到他人之手通常的機率）。假設稅率和週轉率都是 30%。如果安娜提高售價，高於她的保留價值（也就是她個人對房屋的實際評價），她自較高售價受惠的機率是 30%，也就是高評價買家出現時。因此，她從提高價格所獲得的利益是 $0.3\Delta P$（ΔP 是售價的增額）。另一方面，只要她持續持有房屋，她就必須多支付 30% 的稅，稅基為評價的增額，於是她必須額外支付的稅額為 $0.3\Delta P$。因此，提高保留價格，自增額來的利益恰好與成本完全抵銷。這能防止所有人哄抬售價至高於自己的保留價值。

同時，安娜也想要確保資產不會以低於她的保留價值的價格被取走。於是，當然了，她不會宣告一個低於實際評價的價格。這表示她只會做一件事：設定一個與她的保留價值相等的價格，

以確保最後得到資產的人是真正願意支付高於她的保留價值的人。充分的配置效率就此達成：每項資產都會在最能善用、投資於它的人手中流轉。

稅率只要低於週轉率，持有人所設定的價格，一定會高於自己願意接受的水準。[43] 當稅率為零時，持有人可以在零成本下隨心所欲地自由設定價格，因此會設定獨占價格。當稅率等於週轉率，持有人勢必會揭露自己的真實評價。稅率在零與週轉率之間時，她仍然會因為稅賦因素而不願設定非常高的價格，但是也不會有充分誘因申報確實的價值。相反地，她會在真實價值與獨占價格之間的區間裡，設定一個她認為買方願意支付的價格。隨著稅率從零上升到週轉率，她的報價也會逐漸從獨占價格往她的真實評價趨近。

那麼投資效率呢？還記得喬治原初的提議之所以失敗，是因為顧慮到在對財產所產生租金課徵沒收性稅賦時，人們就不會投資於財產。乍看之下，哈柏格的稅制在這個問題上似乎也不堪一擊。假設資產目前對持有者的價值是 100,000 美元（為了簡化起見，我們假設資產的使用期限是一年，就像機器會因為使用而耗損），如果投資 75,000 美元，她對資產的評價會增加到 200,000 美元，因此潛在的未來買家要為這項資產付出的價格也增加了 100,000 美元。假設週轉率是 30%，根據我們前述的邏輯，持有

人在投資後可能會宣稱財產價值為 200,000 元。可是，這會讓她的稅賦增加 30,000 美元（稅率 30%，價值增額 100,000 元）。這項投資不划算。雖然她從資產得到的價值增加了 100,000 美元（無論是否有買家取得資產），但她除了原來投資的 75,000 美元之外，還要支付 30,000 美元給政府。因此，她其實是損失了 5,000 美元，而不是獲利。

但是，投資可以藉由稅賦的調整而改善。假如稅率降低，假設是 10%，那麼資產持有人仍然可以自投資得到 90,000 美元的利益（10,000 元的增值扣除 10% 的稅額）。現在，持有人能自投資 75,000 美元（或更高的投資額）中獲利。

但是，如果我們降低稅率以提升誘因效率，那麼我們會不會因此損害配置效率？若稅率為 10%，持有人的定價高於保留價值時，仍然可以自潛在買方得到 0.3ΔP 的價值，但是現在必須繳納 0.1ΔP 的稅給主管機關。因此，持有人還是有誘因透過提高價格，阻擋對資產評價只略高於自己的買家出手交易。

有人可能會以為，配置效率的損失會抵銷投資效率的增加。然而（這是關鍵重點），事情正好相反。投資效率隨著稅率逐步下降而提升時，配置效率的損失其實低於投資效率的增長。這是因為最有價值的銷售交易，是買家願意支付的價格大幅高於賣方願意接受的價格。這些交易是降價所促成的最初幾筆交易，即使

最微小的降價都能避免把最有價值的交易擋在門外。事實上，我們可以證明，獨占力所引發的社會損失規模，會隨著獨占力而呈平方成長。因此，減少 1/3 的漲價能讓私有制的配置損害降低至接近 5/9〔=（3^2-2^2）/（3^2）〕。此外，這個例子裡的投資扭曲也被消除了。

更一般來說，如果我們考慮投資為資產增值 100,000 美元的所有情境，10% 的稅率只會對那些成本超過 90,000 美元的投資構成阻礙。這些投資不但罕見，而且也不是價值非凡，因為它們所創造的淨價值極其微薄。同前理，稅率 30% 所造成的投資扭曲當中，大約只有 1/9 是 10% 的稅率所引起。這樣的政策能以 1/9 的投資效率損失為代價，達成 5/9 的配置利益（稅率 30% 時）。[44]此外，由於改良土地的投資意願和能力通常會因為持有人而異（一如封建地主與農民），如果土地能夠流動到最能善用土地的人手中，也能夠鼓勵投資。

由於這個平方結構，極低稅率向來是最適的選擇。例如，稅率 1% 幾乎不會扭曲投資，卻還是能大幅改善配置誘因。所有人會以合理的準確性自我評價，把稅賦降到最低，但是她不會因此不願為財產做有價值的投資。低於週轉率的中等稅率通常是可以平衡兩股力量的最適稅率水準。

我們把這項稅賦稱為財富的「共同所有權自評稅」（common

ownership self-assessed tax，COST）。財富的 COST 是（持有）財富的成本。「共同所有權」指的是以稅賦調整傳統私有財產權的方法。在構成私有財產的權利項目裡，最重要的兩項就是「使用權」與「排他權」。[45] 在 COST 制度之下，兩項權利都會有部分從持有者轉移給大眾。

首先，以使用權為例。大家對私有財產最普遍的印象就是，所有從使用財產而得的利益都歸入所有權人。另一方面，在 COST 下，使用價值的一部分可以被揭露，並透過稅賦移轉給公眾；稅賦愈高，使用價值的轉移比例愈大。[46] 第二、遠更為重要的是排他權。在私有財產制度下，除非是所有權人自願出售或給予，否則所有權人可以留置財產，禁止他人動用財產（有非常少數的例外）。在 COST 下，「所有權人」無法享有排他權，直接排除以自評價格出價購買的人。事實上，任何人都可以用這個價格排除現在的所有權人。因此，價格愈低，大眾的排他權就愈大，勝於「所有權人」。價格隨著稅率上漲而下跌，因此提高 COST 也會逐步把排他權轉移給公眾，任何人都可以支付某個價格而取得財產。

在概念上，我們可以把 COST 制度想成是社會與持有人共享所有權。持有人成為社會的承租人。他們的租期在更高評價的使用者出現時即告終止。然而，這不是中央計畫。政府不設定價

格、分配資源，也不指派工作。確實，如我們將在後文論述的，政府的角色會比今日更為縮限，因為這裡不需要自由裁量的干預措施以解決釘子戶問題，或其他與獨占相關的問題，例如國家徵用權或是傳統定義下的財產公有制。為了增加國家收入而實施扭曲性質或自由裁量性質政府稅的需要也會低得多。此外，所有事物的控制都會極度分散化；因此，COST 結合了權力的極度分散化與所有權的部分社會化──說來或許令人訝異，此兩者構成一體之兩面。COST 所創造的，稱不上是中央計畫的某種形式，而是某種新市場，一種使用權的彈性市場，以取代以永久所有權為基礎的舊市場。

言歸正傳

假設你想要運用水力壓裂技術開發天然氣資源。加拿大洛磯山脈深處有一大片土地看起來潛力雄厚。你在手機上開啟一項 app，鍵入條件：所需土地的規模、研究所顯示最有生產力的地點、開採地點的鄰路遠近，以及它們的地形特徵。才一眨眼，app 顯示出你有興趣的那塊地區的地圖，並按照你所設定的條件，以數字標記相符程度順序，這個流程就像是用 Yelp 搜尋餐廳。在 app 上，你可以看到每一塊土地詳細的衛星影像以及地形

特徵。當你用手指在地圖上圈出一組土地時，app 會顯示你必須支付該地區目前持有人的總價格。你找出你理想中的開發地帶，它是由四塊土地所組成，四塊土地目前分別由四個不同的人所持有。你按下 app 裡的按鈕，資金從你的銀行帳戶轉進目前持有人的帳戶。接下來一週，你將派遣一支團隊前往展開探勘工作。

接續開場的小故事，你可以從前述情境理解 COST 在實務上如何運作。[47] 每個個人和企業都要在線上應用軟體的公共登記冊上提報自己的各項所有物，並為各個品項輸入評價（或是接受預設評價），並根據他們在該年度期間所提報的時間平均價格繳付年度稅額。預設評價的計算依據是原始購買價格或二手財貨價格資料庫，像是現在的二手車行情資料庫「藍皮書」（Kelley Blue Book）。這些承租人可以隨時更改評價，改價可以根據一般偏好或過去行為設置自動化程序。

任何有興趣取得（「持有」）特定財貨的人，都可以在資料庫裡搜尋，就近找到有興趣的品項。條碼掃描或照片辨識軟體都能顯示你眼前物件的價格。只要點擊品項，就能把價金從你的銀行帳戶轉入托管帳戶，再於資產交付時存入目前持有人的帳戶。資產未為交付則視為盜竊，並按罰則懲處。這套制度的實際施行需要布建無數細節。

我們總結了一些重要特點，羅列如後。[48]

1. 持有人可依自己的選擇，群集或拆分資產。如此一來，他們就不會面臨右腳鞋被取走、左腳鞋落單無用的風險。

2. 持有人可以視資產類型，決定資產移交付購買者的合理期間，購買者要負擔資產的點收和運輸成本。以房屋這種移交成本高的資產來說，持有人可以藉由負擔一些成本以延長移交期。

3. 在購買前需要檢驗的資產，例如房屋，購買者可以凍結表價，按表價支付持有人某個微小百分比的價金，在決定是否繼續交易之前檢驗資產。

4. 由於資產的課徵稅率在理想上可以根據週轉率而調整，有些不太可能經常轉手的資產（如家族傳家之寶和照片、日記），課徵稅率會非常低，有些則會課徵高稅率（如時髦裝置）。某個品項的稅率非常低時，持有人可以藉由繳納低額稅款防止他人取走。至於一般資產，我們估計合理的轉手頻率是 14 年 1 次，因此（綜合以下其他各因素），7% 的年稅率是不錯的目標。

5. 為了避免重複課稅，持有人的貸款或其他負債成本都可以列為扣除額。不過，持有人必須隨時把相當於扣除額的價金付給任何願意解除她貸款負擔的人。因此，稅基是資產對持有人的淨值，而不是資產本身的價值。比方說，有個

人持有一棟 20 萬美元的房子，貸款是 18 萬美元，那麼稅賦的計算是以持有人對資產的權益（即淨值）2 萬美元為基礎，而不是房屋的價值 20 萬美元。持有人可以隨時把房屋以 20 萬元售出，但也必須付給願意背貸款的後繼者 18 萬（房屋成功轉貸）。[49] 無法籌措這筆現金的人（沒有信用額度，無法轉貸），可以把貸款債務與房子綑搭，任何可以解除貸款的人，也必須買下房屋，因此沒有持有人必須被迫轉貸（在不出售房屋的情況下），除非她選擇拆分資產和負債。

6. 有些明顯需要保養、而且保養記錄容易追蹤的資產，持有人必須照料資產，一如房客不能把公寓弄得亂七八糟、公有土地的承租人不可以污染土地、屋主必須清理門前的積雪。維護工作的追蹤可以透過視察或內建科技為之。如果持有人進行資產的改良，而改良可以運用科技核實，例如影像分析，那麼持有人的投資就可以獲得補助，以抵銷 COST 抑制投資的傾向。[50]

7. 有一些科技和機構的建置可以讓這套制度更容易推動。對於在被其他公民取得之後、原持有人覺得有必要替補的品項，數位訂價系統可以幫助大家決定適當的評價。人們真正需要的品項，萬一有人暫時現金短缺，金融機構可以安

排類似貸款的計畫，支付部分成本，用以換取交易發生時的部分價值。

一種稅解決各種問題

大致上，我們把妨礙私有財產流動以得到最佳運用的每個問題都稱之為「獨占問題」。這是喬治、傑逢斯和瓦爾拉斯對這個名詞的用法，但是經濟學現今在使用這個詞彙時，把獨占問題分解為許多元素。我們特別點出梅爾森與薩特斯韋特所強調的層面，但是還有其他經濟學家提出其他理由，解釋資產沒有做最佳利用的原因。一如我們將看到的，COST 能夠同時緩解所有這些問題。

其中一個問題就是經濟學家所稱的「信號傳遞」（signaling）或「逆向選擇」（adverse selection）；經濟學家喬治・阿克洛夫（George Akerlof）與麥可・史賓斯（A. Michael Spence）因為提出這些概念而獲得諾貝爾獎。[51] 資產（例如二手車）的持有人通常比潛在買家了解資產的品質。車子的持有人因而可以開高價，不只是因為她認為買方願意付款，也是因為高價顯示她不願意割愛，這是說服買方車子必然有價值的手法。這種信號傳遞是協商教戰守策最老套的把戲之一。只要是曾經在市集裡討價還價的

人，都很熟悉賣方怎麼編織故事去烘托物品的設想價值。COST透過對信號傳遞課稅，可以把它的傷害降到最低。

另一項交易障礙是「稟賦效應」（endowment effect），是由另一位諾貝爾獎經濟學家理查・塞勒（Richard Thaler）所提出。[52]塞勒發現，對於同一件物品，人要買下它時願意付出的價格，通常低於賣掉它時願意接受的價格，即使是他們沒有真正碰過或用過的物品也一樣。即使只是在抽象概念上擁有一件物品，似乎都會讓當事人對它的評價更高。最近有些證據顯示，稟賦效應與其說是一種根本的心理依附，不如說是一種謀取議價地位的捷思法。如果你看起來真的很喜歡某件物品，別人就會認為它有價值，因而開高價向你購買。交易老手身上看不到稟賦效應，在議價行為與策略交易不常見的社會，也不會出現稟賦效應。[53]稟賦效應似乎是在市場社會裡缺乏時間和能力探究複雜訂價決策的人所顯現的特質。如果高價受到阻扰、財產權更像租用權，那麼稟賦效應所設置代價高昂的交易障礙就會消失。

借貸壁壘（barriers to borrowing）是交易與資源使用效率的另一項障礙。從房屋到廠房，相較於租用，許多資產只有在擁有所有權（至少是部分所有權）的情況下才能充分利用，因為租用者無法從事客製化和所需的投資。可以改裝成公寓的廢棄工廠就是其中一個例子。在現行的私有財產制度下，直接購買資產非常

昂貴，因此通常需要大量現金儲備或是高強的借貸能力。借貸壁壘包括缺乏信任、貸款引發的負面誘因，以及借貸關係所產生的風險。政府投入大量資源，協助低所得者貸款購屋，在許多情況下反而讓他們背負自己無法償付的債務。[54]

COST 可以緩解這個問題。由於持有人可以預期他們未來要繳納的稅額，他們所設定的資產價格就會因為折算未來的 COST 繳納額而大幅降低。此外，大家會降低要價，好把資產的 COST 繳納款降到最低。按我們主張的稅率水準，資產價格會降低到目前水準的三分之一到三分之二。在舊金山和波士頓這樣受歡迎而擁擠的地區，最普通的房子都不少於 60 萬美元，而在採用 COST 之後，房價會降到低至 20 萬美元。這會減少借貸需求，讓更多手上沒有現金可以創業或（部分）擁有房子的人，不必背負龐大債務。COST 的利益對於低所得者尤其重要。

經濟學家通常會忽略另外三項交易障礙：怠惰、無能和惡意。私有財產制容允怠惰或孤僻遁世的所有權人囤積資產，而他們這麼做並不是有利可圖，只是出於懶散。這個問題在封建制度下特別普遍，因為地主不習慣謹慎小心、克勤克儉、努力工作。諾貝爾桂冠經濟學家約翰‧希克斯（John Hicks）曾經寫道：「平靜生活是最佳的獨占利益。」[55] COST 破壞了怠惰獨占者的平靜生活，強迫其產生所得以維持資產的高評價，或是把資產交給更能

善用的人。

　　除了緩解所有前述的交易障礙，COST 也能讓現在處理議價問題過程中所發生的糾纏煩擾和準備工作都變得不必要。我們買新車時，要先歷經與汽車經銷商漫長的議價程序，之後才發現我們被車貸狠狠敲了一筆，而舊車換新車只有微薄的折價。但是現在，實行 COST 之後，這些都將成為過去式。房屋買賣壓力沉重，因此大部分人都會聘請不動產仲介和律師，卻被這些人敲竹槓。凡此種種以及其他許多繁瑣，都可以靠 COST 這個透明、流動、低資本的資產交易制度來化解。

　　由此種種，總利益十分可觀。據本書作者之一與張翌東估計，光是運用 COST 緩解梅爾森與薩特斯韋特指出的問題，就能增加經濟體中 4% 的資產價值，或是增加大約 1% 的產出。[56] 然而，如果考慮到我們在這裡指出的所有其他利益、以及靠 COST 融通所能減少的無效率稅賦，我們估計產出會有 5% 的增長。有鑑於經濟體中資產錯置所產生的損失估計為 25%，我們認為我們的估計是合理的。[57]

公共租賃的最適化

　　如果我們就這麼一頭栽進一套從根本改變市場和經濟質地的

制度，那只是魯莽之舉。大家可能不知道如何準確評價自己的所有物。若是一時疏忽，標價過低，因而失去對自己重要的物品，他們會有何感受？對於真的不想賣掉的東西，大家會願意標上價格，或是依靠科技為他們標價嗎？

COST 的某些層面是我們已經熟悉的。大部分人都已經在不知不覺中承擔過強迫出售的風險。如果你沒有準時繳納房貸或車貸，你的房子和車子可能就會遭強制拍賣。你可能會在一天早上醒來，發現你的車子已經易主，消失無蹤。租用本身就隱含風險，如果你有幾期租金沒繳，或是在地主漲租金後付不出租金，你就會被驅逐。而人在買保險時，儘管估價困難，也必須（雖然未為言明）「自我評估」價值，決定他們在房子或車子損毀時會需要多少錢。以 Zipcar、優步和 Airbnb 為範例的分享經濟，有助於讓我們熟悉暫時「持有」，而不是「擁有」，同時進行同一樣產品的消費和銷售（因而為其訂價）。然而，COST 會讓生活天翻地覆，這就是為什麼在廣泛實行之前，應該試行於有限的群體與商業市場。

在近期內，COST 最有潛力的應用標的是目前由政府擁有、已經或快要出售、或出租給私部門公民及企業的資產。與其賣斷這些資產或者以固定條件出租，政府可以有部分以核發執照（license）的方式出售，並以 COST 為基礎設定執照費用。政府

可以從資產拍賣招標開始。得標者要自行評估一個價格，並根據該價格納稅。接下來，其他人就可以出價，強制資產售出。

以廣電頻譜為例。自從 1990 年代起，全世界各地都有政府以拍賣方式核發頻譜的長期執照。[58] 但是。獨占問題出現在次級市場：經競標取得執照的企業不願意把頻譜轉售給評價更高的使用者。新使用權通常需要原來得標者分包授權，這時就會產生類似鐵路或購物中心的興建所遭遇到的釘子戶障礙。低收視率的廣電站現在手中持有大塊區段的頻譜，而這些頻譜可以用於無線網路，做更好的利用。

為了因應這個問題，美國國會通過立法，准許 FCC 買回、重新分包大塊區段的頻譜，這個過程耗費了八年。在那段期間，美國的無線網路發展已經落後以色列、韓國與臺灣等科技領導者。我們其中一人最近在與米爾葛羅姆和張翼東的共同研究裡論述到，重新設計頻譜核照制度，納入以 COST 為基礎的牌照費用，就能解決這個問題，而且能夠以與現存 FCC 法規一致的各種方式實施。[59] 這個他們稱之為「折舊許可」（depreciating licenses）的方法，可以化解許多最近關於 3.5G 頻寬許可執照設計的怨言；目前計畫仍限於小型地理範圍和短期期間，這是為了追求最大的彈性，但是可能會傷害投資誘因。以 COST 為基礎的設計能進一步提高彈性，同時為投資提供更高的穩定性，有助於同時滿足高

科技公司與電訊公司的需求：高科技公司重視創新與彈性；而電訊公司需要龐大投資，以部署 5G 無線科技。

　　網域名稱和位址的分派是這類許可執照的另一個自然而然的應用。目前，網域名稱的購買者只要支付年費、不要明目張膽地侵犯他人的商標，就有無限期持有網域的權力。此舉會在網域持有期間劇烈扭曲配置效率，讓網路蟑螂占據網域名稱，有如某種綁架勒贖。他們賭的是有一天會出現某個基於迫切原因必須使用這個網域名稱的人，而為它付出大筆金錢。[60] 例如，2016 年美國總統大選期間，點進 http://www.clintonkaine.com 只會看到空白網頁；有個網路蟑螂開價，但柯林頓－凱恩團隊不願意付錢。於是，網域名稱主最後把這個網址賣給對手陣營的關係團體。[61]COST 就有助於解決網域以及其他智慧財產權形式的敲竹槓問題，例如專利流氓（他們買斷專利，並開出許多科技公司拒付的離譜天價）。[62]

　　COST 還可以處理許多其他公共資產事務。例如，牧農向政府租用放牧權，而政府通常不知道如何為這些權利訂價。如果採行 COST，讓牧農以自評價格有效地從彼此「購買」放牧權，運作會更為順暢。至於礦、漁、農與其他經常以任意價格賣斷的天然資源，COST 也可以用於它們的租賃。

真正的市場經濟

這些實驗都能增加經濟價值，但是如果 COST 最終能廣泛運用於整個經濟體，經濟價值會更大幅提升。一如前文所提，若資源錯置，用於低生產力的企業，經濟表現被壓抑的幅度高達每年25%。COST 若能完全落實，每年能增加數兆美元的社會財富。

此外，COST 能增加大量收入。年稅率如果訂在約 7%（我們認為接近最適的水準），COST 大約能增加 20% 的國民所得。只要其中大約一半的錢（約 3%），就足以消除所有現存的資本稅、公司稅、財產稅和遺產稅，這些都是經濟學家公認高度無效率的稅賦；也足以鼓勵我們前述的投資方式；更足以消弭預算赤字，並大幅減少舉債，進一步刺激投資。

至於另一半的 COST 稅收，根據現有資本估值，在美國每個人大約可以分到 5,300 美元，而在我們的提案下，由於資產配置效率提升、目前隱藏的資本收入浮現，以及我們提案所啟動的經濟成長等因素，這個數字幾乎肯定會飆升。這些資金可以用於融通政府服務、公共財（例如基礎研究的投資）或是貧民的福利計畫。我們也可以把 COST 想成一種把它所產生的稅收做為社會紅利，以均分方式回饋給全體人口的制度，類似知名評論家時下推崇的全民基本收入（universal basic income，UBI）。[63] 在這個形

式下，對於有些經濟學家近來本於其他原因而倡議的財富稅，COST 也能做為更有效的徵收方式，因為 COST 內建自我增強機制──也就是買方強制交易的權利。這樣一來，我們就不必建置繁複而無效的政府監督機構，就像現在為徵收其他資本所得稅與財富稅而設置的那些機構。[64]

為了展望 COST 實現平等主義的潛能，我們可以試想它對一個典型的美國家庭會產生什麼影響。假設 COST 所產生的收入有一半用於減免其他資本稅賦，因此對資產價值沒有影響，至於另一半則按人頭數平均回饋給大眾。根據美國普查局的資料，一家之主介於 45 至 54 歲的四口之家，家計所得中位數大約是住宅淨值 60,000 美元、其他資產 25,000 美元。若 COST 為 7%，這些資產的價值大約會貶落三分之一，分別變為 40,000 美元及 16,667 美元。以縮減後的資產價值計算，其中 3% 的 COST 扣除其他（現行）資本稅減免之後的淨額，每年大約是 1,700 美元，這個家庭每年會得到超過 20,000 美元的社會紅利。因此，即使家庭成員對家產的感情深到讓估值是為市價的兩倍，他們仍然可以受惠於 COST，每年淨收 16,600。在同年齡層所得分配排名前 20% 的中位家計單位，淨值為 650,000 美元。類似的計算結果，這個類別裡的每一個家庭要繳付的 COST 金額大約是 13,000 美元，但由於社會紅利為 20,000 美元，因此一年仍然可以有 7,000 美元的利

益。富人階層將承受最嚴峻的打擊。家計所得排名在前 1% 的財富平均值是 1,400 萬美元。這個群組裡的每個家計單位每年大約要繳付 28 萬美元的 COST。

財務狀況貧弱的家庭，例如住家為負淨值的家庭，或是背負卡債和學貸的家庭，COST 其實是一種補助。因為負債值高於資產，甚至在社會紅利之前，個人就會得到私人資產的淨退稅。他們的負債淨額有三分之一能立刻有效得到紓解。

假設有戶人家的房屋價值為 30 萬美元，背負 42 萬美元的房貸。一如前述，在考慮資產的未來稅賦以及與負債相關的未來補助，7% 的 COST 繳納款的資本化價值會降低資產價值，也會減少負債額，減幅大約是三分之一。因此，房屋價值會降到 20 萬美元，貸款降到 28 萬美元。[65] 除了每年收到 2 萬美元社會紅利之外，這家人每年能從 8 萬美元的負淨值得到 3%（還是一樣，相對於現行稅賦）的補助（2,400 美元），以繳付貸款。

這些利益加總起來，意味著 COST 有重大的所得重分配效果。根據目前衡量的資本報酬估計，在美國，資本所得占總所得的比例是 30%，而這項財富裡有 40% 都為所得前 1% 者所持有。[66] 一如之前指出的，我們的提案能把大約三分之一的資本報酬做重新分配，因此能把所得前 1% 者的收入占比縮減 4%，大約相當於 1970 年代最低點與最近水準之間差距的一半。

資本主義經濟最為持續不去的分配爭議，都衍生自財富的集中。由於大部分的資本報酬都流入極富階層，主要靠資本報酬生活與主要靠勞力吃飯的群體之間因而出現鴻溝。COST 能讓大部分資本報酬流入大眾手中，讓資本報酬的分配比薪資分配更平均。因此，COST 能終結資本與勞力之間的衝突，讓勞動所得差異成為貧富差距最重要的根源。

最適禪與公正聯邦

COST 或許能改變我們與財產的關係。你珍惜某一支鋼筆，或許是因為睹物思人，它讓你想起送你這支鋼筆的人；你之所以愛你的車，或許是因為曾經駕著它歷經一場場冒險。你知道你的筆可能會不見，你的車也可能會毀於意外。我們隨時都在忍受這些風險，我們小心翼翼地保管它們。在 COST 制度下，想要把因為強迫出售而失去資產的風險降到最低，輕而易舉，只要設定高價即可。這表示人必須根據他們對事物的評價，按比例支付稅賦。實際的稅賦是否會非常高，我們持保留態度——試想，一個陌生人會願意為一支用過的筆或一部舊車付多少錢？不過，對我們賦予個人價值的事物課稅，這個觀念還是會引發人們不快的感受。

那些深具個人意義以致於絕對不作出售之想的東西，我們的COST 設計也能妥善處理。一個品項的自然週轉率低時，稅率也低，因此能保護它免於潛在交易的「價格」（以稅賦形式呈現）也會隨之處於低價。傳家寶對於持有人的價值，幾乎一定高於陌生人對它的評價，因此在實務上，保護它們的成本不會太高。或者，在合理限度下（避免創造免稅天堂），家族傳家寶和其他品項也可以一併排除在 COST 制度的適用範圍之外。這些物品的總合價值不是很高，因此把它們納入 COST 制度裡的經濟效應也不是太大。在美國，各州都有所謂的豁免法律，指明在個人宣告破產時，債權人不能取走的個人物品（衣物、聖經、有限數量的家具，甚至還有槍枝）。無論是正規的私有財產制，還是 COST 制度，都有「傳家寶」問題，而我們的法律制度也有相應的處理辦法。在豁免清單上的品項，也可以排除 COST 的適用。

COST 也能讓我們從另一種更健康的角度來思考財產。COST課徵的對象是物件，不是個人關係。如果大家能夠減少投注於物品的心力，付出更多情感於個人關係，這不是比較好嗎？美、德等國的愛車傳統已經步入沒落，這是因為具備機械技術的人愈來愈少，而車商現在製造的汽車，只有專業人士可以維修。因此，物主對物品因為付出心力而形成依戀的過程，已經受到破壞。大眾也迅速轉向，投入 Zipcar 和 Uber 等服務的懷抱。現在，大家

沒有自己的車，而是租車（Zipcar）或叫車（Uber）。RelayRiders
能讓車主在不用車時把車出租，幾乎就像是已經在實行 COST。
只用車幾個小時，不會對車產生不捨的依戀，似乎也沒有人因此
吃虧。汽車是極度昂貴的耐久財，愛好者自己甚至很少一天開超
過一兩個小時，但是謝天謝地，對私人汽車的戀物癖已經要走入
歷史。愈來愈多經濟證據顯示，對居家的過度迷戀有礙就業，也
會拖累國家經濟的動能，而 COST 正好可以大刀闊斧地解決這個
問題。[67]

　　富裕國家裡的年輕人愈來愈常把時間和精力用於累積體驗，
如參加特別的旅行、在外用餐等，而不是累積物品。由於 COST
會懲罰對物品的過度執迷，並有降低物品價格之效，所以能讓大
家（尤其是低所得者）更多接觸到比現在所享有更多樣的財貨，
就像原來屬於私人收藏的美術品，原本不受關注，大多時候也只
有屈指可數的富人可以接近，但是經過公共博物館的收購（雖然
所費不貲），大眾都可以欣賞。機會和動能會蓬勃發展，與此同
時，對持有物質的執迷會消退。

　　人們為了蒐集自己很少使用、或不是真正需要的物品，投入
過度到不健康的時間和資源，這並不是什麼新觀念。每個主要宗
教（在大眾的想像裡，尤其是佛教）以及一些世俗哲學，都鼓勵
人把心力放在其他地方。尋常直覺和心理學研究都告訴我們，財

貨的累積越過某個基本門檻之後，不會讓生活更快樂，而且體驗
會比物品帶來更多的滿足感。[68] 這個論點，就連經濟學家也來摻
一腳。而且不獨是譴責「商品拜物主義」的馬克思。索斯坦・韋
伯倫（Thorstein Veblen）在 1899 年發表《有閒階級理論》
（*Theory of the Leisure Class*）一書，主張人們買東西是為了從事
「炫耀性消費」，而不是因為這些東西能直接增進他們的幸福。
自此之後，就有支經濟學異議流派側重於分析市場制度下私有財
產的病態現象。[69]

COST 也能鼓勵對社區的依附性和公民的參與，這些有時候
已經毀於資本主義。COST 不只能廣泛分配目前的財富，也能增
加經濟進步所創造的財富。隨著經濟成長，COST 所徵收的所得
也會重新分配，回饋公民，就像持有雇主股票的員工，在雇主的
利潤增加時也能受益。從恩格斯（Friedrich Engels）到小布希
（George W. Bush），評論家與政治家都主張，擁有一部分全國資
本存量（通常是透過股票市場，或住家房屋）有助於穩定政治，
並能為提高資本存量價值的政策爭取更多支持，而這個立場也得
到一些研究的驗證。[70]

一個「一人發達、人人受惠」的世界有助於增進社會的信
任，而信任是市場經濟與政治合作能順暢運作的關鍵。[71] 財富的
分享與許多屬於常識的正義觀念相符。那些在資本主義下得到報

酬的人，財富鮮少是單由他們的行為所創造。他們通常得益自朋友、同事、鄰居、老師和許多人的協助，而這些人沒有為他們的貢獻得到完全的補償。COST 能把財富在創造財富的人力之間做較好的分配。

以 COST 為基礎的社會政策能強化工作者對我們政治體制的支持，有助於讓陌生人之間的商業流動更輕鬆，並讓公民感覺到自己對社會的貢獻得到更公平的報酬。COST 能創造財產的激進市場，這個市場強調使用勝於擁有。這個市場的「激進」（基進）在於交易與競爭的根本市場法則能延展深遠，觸及目前的體制機構之外；在於新體制會翻轉經濟關係；也在於透過貧富差距的縮減與繁榮的進步，人類的福祉會大幅提升。

你們這兒房子有點舊

葛如鈞／撰文

　　一直記得某年我受人之託，招待初訪臺灣的上海朋友，約在東門站附近。幾個人穿梭在巷弄之間，身為地主的我，一邊引路介紹永康街的地標，一邊打算繞回信義路帶他們大啖鼎泰豐小籠包。一路上這位朋友充滿好奇，東看西看，但我注意到她不時往永康街兩旁的建築物盯著瞧，好像一直想說什麼，卻又沒說出口。我看這情況一時也沒得解，只好順便說說永康街的歷史，從清朝的遍地田野、瑠公圳的興建到寶宮戲院，以及大安森林公園的開放等等；這位朋友總算忍不住了，瞅了一眼旁邊不到五層樓

---

* 為了讓臺灣讀者更容易進入激進市場五大提案的世界，臺灣版《激進市場》在每章後增添「延伸閱讀／在地啟示」，全書五篇由《激進市場》在地推廣的旗手之一、台北科技大學助理教授葛如鈞（寶博士），以及芝加哥大學經濟學博士 Chungsang Tom Lam 林仲生撰寫。

的一排永康街老房子，用標準上海腔說了句：「你們這兒的房子怎麼都有點舊啊？」

當時正逢文林苑事件，臺灣社會大量討論了居住正義的事，讀公共行政的朋友，也開始討論都更的各種規定。我聽了這位寶博朋友的上海朋友「房子有點舊」的議論，不禁啞然失笑。心裡許多話語（類似民主的價值、集權的犧牲等等）一時沒有出口。

雖然上海朋友的話帶有一定的不解風情，甚至可說是有些惡意嘲諷與攻擊，但時至今日，有時我路過一些明顯與周遭市容格格不入的路段，例如市民大道旁好幾段，或是古亭站後方強恕高中那個小角，又或是曾被眾多網友點名的文山區、南港區，我總不免想著，要是能有一種方法，既能有效率地更新市容，又能保障既有住戶的權益，該有多好？

▋ 閒置資產＝浪費

時光流轉，我到台北科大教書，比過去更常行經仁愛路。仁愛路大部分的路段都已成為豪宅特區，唯獨一棟宅邸我怎麼看怎麼怪。明明好大又漂亮的多層多戶豪宅底子，怎麼大門總是深鎖，裡頭落葉紙箱零落四散，怎麼想都不覺得仁愛路會有這種沒人住的豪宅，難不成是有什麼玫瑰瞳鈴眼或是臺灣傳奇事件曾在裡頭發生？仔細一看門牌寫著「仁愛路二段72號」，上網一查，

才發現這是傳說已久建好十六年卻無法交屋的豪宅「致和園」。明明外頭不知有多少淪落人到了淒冷夜晚無處可睡、無地可留，但一棟蓋好得好好的仁愛路豪宅始祖，竟然可以就這樣空在原地一放十六年。類似的例子說不完，近期有到台北信義區走走的朋友，一定會看到那棟著名的「旋轉豪宅」陶朱隱園，據稱銷售數月，首戶交屋移轉記錄就是建商自己旗下公司，免不了被許多人指指點點……

很顯然，資產的獨占與閒置，對整體社會來說，是一種明確的浪費。奢侈稅、空屋稅、囤房稅的提出，許多人拍手叫好、額手稱慶；但也有許多人覺得沒必要，認為這會影響資本主義社會下，民眾應能自由掌控資產的權益——我就是想要買來放著，有什麼不對？我就是想要一棟鐵皮老屋、在天龍國裡住個一百年，何錯之有？

從《激進市場》一書的觀點來看，資源的錯置與不流動確實需要被解決，而且在身為一個經濟學家在經過理性分析後，本書作者之一的格倫　韋爾明白地告知了我們——許多徒增的稅，要用來解決各式各樣的不公平，都是治標不治本，更嚴格地說，是一種不必要的浪費。

有沒有一種稅制，只消一提出，就能節省掉討論各式各樣稅的時間，並且一舉解決掉目前的資源閒置、浪費以及資產被少數

人占有，而不願意配合廣大社會環境與發展需求，進行連動調整的問題？居住正義只是一環，其他的還有交通的開發（作者舉了正在興建的超迴路列車為例）。真有一種稅能解決各種問題嗎？

▌把擁有權換成共享權

作者們在書中真的提出了這個稅賦世界的好萊塢級提案，亦即稱為「共同所有權自評稅」的創新稅則。所謂自評，就是你可以自己決定一樣事物的價值，再依據這個價值去繳稅！你想讓你手上的房子是 1 元，那麼就繳 1 元價值資產的稅；你也可以定義你的房子是 100 億元（讓自己看起來很有錢），但相對你就得繳相當於 100 億元資產的稅（書中說的理想 COST 稅率是 7%，所以是一年 7 億元！）；而共同所有權，則是任何人都可以透過拍賣機制（搭配一些必要的資源／資產）保護機制拍得（購入）你已經定價的資源或資產。也就是說，對大部分的事物而言，你失去了永久持有的權利，一切影響社會發展的資源與資產，都可以隨時被交易、流動，而且是法律強制執行！

看到這裡，相信許多人會大呼：這不就是共產嗎？這不就是集權嗎？

先別急。沒錯，作者的 COST 提案，確實在某些精神層面取自共產主義、社會主義的一部分，但實際上這份提案的背後並非

更大的中央集權，而是引入更流通的極端自由市場交易，來消解方才提到的許多資源閒置、錯置的現象。但這種「不再永久擁有大部分事物」的觀點真的可行嗎？許多人批評這是社會主義、共產主義思維，但靜下心來想想，在這個時代，我們能夠接受Airbnb 的共享住宿方案，日本也出現了新創公司 HafH 提出風之放題式居住法，每個月付定額費用，就能全球幾百間工作室、住屋住到飽。類似的趨勢還有共享空間、共享機車如臺灣的WeMo、GoShare。如果我們能夠接受不再永久擁有事物，那我們何不更加擴大這種流動式資產的設計，到幾乎全部的事物？

　　作者引入了拍賣之神、諾貝爾獎得主維克里，把被這種共享擁有權包覆的資產稱作「維克里共有財」（Vickrey Commons）——聽好了，不是共產，是可隨時被拍賣易主的共有財，把擁有權，更大程度的換成了共享權，或者並非共同擁有，而是隨有、隨治、隨享、隨時可易的三隨主義！這種極端市場化的觀點甚至可以套用在人力資源的共有上，即人力資本的 COST 制度。

　　有能力的人沒有發揮潛能所造成的社會資源浪費更大，因此如果他們未能加入工作的行列，理應受到更嚴格的懲罰。

　　有能力的人如果不想從事對社會最有效率的工作，人力資本的 COST 能夠要求他們付稅，藉此改善這種形式的自由權不

對等。

這是全書最令我感到震撼的段落之一。

▌反思自己的勝利

如此激進的想法，我們是否能夠接受？經常聽身旁的朋友聊天談論，希望幾歲幾歲能夠提前退休，說得好像只要經過努力、提前賺到資本，就有權力可以盡情享受而不再工作。但身為人生勝利組的《激進市場》一書作者們，這次卻站在我們這邊，運用經濟學的專業，提出了這種思維的不公平亟待解決。讀完本章，剛好看見 BBC 中文網在 2018 年的一篇翻譯文章《英國女生的自白：貧窮讓我對錢特有感覺》，裡頭提到：

在大學宿舍裡，不管我們來自哪裡，我們所有人表面上看起來都差不多。但是，每到假期，我這些新朋友們就會消失，要不回家去了，要不去倫敦實習。實習聽起來滿不錯，但實際上都是沒有報酬的。……我也沒錢去實習，所以我就在本地一間鞋店打工，賣那些自己根本穿不起的運動鞋，這樣我可以有錢繼續交房租住在學校宿舍。……我第一次上班開會時，覺得自己的知識遠不如那個做過十份實習工作的傢伙。

我猛然想起那些住豪宅區的好朋友們，條件好能力強，高中

大學就在紐約遊學、在麥肯錫打工，而我則是在中和工業區的一棟民房裡，拿一天 50 元的薪水幫當時的實習公司製作網路廣告。更另人震驚的是，我原先只是羨慕嫉妒那些豪宅區朋友們，萬萬沒想到自己尚有餘力一天只拿 50 元工作，其實已是一種勝利，畢竟有更多的人因為無法去實習，而失去了超前或平等的機會。基於這樣的回憶與反省，加上作者們給予我們的驚人數據：

> 美國所得分布位居最高 1% 者的所得占比，自 1970 年代中期的低點（8%）到最近的高點（16%），大約翻為兩倍。……在同一期間，美國的國民所得中，工作報酬的比例下跌了將近 10%。……

這使我立刻成為了 COST 的粉絲。至於要是哪天真的推動 COST，大家都為了避免課上 7% 的年持有稅（因地制宜，臺灣的稅率也會調整），紛紛調低那充粉灌漿的房價、物價，使得所有人的筆電、房子、股票、存款等資產的價值全都降低一半，換來每個月定期可以領到政府給付的福利津貼，一個月好幾萬新台幣（從富人堅決付出高昂的 COST 稅而來）！這麼一來，我們是否願意？這大概又是另外一個問題了。

2

激進的民主制度

共同生活的妥協市場

Radical Democracy

A MARKET FOR COMPROMISE
IN OUR SHARED LIVES

想像一下，我們可以在公共領域公開透明地打造一個世界，讓政治上的少數群體可以用選票來保護他們最珍視的利益，不必仰賴法官的一念之間，或是就敏感議題妥協。對於自己並不關心或不太清楚的議題，如果公民能夠拿自己對這些議題的影響力，去交換對自己最看重議題的影響力，投票過程就有助於在公民之間創造合理的妥協。少數群體可以挾握壓倒性的票數，否決那些威脅要迫害他們的民粹政治人物，多數公民也可以選擇哪位候選人來代表國家的最佳方向。公部門以及各種由投票統理的組織（從企業到住房合作社），都能讓決策有效率地達成利害關係人的最佳整體利益。

我們提出「平方投票法」（Quadratic Voting，QV）這套新制度，建立一種真正激進的民主體制。每個公民每年都會分配到數量相同的「發言權積分」，可以在各式各樣的集體決策中行使投票權，從學校董事會的選舉到國際組織會員的公投都包括在內。只要手中有足夠的積分額度，每個公民都可以就任何議題或候選人、按自己的心意選擇投下多少贊成票或反對票。關鍵在於，動用積分數是票數的平方值。基於本書第 2 章所闡釋的原因，不管是理論或實驗，唯有投票成本（積分數）以平方計算，才能構成有效的誘因，讓公民按照議題對自己的重要性來行使投票權。因此，社會決策若要對最多數人產生最多利益，這是唯一的準則。QV 能夠藉由讓集體體制真正回應一般公眾的利益，而不是只反映多數偏見和特殊利益，讓公共體制重建公眾的信心，並扮演更重要的角色。我們的新創事業所創造的軟體 Q Decide 已經將平方投票法運用於治理以及意見調查。

安達健太郎一達到投票年齡就開始儲存「發言權積分」（voice credit）。已經當權數十年的自由派政府讓他憎惡。供奉日本戰爭死難者的靖國神社變成帝國主義外國受害者紀念堂則讓他感到憤怒。雖然他挫折沮喪，但多年來他在國會選舉或公投上沒用過幾個發言權積分。他要把這些積分保留給他的人生理念。

　　健太郎第一次看到熊的偷襲，是在他們家位於北海道湖邊小屋後方的森林裡。在他的童年，熊很常見，而拜環境保育的努力之賜，熊群隨著隻數成長，也從珍奇變成威脅。他的父親苦心訓練，為的就是教他如何避免熊入侵他們的生活環境，如何運用控制良好的灌木叢焚燒和高聲喊叫嚇走熊，還有如何不被發現地撤退。一直到有一天，有隻熊把他父親拖進森林深處。

　　那天做完飯後沒多久，他的父親在日頭低垂、光線幽微之時進入森林，至於為什麼，健太郎永遠不會知道原因。健太郎找到父親時，渾身是傷的父親在人生最後幾分鐘交代健太郎要善盡對母親的責任、務必好好照顧妹妹，還有讓他一生得到安慰的佛教輪迴義理。他的父親是善良、認真的人，可是健太郎忍不住把他視為一個軟弱、沒有一點男子氣概的和平主義者：在戰後的八十年和平時期裡，全日本到處都是

這樣的人。健太郎暗自發誓，自己絕對不要變成那樣。

健太郎每天鍛鍊身體，每天工作養家。雖然他很少高談闊論，但是自從他在森林裡發現垂死的父親的那一天起，他的抱負變得很簡單：練就精準槍法，單槍匹馬地控制他所在鄉村周圍地區的熊隻數目。

健太郎不是不守規矩的人。為了爭取美國人、挪威人和瑞士人享有的擁槍權，多年來，他耐心宣傳，凝聚選票支持。最後，在他蒐集到足夠的發言權積分後，允許鄉村地區個人持有獵槍的全國公投終於得以舉行。他在過去四十年累積了 Q 800（以「Q」表示發言權積分的單位），現在他可以動用其中的 Q 400，為他牽記掛念的議題投下 20 票。

計票結果出爐，大家震驚地發現，雖然 75% 的投票者反對這項方案，但是這個方案卻以 60% 的票數贏得壓倒性的勝利而通過。反對者平均投下 1.5 票，但是個人持有獵槍的支持者平均投下的票數卻是驚人的 6.75 票。選票這麼用，或許不太明智，因為其他許多公投案因此以 52-48 驚險過關，也讓國會形成沒有任何政黨過半的局面。然而，健太郎覺得撫平了一口氣。他的聲音終於有人聽到。他打贏了他的人生之戰。可以選擇性捕殺熊隻的時候終於到來，北海道不會再有像他一樣失去父親的孩子。

為重要投票案保留選票（就像為買車或買房存錢），這樣的觀念看似光怪陸離。我們習慣了一人一票、少數服從多數的政治制度。然而，如果健太郎願意在他較不關注的議題上放棄影響力，那麼，在他所關注的議題上，他就可以投下不只一票，讓他能夠發揮比在一人一票制（one-person-one-vote，以下簡稱「1p1v」）下更多的影響力。這項自由權有個重要但書：可投票數為發言權積分的平方根。也就是說，1 個發言權積分（◎1）可以在某個議題上換一張選票（$1^2=1$）；◎4 可以換 2 張選票（$2^2=4$）；◎400 只能換 20 張選票（$20^2=400$）；依此類推。

在本章中，我們會說明這兩個條件（選票可儲存；平方根換算式）如何成為傳統民主投票制度之弊亟需的解方。我們稱這個制度為「平方投票法」（quadratic voting），而我們也會在本章中說明，平方投票法如何在政治場域建構激進市場。

民主的起源

在古希臘，方陣是當時最常見的軍隊隊形，而方陣的力量多半取決於人數：大方陣會擊敗小方陣。只要能辨識出人數多的一方，就能預測戰鬥的結果。即使戰場上還沒有真正交鋒較量，多數就已經占居上風。[1] 據說，這是雅典治理機構「公民大會」多

數決原則的起源。公民大會由所有成年男性公民所組成，無論他們的社會地位或財產狀況如何。公民大會擁有通過法律、頒布法令、核許特權，以及懲處政治領導者（可施以放逐或其他制裁方法，包括死刑）的權力。公民大會的每個成員各自都有一票。

然而，雅典人已然意識到多數決原則的危險之處。伯羅奔尼撒戰爭（Peloponnesian War）期間發生一件著名的插曲：公民大會對一群將軍處以死刑，因為他們在阿吉紐西島（Arginusae Islands）海上戰役勝利後，沒能救出倖存者並保全亡者屍首；但後來，公民大會相信將軍是礙於暴風雨而無法採取行動，反過來對將軍的控告者處以死刑。[2] 這類事件讓許多希臘思想家對民主制度深感質疑。他們擔心暴民的熱情變化無常，容易受到煽動民情、蠱惑民心的政客所影響，他們也擔心居多數的窮人施展顛覆的力量，重新分配富人的財產，歸給自己。

雅典在伯羅奔尼撒戰爭中失敗後，多數決所產生的劣質決策成為眾矢之的之一，於是雅典人實行一套更溫和中庸的民主制度。這套制度賦予獨立機構更多權力，包括提案立法的議會，以及人民法庭（有權駁回公民大會通過、但違反法律的命令）。所有這些機構的成員都是由投票選出。這套新制度需要涉及不同群體的多重多數決，因此要做任何事，都必須達成絕對多數才行。於是，民主政府試圖限制多數決原則的悠久傳統就此開啟。

在古典時期，最成功的嘗試或許是「混合憲政」（mixed constitution），也就是不同的社會階層（一般而言有平民、貴族，和一個世襲的統治者）分別掌握不同的途徑，以影響政府，還有否決他們不認同的投票結果。例如，在羅馬共和時期，參議院由貴族主宰，但是某些重要官職保留給平民擔任。憲法賦予平民百姓發聲權，但是也讓古老的家族和富有的公民享有特權。[3]這套體制的理念在於防止平民仗著人多勢眾，以多數決原則決定徵收富人的財富，同時給予大眾力量，防堵富人剝削他們。這套延續數個世紀的制度，是當時最成功的治理成就。但是，大量否決票最終導致僵局，因此諸如凱薩等強而有力的領導者，以憲法外法案解決這個問題，最後造成內戰、獨裁，然後是帝制。

後續的千年期間，民主體制退場，但是在中世紀又緩慢出現。盎格魯薩克遜的國王就國事徵詢上議院的建議，並召集國王的諮詢委員會〔稱之為賢人會議（witan）〕，聽取報告，這項慣例最後演變成國會。這些早期的英國體制機構沒有採取以 1p1v 為基礎的單純多數決。十五世紀，英國下議院開始採取多數決原則，但是英國有經典的混合憲政治制，貴族階層能夠透過上議院行使權力，而君主可以在某些議題上自己採取行動。但實務上，政治事務的決議是由未為言明的絕對多數原則所產生。[4]在羅馬天主教會，根據教會法，許多決策必須根據多數決原則做成，但

是有一套複雜的法律允許遭否決的少數向更高階的官員提出上訴，如果他們能說服那些官員相信多數決有瑕疵（多數陣營投票者的個人利益或動機，或者只因為決議的事是錯的），就能反敗為勝。[5] 在「敬老尊賢」（maior et sanior pars，注：直譯為「年長與健康的那一群」，意指決策不是以得票數高取勝，也要考慮質化因素）的信條下，由判斷能力優越的人所組成的少數（例如更豐富的經驗、更高的智慧），可以推翻多數，這是加權投票的一種形式，後文會再詳細討論。[6]

民主制度在早期進展有限，原因很多。統治者不想把權力讓給大眾；宗教和政治傳統有利於君主制或貴族政治；內戰、外戰不斷的威脅需要強勢的領導者在位。但是，民主體制的內在限制也是原因之一，而這些內在限制於現代清楚浮現。

民主制度的崛起與限制

民主制度歷經了很長的時間才擺脫暴民統治的惡名。在十七世紀中葉，霍布斯（Thomas Hobbes）主張，在「自然狀況」下，「所有人對抗所有人的戰爭」將成為常態，而君主專制是世俗唯一的解決方案。[7] 雖然霍布斯捍衛君主制，他為君主制辯護而提出的世俗化與工具化的論點，與過去根據君權神授說的主張

形成對比，而且可能反過來挑戰君主制。他的主張為英國人限制皇權的要求鋪路，一如他們在十七世紀末光榮革命所採取的行動。光榮革命推翻公認踰越皇權界限的英王詹姆士二世，因而確立君主立憲制的理想。

洛克（John Locke）對革命的辯護有助於建立現代自由民主的概念。君主現在必須與一個代表人民利益（儘管代表性並不完全）的國會分享權力。洛克與其他啟蒙時代的人物，包括伏爾泰和盧梭，發展了世俗化的主權理論，並主張主權在民。這些思想家的論述影響了傑佛遜（Thomas Jefferson），在美國獨立宣言裡寫下「政府是由人民所成立，政府的正當權力來自受其統治人民的同意。」[8] 啟蒙主義的思想成為法國大革命的基石，也是英國投票權大幅擴張的依據。

這些自由主義思想家一致拒絕君王特權，贊成把權力交給人民，但是他們在解釋人民應該如何施展權力時，卻要耗費一番心力。民主制度，沒錯，但是民主的意義是什麼？如何避免歷史上典型的暴民統治所產生的那種自我毀滅和混亂？

▌美國

美國憲法的制定者與早期的解讀者，在從事民主的第一場大規模實驗時，必須面對多數決法則的風險。他們想要允許多數統

治，但是他們也擔心多數會違反少數的權利。「如果多數基於共通利益而結合，少數的權利就無法得到保障，」詹姆士·麥迪遜（James Madison）指出。[9]

制定者因此把國民政府分成三部分，彼此「監督和制衡」，並透過由選舉人團制度決定總統人選、由州議會選出參議員，藉以限制多數的投票力量。他們也創設許多絕對多數決規則。條約要生效，總統必須得到參議院三分之二的同意。[10] 為了牽制總統的否決權，兩院對法案的贊成票都必須超過三分之二。[11] 修憲也必須經絕對多數同意。[12]

這些安排有助於保護少數，像是宗教異議者、南方的農場主、北方的商人，以及各地的富人。[13] 然而，開國者不只是想要在任何時間保護任何少數群體：他們也尋求保護他們認為擁有正當利益的人，還有無法靠著加入多數聯盟而保護自身利益的人。

開國者擔憂，如果正當的少數利益沒有得到保護，就會危及統一的存續。大部分公民總會有某個時刻，發現自己屬於思維近似的少數群體中的一份子：利益重大或偏好強烈、卻不斷淪為政治程序的犧牲品，這樣的人有強烈的叛變或脫離誘因。這種叛亂的威脅是美國歷史的核心主題，而對分裂的恐懼是制憲者許多選擇背後的動機。絕對多數決原則為取向強烈的少數在體制內建立權力，好讓少數有和平的政治管道可以發揮影響力。

然而，制憲者也體認到另一面向的問題：僵局。在憲法問世之前，各州是以「邦聯條例」（Articles of Confederation）為運作的依據。聯邦政府只有在州的支持下才能採取行動，大部分行動都需要絕對多數決或無異議通過。在政治上，無異議通過原則和其他高票數門檻，很容易遭遇財產權在經濟關係裡所引發的那個老問題（參閱第 1 章）：釘子戶問題，結果若非造成僵局、就是不合理的退讓。釘子戶問題導致事務癱瘓、國際聲譽的跌落，以及各州的合作瀕臨崩潰。即使在美國獨立戰爭中期，聯邦政府也無法籌措到足夠的收入。在戰後，它無法平定叛亂者，也無法募集到保護商船不受海盜劫掠所需的經費。總是會有某個州反對議案，更常見的是支持議案，但想少付點錢。因此，美國制憲者在多數暴力與癱瘓的極端之間尋求折衷。

　　歷史顯示，這個平衡維持得還算不錯，雖然發生了一場血腥的內戰。但是，美國人不斷與絕對多數門檻、監督制衡制度奮戰。美國避免了許多歐洲民主政體的不穩定，但是掌握在保守多數手中的多數暴力，或是保守利益導致的政治癱瘓，也成為美國政治史的核心主題。人種、族裔和宗教的少數群體遭受到各種欺壓，卻因為在選票上寡不敵眾，而無法透過立法取得救濟。

　　二十世紀下半葉，聯邦法院介入，認可少數群體在政治代表性、平等教育與其他福利、資源的權利，以糾正保守專制的問

題。有一條規則就是，「零散而褊狹的少數群體」裡的成員，也就是在歷史上被排除在政治之外的少數群體，不必承擔針對他們而為、或是不具高度公理公義的立法。隨著法院擴張受司法保護的少數群體權範圍，國會也以民權法介入。這將會成為美國法律和政治思想對於化解多數決原則問題最重要的貢獻。

但是，就像我們在前一章看到的中央計畫制度，司法強制執行的權利，非常倚重備受尊崇的菁英階層的良善、智慧和正當性。聯邦法官非民選，也不必對人民負責（這就是為什麼他們當初可以提升少數群體的權利），但是在一個有著強力民主規範的國家，他們也會因此落入危境。此外，在法院廢除第一批剝奪美國非裔選舉權、教育權等明顯有歧視的法律之後，他們面臨的是遠更為複雜的法律，這些法律看似在公共利益上具有強烈正當性，但也以通常看來不公平的方式成為少數群體的負擔。以下是一些熟悉的例子：

- 攔截盤查法減少了犯罪事件，但生活因此受到干擾的，多半是少數族群男性。[14]
- 國家徵用計畫讓城市強制出售幾筆私有土地（售價可能低於地主估值），用來建造能活化市區的公園。
- 加州 8 號提案之類的反同性婚姻法，強化大部分美國人支

持的婚姻傳統觀念，但是剝奪同性戀者與異性伴侶享有同等利益的權利。

■ 旨在降低暴力事件的武器管制措施，這些武器雖然通常用於軍事，但也可以用於狩獵和民兵訓練。

■ 衛生法規和反毒法規干涉到少數宗教團體的宗教儀式。

大眾對這些法律，意見分歧而且主張強烈，但是所有的法律都有一樣的兩難困境。每種法律都在幫助多數（或者說據信如此），可能也對一般大眾都有益，甚至包括部分受到影響的少數。但是，法律也會對少數造成負擔，這似乎並不公平，有時候甚至惡質到讓人質疑這個法律是否真的可取。然而，由於事涉複雜的取捨，司法介入經常看起來是出於自由心證。在許多情況下，法官似乎以個人的政策立場，取代執法的法律立場。這種做法在民主或憲政理論都站不住腳，有如戴著薄紙面具的菁英統治。

▌法國與歐陸

儘管美國是實施自由民主的先鋒，但民主自由的理論多半誕生在歐洲，特別是在法國大革命期間。尤其，有一位法國革命家首開投票的數學研究，那就是康多瑟（Marquis de Condorcet）。[15]

康多瑟 1785 年的經典論文〈論多意見決策機率分析的應用〉（Essay on the Application of Analysis of Probability of Decision Rendered by a Plurality of Voices）不只點出民主的優點，也揭示了民主的矛盾。

為了解決古希臘人對大眾無知的憂慮，康多瑟的「陪審團理論」思考以下這種狀況：群體的所有成員都有共同利益，但是掌握了不同的資訊。他論及，單就統計學來說，如果人們對於自身集體利益的看法正確的機率大於錯誤、為獨立做決定，而且可以投票，那麼為數者眾的人口群體的表現，會超越少數統治菁英，因為群眾能以大數克服錯誤。古人認為群眾因為缺乏菁英的智慧而無法自我統理，而陪審團理論多少能平息這種憂慮。

但是，康多瑟儘管看到民主的潛力，卻也體認到民主缺乏市場的能力，它所達致的成果（政治成效，而不是經濟成效），無法合乎邏輯地反映公民互有矛盾的偏好。為什麼？在此舉個例子說明。假設甲、乙、丙這三個人要針對以下三個提案投票：把路易十四送上斷頭台；讓他復位；或是釋放，但貶為平民。假設每個投票者對於三個提案的排序各不相同。甲最害怕的是路易王會領導一場鎮壓革命運動，所以他的偏好順序是砍頭、復位、釋放。乙是貴族，他的排序為：復位、釋放、砍頭。至於丙，他厭惡君主制，也不喜歡暴力，因此他的排序為：釋放、砍頭、復

位。我們先請他們就砍頭和復位投票，砍頭會以 2 票對 1 票勝出，因為甲和丙都贊成砍頭勝於復位，只有乙不是。接下來，我們請他們就復位和釋放投票，這時復位會以 2 票對 1 票勝出，因為甲和乙都贊成復位勝於釋放，但丙不是。最後是砍頭和釋放的對決，這時釋放會以 2 票對 1 票勝出。但是這表示，從總合來看，投票無法產生確定的決議：行刑勝過復位；復位勝過釋放；釋放又勝過行刑。

哪個提案應該勝出，變得極為模稜兩可。這裡的問題出在甲、乙、丙無法根據他們對不同方案的關切強度投票。投票系統是一個把資訊擋在門外的桎梏。投票只能顯示一個人在兩個方案裡比較喜歡哪一個，但是沒有辦法透露那個人有多偏好那個方案。如果我們可以直接測量三個方案對前述三人各自的福利變動有何影響，那麼我們就能挑出那個能夠提升三人整體福利的方案。比方說，如果路易十四復位會讓甲丟掉腦袋，而處決國王會引發一場革命，讓三個人都深受其害，只不過嚴重程度不一，那麼，從三個投票者的觀點來看，釋放路易十四是最好的選擇。正規的投票無法產生這個結果。

維克里的學生、諾貝爾獎得主、或許是二十世紀最知名的經濟學家艾羅（Kenneth Arrow），後來在他著名的「不可能定理」（impossibility theorem）裡確立這個論證，並建立一般化模型，證

明了在個人只能就候選人排列偏好順序的投票規則下，這類問題就無法解決。[16] 對照之下，在市場交易裡，人們可以藉由提高或減少付款額，以示意他們對貨物和服務的偏好強度。許多經濟學家相信價格制度能夠達致效率結果，但投票制度不行，這是一個重要原因。[17]

在康多瑟的時代，艾羅的洞見還沒問世，所以他最終的結論是這個問題沒有解決辦法。1790 年代早期，康多瑟應邀為革命政府起草憲法，而他倡議各種監督、制衡和絕對多數原則，以限制民粹民主，保護個人自由，方法十分類似美國的前輩們。[18] 康多瑟對於投票矛盾的擔憂最後壓倒了他對陪審團定理的信心。康多瑟的思想以及相關觀念，傳遍歐陸各地，奠定了歐洲在十九世紀期間民主化的基石。不過，歐洲民主所歷經的悖謬矛盾，比康多瑟當初發現的還要棘手。

策略投票就是其中之一。它的概念是在標準民主體制下，尤其是那些像美國一樣以多數原則為基礎的制度，投票者在投票時，通常有一部分是出於他們想要「投出有價值的一票」。[19] 以美國為例，政壇是兩大黨的天下，而選民通常被迫要在兩大黨黨內初選勝出的候選人中挑一個支持，儘管他們不喜歡兩個候選人。[20] 後文會進一步討論到，這個問題在 2016 年美國大選看起來特別嚴重。

不過，最令人警惕的例子，應該是納粹崛起。歷史學家理查・伊凡斯（Richard Evans）在《第三帝國的誕生》（*The Coming of the Third Reich*）一書中就提到，德國民眾的極右派堅定支持者不曾超過 10%。[21] 然而，在 1930 年的選舉中，有選民投下抗議票（注：俗稱「賭爛票」），以表示反對這個他們視之為腐敗、對人民需要充耳不聞的政治體制，結果讓希特勒多挖到 10% 的選票，納粹黨這個中間偏右政黨因而成為德國國會最大黨。在下一次選舉，也就是 1932 年，許多德國中產階級選民之所以投票給納粹，是因為這是他們阻止史達林主義紅色恐怖流入德國的唯一機會；納粹的得票率因此翻一倍，把希特勒送上總理寶座。與此同時，許多猶太人、少數群體、工人和左派人士因為害怕希特勒勝出而投票給共產黨，反而加深許多中產階級對希特勒落敗、共產黨勝利的恐懼。在這個彼此恐懼、暴力和猜忌的惡性循環下，促使納粹專制的局面在隔年形成。

　　希特勒在廢除所有民主機構之前，就已經能夠在剷除異己的同時節節提升大眾對他的支持。怎麼做？在當時的氛圍下，希特勒剷除異己、剝奪左派人士和少數群體的權利，在一開始，有許多行動都受到大眾歡迎，因而幫助希特勒爭取到德國主流右派兩大政黨與他結盟。畢竟，他打壓的那些群體都是少數，而且不受歡迎（甚至是危險的）。然而，偏傳統的德國右派沒有想到，一

旦共產黨人和社會黨人消失在政治舞台上，長年與傳統右派站在同一陣線的中間派天主教人士，就成為下一個目標。[22] 在那之後，希特勒就轉而壓迫傳統右派盟友，然後甚至輪到納粹黨內的異己團體。

在每個階段，希特勒都在當下的政治組織裡得到有效的多數支持，因此從某個角度來說，每次肅清都是「民主」決策，即使它侵蝕了民主的一般基礎。這是政治科學家理查‧麥凱爾維（Richard McKelvey）所提出「多數決循環」（majoritarian cycling）理論的邏輯：多數對少數的剝削、壓制能力如果沒有受到制約，多數決原則很容易淪落為狹隘派系主宰，甚至是一人獨裁專制。[23] 一如德國新教神學家馬丁‧尼姆默勒（Martin Niemöller）的名言：

> 一開始，他們來捉拿社會黨人，我沒有說話
> ——因為我不是社會黨人。
> 後來，他們來捉拿工會的人，我沒有說話
> ——因為我不是工會的人。
> 後來，他們來捉拿猶太人，我沒有說話
> ——因為我不是猶太人。
> 後來，他們來捉拿我

——現在，已經沒有人可以為我說話了。[24]

　　如果沒有保護少數群體，或是利益在某些政策下受到超乎尋常影響的人沒有得到保護，這樣的多數決原則以及 1p1v，在歐陸的民主經驗裡留下戒慎恐懼的烙印。然而，一如在美國，歐洲人也找不到在民主體制裡建構保護措施的簡單方法。

▍英國

　　英國不同於歐陸和美國，它的民主化是一個漸進改革的歷程，而不是遽然驟變。經過光榮革命和後來的政治發展，一路到啟蒙時代，國會已經奠定了高於王室的地位。然而，投票權仍然只限於擁有土地、土地所得達 40 先令的成年男性，而在每 30 個英國人裡，合格的選民不到 1 個。[25]

　　大約與美國獨立同時，英國哲學激進派人士開始促請擴大投票權。這個由政治家威廉·貝克福特（William Beckford）、邊沁籌組的團體，贊成公共政策應由「達成最多人的最高福祉」的「功利」原則決定。他們的努力催生了 1832 年的改革法案，將投票權擴大一倍，涵蓋財富達前述標準的所有男性，取消了財富以土地形式呈現的條件；它也重新分配國會席次比例，讓國會更具代表性。然而，激進派人士雖然爭取更廣泛的代表性，對於投票

權應該擴大到什麼程度，卻抱持疑惑而且見解分歧。

邊沁主張，擴大代表應該讓政策更接近他的功利主義原則，但是，他在 1829 年為自己的學說所提出的決定性辯護裡，預見了前文提及的多數決循環問題，也擔心多數會為了尋求一己之利而剝奪、甚至奴役少數。[26] 邊沁論及，這種結果無法為最多人促進最高福祉，因為被奴役者所失去的，多於施行奴役的多數所得到的。

邊沁遺留的志業由他最親近的同事詹姆士・彌爾（James Mill）及其子約翰・史都華・彌爾（John Stuart Mill）承繼。兩位彌爾都偏好擴大投票權，但是對於短期內實施普選制抱持嚴正的保留態度。詹姆士・彌爾相信，設立財產資格有其必要，才能避免社會裡那些國家繁榮與他們沒有利害關係的人擁有過多影響力，但是他贊成讓多數男性擁有投票權。

約翰・彌爾更進一步，成為第一個擁護女性投票權、最終倡議普選的國會成員。然而，他也對多數暴力問題有所顧慮，原因部分來自他害怕沒有受過教育的大眾行使政治影響力會有失明智。他曾經倡議給那些受過博雅教育或與某項議題強烈利益相關的人更多票數，不過很快就覺得提案不務實而放棄，因為要決定誰具備優越的知識或更高的利益是不可能的。[27] 他考慮了其他各種機制設計，以容許具備特殊知識和利益的人有更多的影響力，

例如以時間和距離讓投票變得不方便而負擔繁重，所以只有利益最強烈攸關的人會不畏辛勞地行使投票權。他也贊成長立法任期，賦予當選、具部分代表性的菁英更高的獨立性。然而，彌爾終究因為無法找出適當的解決辦法，以避免「集體平庸」（collective mediocrity）這個隨著英國民主的進展而擴散蔓延的問題，而深感挫折。

激進派民主

現代民主的創建者打造了新的政治秩序，但是他們對於自己的作為感到不安。無力保護少數群體的權利、多數暴力、劣質候選人悖謬的勝利、重複運用多數決原則建立獨裁專制，以及忽視有識之士觀點的傾向：這些在在都反映出民主無法考量到人民需求與利益的強度，以及某些投票者優越的智慧和專業。要把資源分配給需求與利益較強的人，要獎勵那些顯現特殊能力或見解的人，還有更好的方法，那就是**市場**。

▎集體決策市場

政治關乎創造影響遍及整體人口或龐大群體的「財貨」，經濟學家稱之為「公共財」或「集體財」，而與此形成對比的是在

傳統市場裡交換的「私有財」，由個人消費。公共財的例子包括乾淨的空氣、軍事國防和公共衛生。私有財目前是透過市場分配。公共財無法適用於標準的市場，或至少不會產生好結果。一如傳奇經濟學家、諾貝爾獎得主薩繆爾遜（Paul Samuelson）在他 1954 年的論文〈公共支出的純理論〉（The Pure Theory of Public Expenditure）所解釋的，標準市場的設計，是為了把私有財分配給那些對它們評價最高的人。[28] 這點在拍賣裡看得最清楚不過：出價最高者理應是對拍賣品評價最高的人，而整體來說，價格制度是一種去中心化的分權式拍賣。

然而，公共財的邏輯從根本上就不同：公共財不是要分配給那個給予最高評價的單一個人，公共財的整體水準必須取決於社會所有成員的總財貨最大化。為了讓這類公共財的集體決策為「最多數人帶來最高福祉」，一如邊沁所建議的，每個公民的聲音都必須被聽到，聲量與該財貨對該公民的重要性成比例。標準的市場無法實現這點，因為在價格機制下，市場永遠只會聽見最重視該財貨而願意出最高價者的聲音。

在標準市場，不管任何財貨，例如食物，如果你想要更多，價款都與你想要的財貨數呈比例關係。如果你想要兩倍數量的漢堡，你通常要支付兩倍價款。假設我們現在如法炮製，想要用同樣的方法決定公共財。假設每個公民都可以按變動比例支付價

格，以增加或減少污染量。除非這個價格高到一個合理程度，許多公民會提出互有衝突的需求，以改變政策；在正常的市場，這種「超額需求」會推高影響力的價格。最終只有最關注這項議題（兩個方向的其中之一）的少數公民能得到話語權。這樣的市場會以動機最強或最富有、願意比其他所有人多付錢的公民專制取代多數暴力。

這個論述用於解釋現代政治的許多弊病，影響力舉足輕重。奠基於薩繆爾遜的思想，經濟學家、政治科學家曼瑟爾・奧爾森（Mancur Olson）主張，組織精良的特殊利益小團體可以利用支出、遊說和其他形式的政治行動，說服政府為他們的利益採取行動，而不是為公益。[29] 大多數的社會大眾會忽略複雜的議題，例如銀行法規，然而能得利於政府的銀行會花錢請遊說組織，以掌控議程。許多經濟學家對於集體決策都投以質疑的眼光，因為要操縱看起來實在太容易了。

但是，經濟學家並非個個所見略同。我們的英雄維克里在此再度進場。他體認到，要把拍賣原則應用於政治，問題不在於拍賣本身，而是出在原則被誤解。一如我們所見，把政治決策賣給單一最高出價者，會導致可怕的後果，因為它把公共財當做私有財處理。維克里知道，拍賣背後的理念，並不是把財貨分配給最高出價者，而是每個個人必須支付的金額，必須等同於自己行為

加諸於他人的成本。[30] 在標準的私有財拍賣，一人得標的「外部性」（externality）是其他競標者得不到這個物品，因此最高出價者應該支付的價金，應該等於第二高價者的出價。但是，一如克拉克（Edward Clarke）和葛羅弗斯（Theodore Groves）在 1970年代各自發現到的（就在維克里的論述問世十年之後），這條原則也為集體決策指點一條明路，指出如何安排集體決策才能產生公共財，而不只是只有涉及私有財的經濟市場。

以集體決策來說，潛在公共財所影響的人應該有權利按照自己的想法投票，但是每個人都應該按自己的選票加諸他人的成本付款。你在商店裡買玉米，玉米的價格代表的是玉米用於次佳社會用途的價值。你開車撞到人，法律規定你要賠償對方，以彌補你對當事人造成的傷害、疼痛和痛苦。同理，以投票來說，在做成集體決策的公投或其他類型的選舉，你應該為你的投票壓倒他人而加諸於他人的傷害付款。你所支付的金額等同於你的選票所否決的價值，也就是當你的同胞在他們不贊成的結果勝出時，他們能從中得到的價值。[31]

那麼，這套方案應該要怎麼運作？我們如何計算，一個人用自己的一票（或多票）影響選舉，對他人造成多少損害？幾年後，葛羅弗斯與經濟學家約翰‧萊德亞（John Ledyard）合作的研究，以及阿倫德‧希蘭（Aanund Hylland）與理查‧柴克豪瑟

（Richard Zeckhauser）與此相關、但未發表的研究裡，透露出一點線索。[32] 他們發現，個人應該為影響公共財而支付的價格，不應該與個人的影響程度成比例，而是影響力的平方根。

原因何在，請看以下這個例子。一座電廠以供應低成本電力嘉惠一個鎮的所有居民，但是電廠也會排放污染。電廠的利益充分反映在居民付的電價，污染引發的損害卻屬不確定：其中包括對健康的潛在負面影響（取決於居民先前的健康狀況）、惡臭（有些人可能會比他人更感困擾）。政府可以頒布規範，強制電廠裝設減少污染量的機器設備，但是不確定是否要這麼做。政府可以頒布更嚴格的規範；規定愈嚴格，污染減排幅度愈大，但是電費也會愈高。於是，問題是大家有多在乎污染。為了回答這個問題，政府可以舉辦公投，請人民就可容忍的污染水準投票。

然而，這個構想有多數暴力之虞。問題在於，大部分人可能並不太在乎污染，而他們的投票會贏得勝利，但是還有一些人，可能是少數，他們非常重視污染問題。這群人可能抱括氣喘患者、老年人和其他健康有問題的人；對大自然情況敏感的大自然愛好者和戶外活動愛好者；還有某些企業主，例如洗衣業者或香水廠，他們可能必須安裝隔絕設備，保護他們的營運免於惡質空氣的影響。如果我們關心所有鎮民的整體（總合）福利，我們就需要一個方法，看看少數人的強烈偏好，是否重於多數人的微弱

偏好。根據多數決原則運作的公投，無法達到這個目的。

　　現在假設這個城鎮不舉辦公投，而是展開一場大膽的實驗。它請每個公民提報每多增加一個單位污染的成本（以美元表示）。（換句話說就是：你願意付多少錢，讓污染再減少一個單位？）幾乎無法察覺的些微污染，大部分的人可能都會願意忍受，但是污染愈多，每一個新增單位的污染就愈危險。每個公民都要填寫表格，每個公民都要填寫表格，指出對他們來說，把污染水準維持在 1ppm 而不提升到 2ppm，價值是多少？接下來是從 2 到 3、從 3 到 4 的價值，依次類推。經濟學家稱這些數字為「邊際成本表」（marginal cost schedule）。城市知道污染的價值，可以與之權衡：它就是在某污染水準下所能產出電力的市場價格（減去成本）。要決定最佳標準，政府要比較污染的邊際成本表與全體市民負擔的總成本。最適水準就是下一個單位污染所產生的利益剛好被所有市民承擔的總成本抵銷之時。

　　圖 2.1 顯示污染（單位為 pmm）的各項函數關係。[33] 遞減線是產生污染的經濟活動的價值，它的遞減是因為電廠產能有限，而城鎮只需要這麼多電力，因此電力生產得愈多，它的淨增值就愈少。下方的上升線是污染對鎮民「尼爾」的邊際成本，尼爾有一家洗衣店，因此污染會對他們造成比例超乎尋常的損害。中間那條上升線是尼爾以外的人的總邊際成本。上方的上升線是污染

對所有鎮民引發的總邊際成本，也就是另外兩條上升線的總和。

如果尼爾不住在鎮裡，污染的最適量是尼爾以外的成本與污染的利益這兩條線的交點對應到橫軸上的點（A 點）。不過，一旦加上尼爾，污染的成本因為計入尼爾的成本，所以會增加一點，因此污染的最適水準會下降（左移）到橫軸上的 B 點。

那麼，尼爾必須支付多少錢，才能強化空氣清淨標準，把他的福祉納入制定標準的考量？根據維克里、克拉克和葛羅弗斯的主張，他應該支付的金額，應該是他想要減少的污染對其他鎮民所造成的成本（其他鎮民因此無法得到最後那些單位的電力所帶來的淨利益）。這項額外的成本就是當污染發生在 A 點、而不是 B 點時，其他人會得到的淨價值，意即在這個水準，對他人而言，額外生產的電力值得額外的污染。換句話說，由於尼爾是一家洗衣店主，洗衣店因為過多污染而受害，因此電力的價格必須提高。這會抑制他人的部分用電，也就是尼爾以外那些能受惠於污染多於受害的人。尼爾的加入讓這些用電變得不值得，因此減少了這些電力在他來之前所產生的利益。尼爾應該要支付的是，如果他沒有要求減少污染，其他人可以從電力所獲得的超過生產成本的價值。這個量就是圖中的陰影三角型區塊。

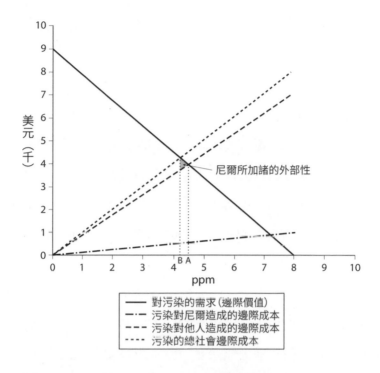

【圖 2.1】 決定污染的最適水準，以及尼爾應該為他的要求所支付的代價

資料來源：改自 N. Tideman & F. Plassmann, Public Choice (2017)，https://doi.org/10.1007/s11127-017-0466-4

　　由於它是一個三角型，它的總面積會隨 A 與 B 之間的距離呈平方成長。這就是我們所說的「平方」（二次）成長，沒錯，它的根據就是我們在第 1 章看到的那個二次方程式。為了更清楚理解平方成長，我們假設，除了擁有一家洗衣店，尼爾還患有嚴重的氣喘，因此他的成本表變為兩倍。有尼爾和沒有尼爾的成本

表，現在的差距是之前的兩倍。顯然，這會讓 A 和 B 的落差變大（精確地說，是成為兩倍）。不過，這也會造成兩條線與 B 點對應的垂直差距變成兩倍。由於三角形的面積是底乘以高除以 2，這表示提報損害為兩倍（造成污染的減少也是兩倍），尼爾所付出的代價會是四倍。更一般來說，三角形的寬度與高度的比例效應表示，付款會隨個人影響力大小呈平方成長。因此，尼爾應該支付的金額為 A 與 B 之間差距的平方；也就是說，付款金額應該是按 B 點移到 A 點時所構成三角形面積的比例，而不是只有從 B 到 A 的距離。

另一個解讀方法是，由於尼爾尋求減少更多污染，他的要求就會從兩個方面對他人造成更高的成本。第一，他尋求減少更多污染，此舉直接防止他人無法享用原來願意支付的成本（除了尼爾之外）所產生的電力。但是，第二，他也是在要求減少會產生污染、但能增加利益的經濟活動。略低於 A 點的成本與利益，對於尼爾以外的他人是完美平衡，一旦污染減少一點，我們的電力使用就開始往發電利益大幅高於發電成本的方向移動。因此，尼爾的減排要求，不只是污染的緩和，也是代價更高的緩和（以邊際值來看）。因而，他的要求所引發的成本不是呈線性發展，而是呈平方發展。一個這樣的三角形（◄）幾乎可以完美呈現他的決策的效應。隨著污染的遞減（水平），對他人所造成損害也愈

「寬」（垂直）。

我們描述了一個高度理想化的方法，讓鎮民可以進行集體決策，總合全體的福祉，而不是讓多數主宰一個犧牲他人利益讓自己受惠的結果。但是，大家真的能夠提出這種複雜的成本表嗎？對此存疑是對的，因為維克里、克拉克和葛羅弗斯的見解在當時沒有形成實際的平台，而要再歷經三十年，經濟學家才看到用這些觀念設計一套投票制度的方法。

平方投票法

2007 年，我們當中一人自里約之旅歸來後（一如我們在前言的記述），就對土地整合問題很感興趣。地主在決定是否接受開發者的提議時，要如何投票，才不會讓少數幾個真正想要留在家園的地主處於不利？他在思考這個問題時，偶然在 2009 年遇到一個解決辦法，讓維克里－克拉克－葛羅弗斯的思想有機會應用於實際的投票。[34]

要明白它怎麼運作，我們可以回到本章開始的例子。假設日本定期就重要議題舉行公投，像是槍枝管制或移民改革。每個公民每年都有一筆「發言權積分」額度，他可以當年就用於公投，或是存起來，未來再用，就像健太郎的做法。投票人可以動用他

的發言權積分額度轉換成選票，只要積分餘額限度內，他愛轉換多少就可以轉換多少，不過，選票的平方數就是它的發言權積分成本（也就是說，發言權積分的平方根就是它能換得的選票數）。這就是為什麼我們稱這套制度為「平方投票法」（Quadratic Voting，以下稱QV）。1張票要花1個發言權積分，從現在開始，我們以「Q1」表示。Q4可以讓你換到2票（4的平方根是2），Q9可以換到3票，依此類推。此外，平方根（square root）的運算符號稱為「根號」（radical，root的另一個同義詞），正是名副其實的「激進」（基進）。這是民主的激進市場，只不過在這個市場裡的財貨是公共財，而不是私有財。如果同意票數超過反對票數，公投案就通過。

以健太郎投票的槍枝管制公投為例。每個日本人都有權利對提案投下贊成票或反對票。像健太郎一樣的鄉村選民，強烈贊成開放槍枝。在故事裡，他花了Q400換取20票；其他鄉村選民花Q81換取9票、Q121換取11票，諸如此類。大部分日本人都住在城市裡，因此不贊成開放槍枝。然而，由於日本的犯罪率極低，還有改革提案排除了城市地區的適用，因此他們大部分人都有優先順序比槍枝管制更高的議題；於是，他們只用Q1換1票，或是用Q4換2票。政府負責計票：如果贊成擁槍權的票數超過反對票數，改革就會採納。在這個故事中，健太郎和其他鄉村選

民的支持強度，足以取得勝利，壓過城市居民溫和的反對。

這套制度能讓大眾的選票反映他們偏好的強度。在目前制度下，一個人其實只能表示三種意見，那就是「贊成」、「反對」、「無所謂」，而我們現在可以矯正這個重大缺陷。現在，我們也可能實現兩件重要的事：第一，熱血的少數可以用選票勝過冷淡的多數；第二，投票的結果應該能讓整體群體的福祉最大化，而不是讓一個次群體的福祉以犧牲他人為代價而達成最大化。

不過，按照薩繆爾遜的法則，每個公民都必須按照自己對議題的關注強度來投票，這點才能夠成立。那麼，QV究竟要怎麼達成這點，避免搭便車問題？

在公共財的標準定價模型下，影響力與付款有一對一的對價關係，而它的問題在於，最在意一項議題的人想要買下所有選票，只有一點在意的人則不想買任何選票，也可以說，對於很在意的人來說，選票太便宜，但是對不在意的人來說，選票太昂貴。要解決這個問題，就是讓已經買了很多選票的人要再多買一票的價格，高於那些買第一張票的人。這能夠吸引那些不怎麼關心的人至少買個幾張選票，同時限制非常關心的人不致於買過多選票。這正是QV的作用，我們用表2.1說明這點〔表2.1顯示的是選票總成本與邊際成本（每多一張選票所增加的成本）的關係〕。

【表 2.1】平方投票法下，票數與選票成本之間的關係。

票數	總成本	邊際成本
1	Q1	Q1
2	Q4	Q3
3	Q9	Q5
4	Q16	Q7
5	Q25	Q9
6	Q36	Q11
7	Q49	Q13
8	Q64	Q15
16	Q256	Q31
32	Q1024	Q63

重要的反倒不是各數量選票的總成本，而是每多買一張選票的邊際成本會隨著總票數增加而增加。表中顯示，每一張票的邊際成本是總票數的函數，而邊際成本必然與總票數呈比例關係。[35] 投 4 票的邊際成本，是投 2 票的兩倍（邊際成本為 Q 7，而不是 Q 3）；投 8 票的邊際成本是投 4 票的兩倍（是 Q 15，而不是 Q 7），依此類推。因此，這個平方法則是引導理性的個人根據自己對議題所知、所關注程度而購買選票的法則，一如我們在此解釋的。

在其他條件不變下，如果健太郎對於扭轉結果以對自己有利的重視程度，兩倍於他的鄰居明子，健太郎支付的邊際成本就要兩倍於明子。例如，健太郎買 16 票，而明子買 8 票。健太郎與

明子的確切購買票數取決於他們對於自己成為關鍵選民可能性的估計，或是健太郎和明子投票動機的其他原因。所以，如果健太郎用Q 256買16票（162），這並不表示他賦予這個議案的價值是Q 31。假設健太郎和明子按自己對議題關注程度投票的動機一樣強，那麼健太郎投的票數一定會是明子的兩倍。

QV在搭便車與多數暴力問題之間達成完美平衡。如果投票成本增加幅度陡峭，比方說是票數的四次方，有強烈偏好的人投的票數會太少，我們又會回復到部分的多數暴力。如果投票成本的增加速度變得更緩慢，具有強烈偏好的人聲量就會太高，部分搭便車問題就會氾濫。

因此，在QV下，社區可以確定哪一群人（支持者或反對者）願意放棄對提案的總發言權，即使他們不知道任何個人（或群體）對議案的重視程度。關鍵在於，QV同時權衡人數以及利益強度。一大群偏好微弱的人，可能會在票數上壓倒偏好強烈、但人數非常少的一群人，但是無法勝過一群偏好強烈、且人數稍微多一點的人。

QV無法完美達成最多數人的最大福祉（我們稱為「最適」），只能達到概似值。概似值的品質取決於不同個人在根據對結果重視程度而投票的動機強度有多近似。對純然理性而自私利己的個人來說，如果他只在意投票的結果，那麼他投票的唯一動

機是他的選票有機會改變結果。對這樣的個人，QV 達到最適的條件，與市場經濟裡完全競爭的條件密切相關。[36]

但是，當公民並非純然理性而自私利己，QV 可能會遭遇更大的問題。如果公民投票的原因，有別於實現他們最想要結果的狹隘欲望，那麼 QV 的運作結果，也會和這些動機一樣，多半與該議題對個人的影響脫鉤（相較於個人價值而言）。例如，如果槍枝管制的支持者其實並不是很在意這個議題，只不過是基於社會動機而投了很多贊成票，議案可能還是會通過（雖然議案不過關可能才是適當的結果），除非類似的社會動機也促使反對者投下更多票。[37] 串謀、買票或做票也會產生類似的問題，一如在 1p1v 制度下會有的問題。[38] 在 1p1v 下，要防範這種可能性，必須有嚴格的執法能力，防治詐欺和濫權；要有社會規範能對抗壓力、買票和串謀；還有公民的責任感，根據個人知識參與。

QV 所衍生的一項更根本的議題，是它追求最大化、或應該追求最大化的價值或「福祉」，觀念的內涵為何。我們因此回到一個根本問題：我們要如何衡量「最多數人的最大福祉」？個人之間的福祉有可能相互比較嗎？許多經濟學家主張，追求最大化福祉不切實際。比較切實的目標，是追求在不減少其他人福祉的前提下，無法增加任何一個人的福祉。〔這種情況稱為「巴瑞圖效率」（Pareto efficiency）〕，還有總福祉能處於公平分配狀態。

一如市場，QV 能確保巴瑞圖效率的達成（概似）。公平的自然觀念是平均分配對公共財的影響力：賦予每個個人同等的影響力或發言權單位。[39] 如果均等所得的市場是私有財公正分配的自然模型，我們認為，發言權積分均等的 QV 就是集體決策公正選擇的自然模型。[40]

　　QV 處理偏好強度差異問題的方法，就是給有強烈偏好的人一個管道，能對結果發揮與偏好強度呈比例的影響力。他們可能還是會輸給多數，但是不會輸給偏好淡薄的多數（除非多數是極多數）。如果人人的偏好強度都類似，那麼多數會勝過少數，理所應然。但是，當少數利益的強度足夠，他們就能保護自己的利益，不受多數宰制。此外，我們在後文會再回頭探討，QV 如何為我們在本章開頭所討論到的民主矛盾提供令人滿意的解答。

QV 的商業應用

　　政治體系的變革緩慢。如果沒有它能奏效的證據，為什麼會有人想要採用 QV？為了回應這個問題，我們成立了一家公司，名叫「酷決策」〔Ｑ Decide，發音為「Q-Decide」，它的前身為「集體決策引擎」（Collective Decision Engines）〕，目標是讓 QV 能夠商業化，實際應用於日常生活。這家事業讓我們有機會可以

測試、了解、改進 QV。我們希望這些探索能為 QV 在政治世界奠定基礎。以下是我們目前運用 QV 的一些方式。

▌民意調查與市場研究

政治民意調查是以預測選舉結果起家,而這類「賽馬」式民調仍然是這個產業的根基。但是,政治領導者排列政策輕重緩急時,對他們更實用的是議題意見調查,以評量公眾觀點,以及意見的強度。最常見的方法是心理學家倫西斯・利克特(Rensis Likert)在 1932 年提出的「態度評量技巧」(Technique for the Measurement of Attitudes)。[41] 在利克特調查下,參與者要以一個從「強烈不同意」到「強烈同意」的量表或類似的量度,為各種議題評等。參與者可以在量表上自由選擇任一點。

不意外,實務上,利克特調查大部分的參與者,回答都集中在端點。圖 2.2 就是一個例子。「非常強烈反對」是負 3 分,「非常強烈同意」是正 3 分,較中庸的意見則散布在中間地帶。回答的分布呈現「W」型,大部分參與者都集中在兩端,有些表示無所謂,少數在中間地帶。大部分研究人員都同意,W 型沒有呈現偏好的真實分配;在現實世界裡,偏好最可能呈現鐘型或常態曲線。以墮胎權為例,大部分人都位在中間,只有少數人極端贊成或反對。但是由於利克特測驗不強迫作答者真實顯露他們偏好的

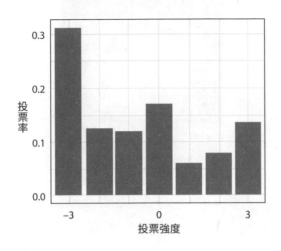

【圖 2.2】參與者表達對美國全國墮胎禁令的立場，從強烈不同意到強烈同意的頻率分配。

資料來源：改自 Adapted from David Quarfoot, Douglas von Kohorn, Kevin Slavin, Rory Sutherland, David Goldstein, & Ellen Konar, Quadratic Voting in the Wild: Real People, Real Votes, 172 Pub. Choice 283 (2017), p. 6。

強度，因此作答者往往會誇大，以「大聲疾呼」他們的觀點，說「非常強烈」地反對或贊成，而不是「稍微」。亞馬遜的評等也有相同的現象：幾乎每個人都說自己喜愛（5顆星）或討厭（1顆星）某項產品，但大部分人實際的喜惡程度很可能是位於中間。即使人們準確作答，利克特測驗能揭露的資訊也非常少。一個人「極度強烈」反對墮胎權，就表示他會投票反對支持墮胎權的候選人嗎？或者，這只是他在投票時納入考量的眾多因素之一？

【圖 2.3】一名使用者與 Ｑ Decide 的 weDesign 軟體在 iPhone 上互動。

照片來源：CDE。

這個問題，QV 有解。有一項根據 QV 的調查，它的做法不是讓作答者自由表達立場，而是給參與者一筆發言權積分，讓他可以按照自己的意思，把積分用於各種現有議題。我們為 QV 的使用以及相關意見調查的數位方法申請了專利。圖 2.3 是「weDesign」的軟體界面，它的開發者是我們在 Ｑ Decide 的同事（Kevin Slavin）和其他人，目的是讓 QV 的構想付諸實行。

作答者必須用他們手中定額的額度，為各式各樣的議題買選票：墮胎權、醫療保健、最低工資，諸如此類。如果作答者真的只在意一項議題（這種情況極不可能出現），他可以把全部額度都拿來買相對為少的票數，押在某項議題的某個立場上。如果他

關心許多議題，就必須決定如何分配選票給各項議題。例如，他可能會發現，儘管他非常關心墮胎權，卻不想用掉那麼多積分投票，不然他甚至沒辦法為歐巴馬健保或最低工資買一張選票，以表達立場。

一般來說，作答者（尤其是正規數學訓練較少的）很快就會遇到額度上限、用完積分，然後回頭修正過程。經濟學家森德希爾・穆拉伊特丹（Sendhil Mullainathan）和心理學家埃爾達・沙菲爾（Eldar Shafir）在他們 2013 年的著作裡指出，落入這種「匱乏」的參與者，很快會全神貫注，謹慎地完成調查。[42] 實際上，這似乎也能讓使用者深度參與：他們花在 QV 調查的時間通常比標準的利克特調查長三分之一，儘管兩種情況下參與者完成調查的比例相同。QV 的作答者，在參與上也更積極，他們更常修改答案，以反映他們的偏好，通常也表示，QV 調查強迫他們做困難、甚至讓人喪氣的取捨，因而有助於他們更準確了解自己的偏好。

為了測試 QV 是否能夠解決利克特評量的問題，2016 年時，時任 Q Decide 首席數據科學家、現在的數學教育教授大衛・夸福特（David Quarfoot），還有幾位論文共同作者，進行了全國代表性調查，將數千名參與者分成三組，三組都做同一項調查，但使用的版本可能是利克特、QV，或是兩者都做。[43]

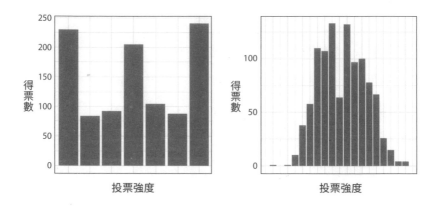

【圖 2.4】在標準利克特調查（左圖）與 QV 調查（右圖）下，受訪者對歐巴馬健保的意見分布。

資料來源：改自 Adapted from David Quarfoot, Douglas von Kohorn, Kevin Slavin, Rory Sutherland, David Goldstein, & Ellen Konar, Quadratic Voting in the Wild: Real People, Real Votes, 172 Pub. Choice 283 (2017), p. 6。

　　圖 2.4 顯示一組代表性的答案，問題是歐巴馬健保的廢除，左邊是利克特版調查結果（顯示招牌的 W 型），右邊是 QV 版調查結果。有兩件事值得注意。第一，QV 的結果大致呈鐘型分配，也就是大部分個人偏好會呈現的分配。因此，相較於利克特調查結果人為的 W 型分布，QV 的結果較能真實代表人口群體的偏好。[44] 第二，利克特調查把全部（或將近全部）在極端的作答者都放在同一個群組，而隱蔽了偏好強度的範圍，QV 則揭露了這些分級。例如，QV 顯示，相較於保留歐巴馬健保，贊成廢除的偏好強度較高，這點有助於共和黨在 2016 年大選的勝利。

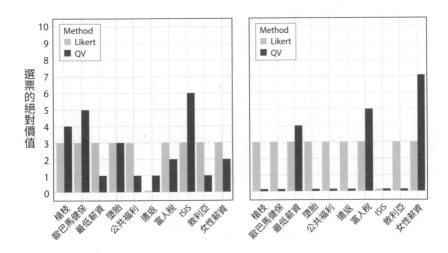

【圖 2.5】兩個在利克特測驗下幾乎所有議題都選極端值的參與者，在 QV 測驗顯現出不同的偏好。

資料來源：CDE。

　　圖 2.5 清楚地呈現了第二點。圖中顯示兩個選民的投票模式，他們在做利克特調查時，幾乎所有議題都表現出最極端的偏好。調查涉及十個公共政策問題，兩個作答者都忍不住（在利克特版問卷下有可能）說他們對幾乎所有問題都極度關心（贊成或反對）。這在 QV 版問卷是不可能發生的。在 QV 下，左圖的參與者顯示自己其實在各項議題都有合理程度的興趣，雖然程度不一。然而，右圖的參與者只關心三項議題，程度也不同。關於個人偏好的所有這些豐富資訊，在利克特版問卷裡都隱而未現，但是在 QV 裡卻能顯露出來。夸福特和他的共同作者證明，這些額

外的細節，能預測參與者採取成本相對高昂的行動意願，顯示他們的調查發現有其意義，並非謬誤。他們詢問參與者是否想收到各項議題的電子郵件，而他們發現，參與者登記加入電郵發送名單的情況，可以用他們在 QV 結果所顯現的偏好強度預測，而這是利克特調查結果所缺乏的資訊。其他關於 QV 的研究也顯示 QV 投票與公投的投票意願有緊密關聯。[45]

領導者、政治宣傳活動和政治科學家已經開始探索，若運用 QV 為公眾意見把脈，能否讓他們更準確回答在工作上一個非常關鍵的問題：我們要如何建構一個平台，在尊重各種公民所抱持的強烈觀點下達成妥協？在未來，QV 實驗能為 QV 的實際效用提供一個實驗場。

▌ 評等與社會聚合

評等與社會聚合（social aggregation）系統促進了今日的數位經濟。信評制度是關鍵的信任機制，讓 Airbnb、VRBO、Uber 與 Lyft 等「分享經濟」服務可以贏得消費者的接納，讓服務提供者有信心加入這個體系。[46] 在亞馬遜、谷歌、蘋果的 App 商店、Yelp 所提供的人氣搜尋服務，它們扮演著核心角色。然而，愈來愈多證據顯示，這些制度其實問題多多。一如前文所提及，幾乎所有評等都集中在五顆星，少數是一顆星，導致反饋偏誤，形成

統計學家所說的「噪音」，也就是說，資料並不是非常準確。[47]
至於其他線上平台，例如臉書、Reddit、推特和Instagram，蒐集的資訊也有限，因為它們只容允「按讚」，或其他有限的回應形式，而不允許參與者對特定內容展現特別強烈的熱衷或厭惡。

有了QV，使用者就能用他們所獲得、用於參與的發言權積分（例如，每住一晚、每搭一程或每發表一則貼文就能得到某個數量的積分），評估體系裡其他人的表現。按讚與按爛的投票成本呈平方增長，參與者可以保留積分，用於未來的交易，或是把積存的積分用於當下這個他們感受較為強烈的對象。這樣的體系結合了打賞與評等，為了表達因熱愛所創造的真實成本，同時扼止搭便車行為，並讓其他參與者能夠受惠於反饋。

這套體制的一個版本正在一個名叫Akasha的社群網路上實施，運作的媒介是愈來愈知名的以太坊加密貨幣（Ethereum cryptocurrency）。[48] QV與加密貨幣的架構相得益彰，加密貨幣需要正式治理規則，它們所仰賴的分散式管理才得以運作，因此自然也可以在這樣的脈絡下用於社會聚合。然而，確實的執行在寫作本書的此時還不清楚，大眾也還無法使用；加密貨幣世界多半仍神祕而隱蔽。然而，我們希望QV在這些架構下更廣泛的運用，能成為比政治民意調查更有力的測試，探索QV如果用於規範與價值隨用途調整的社會環境，要如何發揮效果。

▍更廣泛的應用

不過，QV 的商業應用不僅止於此。集體決策充斥於我們的社會和經濟。公司由股東群體所統理，也必須回應員工群體的要求。[49] 住家與商用不動產經常是由合作社治理，共同所有人投票決定共同利益議題。讀書會、有眾多玩家的網路電玩裡的戰士聯盟、工會、俱樂部、朋友挑選餐廳、新創事業雇用新員工、學術資助人分配補助金、群眾出資製造新產品、公民捐款支持政治宣傳活動，還有同事安排會議：所有人都必須經常做成集體決策，全體成員都要受決議約束。

大部分人都會以各種方式與他人共享生活。但是，由於現存沒有好的機制可以用於集體決策，生活的這些層面通常落得極度令人心灰意冷，導致許多人盡可能躲避這些決策。像是與社員爭論到底是要今年修屋頂還是明年的這種苦惱事，一個費事但極為常見的解決辦法就是擁有自己的房子。如果能發明更好的機制，並在生活中許多領域做為輔助大家做成集體決策的預設方法，那麼生活中的共有交集就能擴張，私有部分就會縮減。QV 立足於一個讓大家可以橫跨生活許多領域、針對集體選擇而投票的平台，是往那個方向邁進的一步。

平方投票制的民主

▌多候選人、單一贏家的選舉

還記得在許多 1p1v 制度下，選民可能會面臨「在兩個爛蘋果中選一個比較不爛的」這種處境，因此一個所有人都不喜歡的候選人，有可能踩著選民對另一個候選人勝出的恐懼，層層過關而當選[50]。一個最近的例子就是 2016 年的美國總統大選，當時民眾普遍厭惡兩大黨最後提名的候選人，而他們所屬政黨裡有其他黨員獲得公眾廣大的支持。如果 QV 在多候選人的選舉裡運用得當，就能夠避免這個可能性。[51] 在 QV 制度下，選舉人可以隨心所欲用任何票數贊成或反對任何候選人。發言權積分的總成本是個別候選人所有得票數的平方總合：平方成本會在候選人層次就顯現，而不是選舉層次。

為什麼這樣的 QV 制度可以避免策略投票所產生的缺失？回想一下，選民覺得不得不在兩個領先候選人中選一個，背後的驅動力就是想避免「浪費」他們的選票。在我們提出的制度下，選票可以隨選民的意思，用於贊成候選人，也可以用於反對候選人，而且想要贊成（或反對）多少位候選人都可以。由於採用平方訂價法，把積分分配於支持偏好的候選人與反對他的對手，成本低於只把所有積分押在偏好候選人身上。這表示，任何傾於支

持糟糕的 A 候選人、以損己害人的 B 候選人的選民，也希望把更多反對票投給 B。這些策略票會相互抵銷，擊倒任何評價普遍低落的候選人，讓較不討人厭的候選人冒出頭。事實上，任何得到正向票的候選人，評價都比其他大部分候選人高。[52]

在 2016 年美國大選的例子裡，我們可以根據在競選期間針對候選人偏好強度的利克特調查，猜測在 QV 下會出現什麼情況。一個民調平平的共和黨候選人，在 QV 下最有可能在調查涵蓋的主要候選人之間勝出。[53] 大選最終的贏家川普，會在所有候選人當中墊底。

然而，除了前述的特定結果，這個邏輯也顯示，QV 的應用不限於二元的公投案，也不限於連續的公共財決策。幾乎所有集體決策問題，都有一種形式的 QV 可以達成社會面的最適成果。這樣說來，QV 能為完整的民主體制提供一個一致的基礎。

▎代議制民主

設計代議制並不在本書的範疇裡，但是我們在此提出幾個想法。在 QV 制度下舉行代議制投票，有不同的形式。真要在許多可能的方法裡挑一個來說，我們可以假設有一套制度極度類似美國的政治制度，只不過選舉方式為 QV。QV 制度會實施於公職人員選舉，包括地方層級的民意代表、州層級的參議員，以及全國

層級的總統。在每一場選舉，選民可以盡可能多用或少用他能負擔的選票額度，分配於各層級的所有候選人，他可以投贊成票，可以投反對票，也可以不投票。這能讓選民把焦點放在他們最關注的政府層級：對於重視扎根於自己社區的人來說，或許是地方選舉；對於年輕、移動性高的人來說，或許是偏全國的層級。QV 背後的理論應用於民意代表選舉的方式，一如應用於公投案。QV 制度能推舉出預期表現能夠達成最高總合福祉的民意代表。知道這點，候選人就會選擇能讓自己的選民福利最大化的立場，一如他們在多數決法則下會選擇順應游離選民（即中間選民）偏好的立場。

回過頭來，QV 可以應用於民意機構本身。每個立法者在當選時都會得到一定數量的發言權積分，可以分配於對其支持選民最重要的議題。民意代表機構同樣面臨存在於公投式投票的偏好總合問題。每個代表都有其支持者團體，利益各不相同。特定法案會對那些團體有不同的影響，有些影響重大，有些幾乎沒有影響。這表示尋求連任的民意代表在通過法案上也各有不同的利益。

在目前的制度下，政黨黨魁必須賄賂、攏絡、威脅立法者。例如，因應金融危機所需的 2008 年的「經濟穩定緊急法案」（Emergency Economic Stabilization Act），一開始受到參議院的阻

擋。只有在安排了各種回饋之後（包括降低餐廳建築物改良的折舊表；太陽能設備稅賦優惠的展期；對許多機構實施稅賦減免或補助，如電影與電視製作業者、波多黎各與維京群島的蘭姆酒廠、賽道設施、木製品與玩具木箭的製造商），才得以通過法案。然而，像這樣的醜陋「成功故事」，每一宗都有傷害國家的腐敗磋商，也造成多年的僵局。在 QV 下，支持者不太關心某項立法的立法人員，可以把積分省下來，留到以後再用，至於選民非常重視該項立法的立法人員，就會果斷地表達贊成或反對。

QV 儘管是較優良的集體決策基礎，但是就像 1p1v，與其說它是照本宣科的規則，不如說是集體決策的一種基本範式。QV 可以用於建構制度，也可以融入許多體制，方式繁多得難以想像。但是我們希望可以讓世人看到 QV 的潛力。

▋ 貨幣的本質與交易的範疇

QV 在意見調查上的應用還是無法完整表達偏好強度，因為對全部議題的關注程度都高於其他人的參與者無法顯現這個事實。有些人不太在意政治，有些人非常關心。熱衷政治的群體或許會願意放棄他們關心的其他事物，如金錢，以取得比政治冷漠者更多的影響力。但是，意見調查卻沒有容允這點的空間。

在此以經濟私有財打個比方。要是只有水果可以用於交易，

每個人都可以得到自己最愛的水果，但是生產水果的人無法以賣水果換取其他必需品。QV也是一樣：發言權積分的用途愈多，QV就能賦予個人更多自由，可以選擇發揮影響力的方式和領域，藉此帶來更多利益。

當然，這種自由伴隨著風險。就像有些人愚昧地把儲蓄浪費在財貨和服務上，容許大家儲蓄投票積分、花用儲存的（或甚至是借來的）投票積分，也可能讓某些個人落入不利處境。但是，一般而言，我們相信，只要有適當的規範，發言權積分的使用範疇愈廣泛愈好。

合理折衷的激進市場

QV能產生多少價值？一般而言，就對不平等和成長的影響來說，政治的效應遠比經濟體制的效應還難估算。就我們所知唯一真正嘗試這麼做的研究，估計的是民主對成長的影響，而且結果發現，平均而言，一個國家引入民主，能創造國民所得20%的增長。[54] 儘管我們沒有理由預期，QV勝過1p1v的利益相當於民主勝過民主前的政府形式，但這似乎是一個合理的標竿。就像我們特別強調的，目前實施的民主極不完美。我們可以相信，QV可以提升目前的民主制度，至少在對經濟生產力的效應上，一如

民主勝過它所取代的一般體制。

但是，這樣說是低估了其中的經濟利益。雖然歷經數個世紀的進展，公共財的市場卻缺乏得令人絕望。如果我們對 QV 的主張是正確的，那麼它應該為公共財帶來與私有財一致的市場，對所有公民都有無可計算的利益。

然而，就像 COST，QV 重新塑造我們社會最有力的方式，有些是最難以量化的，那就是它對社會體制和文化想像的影響。悖於常理的選舉結果、陷入僵局的立法投票以及對「司法積極論」（judicial activism）的抗議，儘管是失能政治能見度最高的表徵，但或許不是最重要的。我們的政治制度裡更神出鬼沒的問題是兩極化；漂亮口號和陳腔濫調（更糟的是仇恨言論）充斥的政治論述；大眾普遍的無助感；與大眾實際觀點嚴重脫節的僵固政治界線；對政治菁英的厭惡；以及公眾信任的崩壞。[55]

QV 對這些問題的影響，間接而難以預測。然而，我們有抱持希望的理由。QV 能賦予公民權能，以一種在根本上比 1p1v 更豐富、更深入的方式，表達他們的觀點。它鼓勵公民與政治人物不只是努力爭取資訊不足的中間選民，也不只是激勵他們堅定不移的基本盤選民，而是讓觀點不同的人可以參與。它能讓公民集中他們的選票，用於他們真正有熱情、具備知識的主題，而不是強迫選民就他們自覺資訊不足的議題投票，因而易於順從刻板印

象和政黨認同。

因為 QV 會用更高的表達成本懲罰極端觀點，故能鼓勵中庸與折衷。藉由在額度限度下提供更寬廣的自由，QV 賦予公民對集體決策更大的責任與控制權。一如公眾抗議通常能給公民一種對政策選擇當家做主的感受，QV 也能提供公民覺得自己的聲音被完全聽到的機會，兩者都有助於他們在對他們最重要的議題上取得勝利，並調解他們受到的損害。這些特點非常類似私有財市場經濟的社會效應。由於公民通常厭惡計畫經濟的配額制度，並感覺受此壓迫，所以對他們來說，廢除計畫經濟有如自由的繁花盛放，而共產主義在 1980 與 1990 年代的垮台就清楚反映這點。當大家可以自由選擇怎麼花自己的錢，也從他們擁有和選擇放棄的事物中得到了一種尊嚴感與責任感。以這種市場心智模式為基礎的政治文化，能讓人民對政治有更強的尊嚴感和責任感。

一如 COST，QV 也潛藏了最誘人的投機利益，而且和它會如何改變我們與公民同胞之間的關係有關。大部分人都住在城市環境，與他人透過電訊網路互動，這表示他們的福祉緊密相連，也受到周遭的人影響。在如此大規模、相互連結的社會裡，為群體造福通常比分別為個人容易。資訊容易在許多人之間流通；社交互動的應用程度如果只有少數人使用，價值就很低；許多人共享的公共運輸通常比個人交通工具來得經濟。然而，目前這種大

規模的服務，提供者若非是獨占企業，就是功能不彰的公家機關。當我們害怕這些提供者失靈時，通常會從公共生活撤退，退回自家牆後、自家社區大門後、自家的私人伺服器，以及我們個人的汽車裡，由此造成浪費。

早在 1950 年代，經濟學家高伯瑞（John Kenneth Galbraith）就給這個矛盾現象取名為「私部門富裕」之間的「公部門貧困」：儘管孩童「有電視可看，讓人欽羨」，學校通常過度擁擠，情況嚴重，而且……資源不足。」[56] 他不滿道：「全家搭乘有空調……的私家車出遊，開在坑坑疤疤的道路上，穿梭於因為垃圾、破舊建築、早就該地下化的電線杆而變得醜陋不堪的城市。」

QV 提供了一條不同的道路，在各層面朝向公私部門富裕豐盛的平衡邁進。它顯示，所有人共享的公共財，供給也可以有效率而平順，就像市場供應我們智慧型手機和床墊一樣。它為我們點出一條道路，讓我們的在地社區、網路社群和國家政府通往真正共享、合作的生活。它能打造一個世界，讓我們根據社會關係的自然發展，而不是出於對集體機構無能或腐敗的恐懼，在私人生活與公共生活豐富多樣的層面之間做選擇。

有意見？那來投票表決

林仲生／撰文

　　寶博士最近在區塊鏈創新平台 Gitcoin 發起提案，要大家支持他的 Podcast 節目；他很努力地宣傳這個計畫，因為只要有一個用戶投入 1 美元贊助，平台就會搭配貢獻出十到二十倍，也就是 10 到 20 美元不等的配合款；而如果有大戶想一次贊助 100 美元，那麼配合款項的比例就會降至不到一倍，約在 70 到 100 美元之間，而寶博的提案要和所有其他幾百個提案共同競爭，搶奪總額 25 萬美元的平台贊助配合款。這套機制是由本書導讀作者，也就是知名天才工程師、以太坊區塊鏈發明人維塔利克參考本書這章節的 QV，所創出來的 QF 平方募資法（Quadratic Funding）。

仔細想想，過去我們參加比賽，無論是政府舉辦還是私人競賽，經常都是透過評審團進行內部評分及投票來決定名次，評審團內若有意見，那就投票，採多數決。但經此程序選出來的作品，很多時候都不是評審平均來說最喜歡的。因為所有評審都喜歡、且與最好作品相距不遠的作品，總是會輸給那些部分人極喜歡，但其他人極討厭的作品。多加幾個亞軍季軍也只能緩和，而不能解決這個問題（可能就只是變成選三個「一堆人極喜歡，但其他人極討厭」的作品而已）。許多比賽評審的過程表面上是多數決，但其實經常是某位大評審強力引導推銷出來的，這樣並不公平；如果這是可以被接受的事，那一開始就由這位大評審決定就好，還投什麼票？

▌我們為什麼要投票？

　　在回答這個問題之前，我們先來問問為什麼要投票？其中一個說法是因為我們大家都希望達成同一個目標，但大家因為有不同的專長、收到的資訊也不一，對於如何達成該目標便會有不同的意見。投票是用來找最有可能是好方法的一種工具。我們用以下情境舉例：

　　情境一：有 A 到 E 五人，大家在討論如何把一道牆漆得漂亮，大家的目標一致，但要選擇請小明還是小強。 雖然大家都

不太確定哪一個才是適合的人選，但 A、B、C 認為請小明來漆比較好，而 D、E 覺得找小強比較適合，所以他們決定投票表決，一人一票，結果小明勝出。在這個情況之下，A、B、C 固然高興，但 D、E 也沒有什麼好遺憾的，因為他們也想找出更大機會是好的人選，所以他們見到較多人覺得小明比較好，顯示小明更有可能是好的，選小明也算是達到他們的初衷。

我知道這個情境有點理想化，可是還有另外一種情況。

情境二：同樣是有 A 到 E 五人，大家在討論應該把一道牆漆成藍色還是綠色。A、B、C 喜歡藍色，D、E 喜歡綠色。和上面的例子不同的地方是，他們明確地知道自己喜歡什麼顏色，如果我們只能選藍綠其中一種顏色，五個人就不能達成一致結論，結果就快要打起來了。（這是一個比喻，當然一般人不會因為顏色就打起來，但如果是在原始時代，大家要決定食物資源如何分配，打起來也沒有什麼不理性的。）

假設五人的打架能力相當，在快要開打之前的那一刻，D、E 兩個人明白他們是二對三，肯定會輸，不論打不打，最後牆上還是會塗上他們討厭的藍色；但若開打，他們可能會被打成重傷，所以考慮了一秒鐘之後，他們還是選擇了投降。A、B、C 很高興，把牆漆成藍色；D、E 則很不高興，可是他們覺得總比被打成重傷好。由於打架很耗資源（大家要出力、又會受傷，又

沒有產出），所以以後有什麼爭論，都不用打架，數人頭就可以了，反正人數少的那一方打起來會輸，也只得接受結果。 這就等同於投票決定了。

雖然結果一樣都是投票，但在情境二下輸了的 D、E，卻不會像在與情境一時那樣，認為投票達到了他們想要的結果，可以說，他們只是無奈忍受結果。當然，照這樣發展下去，下一次要投票決定屋頂用什麼顏色，結果一定會是藍色；再下一次要投票決定路用什麼顏色，橋呀、門呀、窗呀，每一次投票結果都會一樣是藍色，每一次 D、E 都得接受。

這兩個都是極端情境，真實中的情況要看大家是不是有共同目標，還是只是有不同偏好，有時候是前者，有時候是後者，更常見的是混合兩者都有。

▍沒真打起來的潛在暴力

由後者來看，投票的好處顯而易見，因為沒有人想受傷，也不想浪費力量。不論這個很原始的投票制度多有問題（比如說全條村都變成藍色），可以說，這是其中一個人類文明的第一步，因為我們終於學會了要避免暴力。

在書中民主的起源的章節，說到古希臘也是以類似的想法來得出「多數決」這個規則，年代久遠的事說不準，所以作者也只

說「據說」。但多數決這個想法並不奇怪，因為任何規則都會有人來挑戰；一個制度能不能維持下去，很大程度上要看它能不能解決以下這個問題：

「如果 D、E 不高興要用暴力解決怎麼辦？」

在多數決來說，這個問題的答案顯而易見，因為如果 D、E 真的要起衝突，就把他們打倒好了，反正 A、B、C 人多。

也就是說在這種多數決的情況下，我們根本沒有要大家尊重投票結果，少數派都是被強迫尊重結果的。就像用槍指著一個人要他說「我十分贊成」一樣，說是文明的第一步，也真的是只有一步。

人類很早就想到這一點，正如書中所說，我們很久之前就已經稱簡單的多數決為「暴民政治」，原因在於這個投票雖然避免了真的打起來的實際暴力，但最後它還是成了基於「沒有真的打起來的潛在暴力」。書中亦羅列了幾個不同國家地區的歷史發展，大家都在努力改善多數決的問題。部分引發極大變革，但有些其實沒有真的離開多數決，我們只是把「總能力」從打架能力擴充至其他特性或技能，比如說更有智慧、更有說服力、更有號召力、更受人尊重，更懂得要決定的事情的專業……為什麼我說這種變革沒有真的完全離開多數決呢？比如說用之前的例子，我們要決定圍欄要用什麼顏色，假設 E 是一位德高望重的老人

家，B、C、D 都很尊重他，所以這一次就不投票，由 E 決定好了，E 選了綠色，A 因為喜歡藍色，所以不高興了，如果他要打起來怎麼辦？因為 B、C、D 都會因為敬老而幫助 E，所以 A 是打不過的。所以就維持制度來說，它和普通的多數決原理是一樣的，可以說是一種「廣義多數決」。分別是我們懂得以打架能力以外的事情來決定幫誰，算是又向前進了一步。很多用各種大家覺得「合理」的理由來給予一部分人多一點票的改革，都可以歸類為這一步。

　　說到德高望重的老人家，你是否能回想曾經參與過的各種活動和評選，經常都有個德高望重的角色，就像一開始說的大評審一樣，下著指導棋引導其他評委決定著參加者的生與死？因為一個人的影響力變得很大，表面上像是違反了多數決，但大家感覺上還是覺得勝出者得到了多數的支持，原因在於這位德高望重的老人家本來就有很多人支持、所以他才有更大的影響力呀。其實這都是大家不斷在改動勝出條件，想克服少數服從多數這個問題的嘗試。

▌ 從暴民政治到影響力之爭

　　回到書中提倡的激進民主制度，當然也算是繼續改動勝出條件。這個制度有兩大突破：（1）選票可儲存；（2）平方根換算

式。書中用了很多篇幅去解釋 QV 的理論基礎，但我們可以先集中看選票可儲存這一點。當選票可以儲存，就算不用平方根換算，只是簡單的把票留給下一次用，我們就知道 D 和 E 有機會勝出一部分投票，不會讓整條村都變成藍色。先不管複雜的策略投票，如果這一次 D、E 不投票，A、B、C 投了藍色，下一次 D、E 就有四票，就可以反勝 A、B、C，選擇綠色了。

這個例子簡單但重要，因為在第二次投票中 D、E 仍然是少數，人數不夠多，他們既沒有突然變得德高望重，也沒有突然變得有號召力。最重要的是，若真要打起來的話他們仍然會輸。A、B、C 要接受這個投票結果，就只是因為之前答應了大家，上一次投票沒有用到影響力的，這一次可以用，所以 A、B、C 要信守承諾。因為這是基於誠信，也可以說是一張合約，A、B、C 對這個結果的接受，就更多是基於尊重，而不是「我現在可不可以打贏」了。所以單是選票可儲存這一點，相對之前的廣義多數決，文明又再向前邁進了一步。

但脫離多數決帶來一個新的問題，就是把票數簡單加起來並不合乎經濟效益。不要忘了，我們還是希望多數派幫助我們找出更大機會是好的提案，所以我們要有一條決定少數派要放棄多少次影響力才可以勝出一次的換算方式，這就是為什麼我們還需要平方根換算式。

回看前述的 Gitcoin 平台，利用激進民主的許多精神，包括投的不是票，而是投錢，那麼每位投票者的票數就不是一票，也不必一次投完，這次不投，也能下次投，喜歡一個專案，可以投 1 美元，即便是小小的偏好，平方募資法也會配比十倍以上的金額同等投入；若是超級喜歡某個專案，情願把錢包裡的 100 美元通通投在同一個專案裡也可以，只不過這個投票就對「平台偏好決議（也就是平台贊助金額配比）」的影響相對就小得多。加入了激進民主的精神，希望能讓各種評選、投票的過程中，有機會能讓少數派、小偏好的組別／候選人，有更多浮現出來取得資源的機會，而非一刀切地把選項分為暴力的多數和可憐的少數。

▌文明的激進民主市場

本書作者之一格倫曾經深入賽蓮女妖（詳見第 5 章）大本營之一：Google 美國辦公室，分享激進市場書中的觀點。結尾問答時，有聽眾舉手問他若將 QV 應用於 2016 年美國總統大選，會對結果造成怎樣的影響？格倫回答，最大的重點就是 QV 可以很大程度避免報復性投票，亦即為了讓最討厭的候選人不要獲勝，而選擇把票投給自己其實沒有那麼支持、「但最有可能幹掉自己最討厭的候選人」的候選人。此外，另一個附加效果就是眾人真正的第二偏好，很可能因為積分式選票和平方根換算式而浮

現出來。還記得 2000 年的臺灣總統選舉也出現了類似的情況，由於選舉制度的限制，藍綠兩黨的部分投票者與中間選民採取了配票或報復票等策略性投票，間接影響了無黨籍而又有相當程度聲勢和聲望的宋楚瑜的勝出機會。

　　民主制度在人類社會的歷史上還很年輕，若論及民主投票制度，則更是還在演化的過程當中，應該有相當的空間還有更多的進步與討論才對。因此，在欣賞激進民主制度為什麼可以達成（較）有效分配公共財產、使公民的聲音都被聽到等等神奇效果之餘，我們也應該要明白，相對於傳統的多數決，激進民主制度所揭示的全新平方投票法，不只是換了一個計算誰勝誰負的公式的制度，而是一種文明的進步，等待其精神被運用至更多層面與更多地方，讓眾人真正的偏好得以服侍眾人，通過激進的方法或思維，邁向真正流動、透明的民主市場。

3

團結全世界勞工

重建有利於勞工的國際平衡新秩序

Uniting the World's Workers

REBALANCING THE INTERNATIONAL
ORDER TOWARD LABOR

假設有這樣一個世界：在富裕國家，每個當地出生的公民都能接待一名移民，大眾也一面倒地支持移民。土生土長的公民可以為移民申請簽證，而移民要把因為來到富裕國家而增加的一半所得分給他們的東道主。一個美國典型的四口之家可以從接待移工賺到 8 千美元，而有數百萬名移工能因為在富裕國家工作，讓所得增加五到十倍，把大部分所得匯回貧窮的老家，讓家人終能享受得起營養和衛生條件。公民挑選的保薦移民對象，通常與他們有些個人淵源，例如文化傳承、宗教、語言或興趣。在地社區可以規範其公民能夠接待移民的人數，而也會有許多尋找機會的公民搬到對移民開放的城市。

我們的政策提案是「個人簽證計畫」（Visas between Individuals Program；VIP），透過保薦簽證以及移民利得分享，結合富裕國家與貧窮國家的勞工階級。由於每個公民都能受惠於移民，而不只是富人或大都會區的居民，移民議題就能從富裕國家最具爭議的問題，轉變為中產階級所得增長的普遍來源。同時，無論是實質所得或是政治影響力，在縮減各國之間的不平等方面，VIP 都能夠發揮更多實效，勝於過去三十間貧窮國家的所有發展。儘管移民還是遠比在地的東道主貧窮得多，而東道主的姿態可能還是高移民一等，但是 VIP 會開始打破民族主義和偏執在富裕國家所建構的心理藩籬，這是他們無視於貧窮國家同胞艱困處境的障礙所在。紐西蘭以一套類似的制度進行實驗，成果豐碩，而一如我們在第 3 章裡所提議的，富裕國家可以借鏡這項經驗，挑選具開創精神的模範城市試行。

亞眠（Amiens）鎮不是黛芬印象中的法國。她在海地的童年時期，看電視總是有一搭沒一搭。每隔幾天傍晚，她就要擠進鄰居的棚屋看電視。巴黎小館或蔚藍海岸（Côte d'Azur）優雅時尚生活的影像，照亮了她灰暗的生活。後來，可怕的地震降臨，她和家人被迫遷往太子港（Port-au-Prince），就像其他許多家庭一樣。在那裡，看電視是公眾團體活動，而不是私人的日常小確幸。

　　黛芬的童年在她 12 歲時結束。在那個殘酷而擁擠的城市，工作勞苦艱辛，責任把人消磨殆盡，挨餓的恐懼盤旋著從來不曾遠去。但是那些電視影像——抽著菸的美麗女子、更常帶著鮮花而不是槍枝的男士、剛出爐的新鮮可頌等，不曾從她心頭抹去。

　　從她每天拾荒的垃圾堆返家路上，她遇到了法比歐拉。法比歐拉在難民營裡是個女王般的風雲人物。她操著一口完美的法語，在說法語的市區旅館工作，營裡的人對她既害怕又尊敬。但是黛芬不怕她。她只求每天傍晚在法比歐拉身邊待 15 分鐘，練習她的法語。她知道她有一天就能說出像電視上那些女演員一樣的腔調。有一天，她會用一句完美的「日安」和陌生人打招呼，他們會認為她來自非洲，而不是海地。

　　於是，法國召募經紀人到她的營區要挑選幾個講法語能

讓他們聽得懂的人時，黛芬擠到隊伍的前頭。經紀人警告她，她將會遇到的困難和危險，但那些和她過往的經歷比起來，似乎全都微不足道。他們向她解釋，在扣除她的基本開銷和小房間租金後，她一年只能拿幾千歐元回家。幾千歐元？這比黛芬過去十年賺到的還多。

不過，亞眠鎮不是巴黎。儘管它充滿著鄉村風情，但是沒有幾個人像她最愛的肥皂劇「生活如此甜蜜」（Plus belle la vie）裡那些光鮮亮麗的角色。黛芬想盡辦法避開鬧區的誘惑，因為在那裡待上一晚，她可能會輕易花掉可以為家鄉的母親和弟弟買一間廁所、一幢房子、一筆生意的錢。城鎮邊緣地帶一家重生的工廠，是她大半時間待的地方。每天早上，沉默寡言的房東法比安會開車載她和另外三個海地人去工廠上班。

海地人來到這裡對法比安的意義，與對海地人的意義一樣重大。他現在是工廠主管，而在將近二十年前，他曾在工廠關門大吉時被裁員，丟掉了工作。當時，勞工成本高到工廠無法以法國普遍的薪資水準雇用像他一樣的勞工，於是把工作外移到越南。法比安一向厭惡移民，總是投票給極右政黨「國民陣線」（Front National）。馬克宏（Emmanuel Macron）的改革派政府採行他確信會釀成災難的新移民政策

時，為了討生活，他不得不同意接待移民。他們家花了一筆錢在住家邊的空地上蓋了一間狹小屋舍，以供海地人居住，外加每晚供餐，而從接待移民得到的 1 萬 5 千歐元收入，終於足以彌補他轉行做餐廳服務生而流失的所得。移民成為他的軍師，幫助他當侍者的餐廳改善菜色。大蕉為餐廳的招牌鴨肝醬增添了一股滑順的香甜，幫助這家餐廳從標準地方料理中脫穎而出。

但是真正改變他生活的，是他在工廠的新工作。海地勞工的新供給，打動了創業家，買下他過去工作的工廠，重新開張，而法比安對海地人的熟悉讓他成為絕佳的管理者。這份工作不但更安全、更整潔，也享有更多尊嚴、權力和尊敬。他之前痛恨大量穆斯林移民，他覺得他們在改變法國的文化，但是他現在對於他管理和接待的海地人，有種如君父施恩般的愛。他們對法國的熱愛，他們的感恩之情，他們努力適應和學習……他們融化了法比安的鐵石心腸。

因此，當黛芬在十年後決定返鄉時，法比安內心的哀傷更甚言表。黛芬在那些年終於賺夠了錢，可以開一家法比歐拉一直夢想的旅館，於是決心在加勒比海打造一方法國風情。她學到了很多，也很高興自己能夠來這裡遊歷，但法國不是她的家，而海地最近出現的機會，讓海地變成一個適合她的地方。

全球化改變了社會的許多層面，然而有些部分卻幾乎文風不動。外國產品充斥我們周遭。想想大部分美國人在使用的貨品和服務：我們的衣服是越南製造，我們的房貸債權在中國企業手中，我們的奢侈品自法國進口，我們的車子在拉丁美洲製造。我們的城市裡，外國的遊客如織，而我們的新創公司、銀行和大學，到處都是有能力的外國工作者和移民。全球化增加了對外貿易、資本流動、觀光旅遊，以及高技術工作者的移民

　　然而，儘管有關於難民與（美國境內）非法移民的種種爭議，一般技能勞工的遷徙仍在一點一滴地進行。從經濟理論的觀點，我們所說的這種「移民失衡」（migration imbalance）令人費解。經濟學家相信，在全部生產要素（財貨、服務、資金、勞工）能夠跨國界流動，進入雇用效率最高的地點時，全球財富就會增加。移民的特別之處何在？〔在後文裡，「移民」（migration）一詞指的是一般勞工的遷徙，而不是高等技術工作者和旅客。〕

自由貿易的起源

　　自從農業發端，貨物與工具的遠距移動就一直是人類文明的特質。地中海貿易是雅典人、古迦太基人和羅馬發展的核心。穆罕默德是貿易商，而穆斯林世界的貿易路線，以及通往亞洲的絲

路，維繫了西方整個中世紀的文明之光。[1]

　　大量移民也是早期歷史的特質。許多大帝國建立，後來又被從北亞向南、向西、向東湧入的游牧部族所摧毀。日耳曼人、匈奴人、蒙古人、突厥人，以及其他族群，通常以暴力入侵已經建立的文明，以尋找、征服、最終安頓在更肥沃、開化程度更高的土地，直到下一波游牧民族的攻擊來襲。

　　十五世紀時，歐洲遠洋海權的興起，為這個時期畫下句點。在此之前，地球上大部分土地都為安土重遷的農業社會所占居。歐洲人探索海路與陸路，通往大半個世界，在他們視為弱勢或「次等」文明的地區殖民。隨著巡航技術進步，安定的母國之間在貿易、殖民地的掠奪也跟著擴展。貿易成為國家最重要的問題。

　　在十六與十七世紀期間，結合殖民主義與貿易的主要哲學是重商主義。重商主義者相信，統治者應該設法把貨物銷售至海外，同時進口愈少愈好，這樣才能累積資本，最好是累積強勢通貨。為了刺激財富累積，重商主義者支持由國家控制經濟，包括對出口品補助、對進口品徵稅。有些重商主義者，如《魯賓遜漂流記》（*Robinson Crusoe*）的作者丹尼爾・笛福（Daniel Defoe），就主張無限制移入移民，希望移民能與本地勞工競爭，壓低工資。[2] 同理，他們對移出移民戒慎小心，因為這會減少全

國勞動力的規模，從而減損生產出口品的產能。[3]

重商主義反映了當時統治階層的利益。[4] 重商政策加重一般人的負擔，但是為國家累聚積蓄，供統治者運用，建立軍事優勢，維持公共秩序。在那些統治者眼中，人口是可以剝削的資源，而不是他們應該為之服務的公民。

在十九世紀期間，許多我們在前述章節討論過的激進派思想家，發展出貿易的新理論。邊沁、亞當·斯密和休謨把經濟分析的焦點從君主累積財富的利益，轉移到庶民享受繁榮的渴望。他們相信，各種經濟自由（跨國界交易、借貸、土地和其他資金的新用途和出售等等）是一國經濟能帶給其國民的總福利達致最大化的關鍵要件。由於著眼於市場利益，他們擁護自由的國際貿易，反對獨占與國家對國內市場強加的限制，如價格控制。當時的激進市場是跨越國界的市場。

在移民還不重要之時

雖然早期激進派人士熱情地擁護自由貿易，他們對於移民的論述卻甚少。[5] 這點或許看似奇怪：自由移民與自由貿易的邏輯源出一理，也就是經濟開放的延伸，能為幾乎所有人帶來財富。順道一提，這些思想家當中也有部分人提到，不只是貨物，他們

支持人民的自由移動。例如，亞當‧斯密與李嘉圖都曾主張勞工可以從鄉村自由移動到城市，也可以自由轉換行業，並順理成章地論及，跨國界的移動也適用於同樣的道理。他們也強調思想自由流通的重要。不過，在他們的思想裡，自由貿易一面倒地壓過自由遷移。

對貿易的強調勝於對移民的強調，一個原因是在十八與十九世紀，自貿易而來的利得，遠比自移民而來的利得重要。原因在於，儘管各國歷經繁盛與衰退的時期各有起落，公眾生活水準在各國間持續的差異一直到十九世紀末期都不為人知。即使最極端的差距，例如中國與英國之間，也只有三倍，這與 1950 年代出現的十倍鴻溝，有如小巫見大巫。[6]

要衡量貧富差距，一個理所當然的方法就是計算個人平均所得在平均分配之後所能增加的幅度。[7] 例如，假設現在有兩個人，其中一人的所得是 100 萬美元，另一人是 1 千美元。如果我們均等分配所得，第一個人的所得會下降到 50 萬 500 美元，也就是跌幅將近 50%。第二個人的所得會增加到 50 萬 500 美元，增幅為五百倍，也就是 50,000%。因此，所得均等化會造成所得平均增幅大幅增加，略低於 24,975%。[8] 對比之下，在一個人人所得相等的社會，用這種不平等衡量指標所計算的結果會是 0。數字愈高，社會愈不平等。

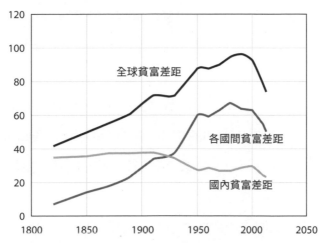

【圖 3.1】 1820 至 2011 年間，全球貧富差距的總合（黑線）與分解為各國間（深灰）與各國內（淺灰）的貧富差距。

資料來源：這些數列合併自以下文獻的資料：François Bourguignon and Christian Morrisson, Inequality Among World Citizens: 1820–1992, 92 American Economic Review 4 (2002), and Branko Milanovic, Global Inequality of Opportunity: How Much of Our Income Is Determined by Where We Live?, 97 Review of Econonomics & Statistics 2 (2015)。感謝 Branko Milanovic 為我們處理數據。

　　圖 3.1 顯示自 1820 至 2011 年的貧富差距演變情況，圖中有全球的差距，有國際間的差距，也有一國之內的。國際之間的貧富差距自 1820 年的約 7% 增加到 1980 年的大約 70%。自 1980 年以降，這種跨國間的貧富差距大約縮減了 50%，而這都要拜中國和印度的迅速開發之賜。另一方面，各國內部的貧富差距在這段期間也逐漸變化。自 1820 年的 35% 左右，到一次世界大戰前達到高峰，大約是 38%，接著縮減，在 1970 年代達到 27% 的低點。自那之後，又下降了一點，到 24%。國內貧富差距的平均狀

況之所以下降，是因為富裕國家貧富差距的擴張態勢，被許多貧窮國家貧富差距的縮減幅度所抵銷，我們在導論時已經指出這點。

這些模式共同顯示，在全球貧富差距大勢裡，各國間的不平等已經從一項相對不重要的現象（在 1820 年代的全球貧富差距占比大約略高於 10%），變成全球貧富差距的主要源頭（在二十世紀下半葉占大約三分之二或以上，直至今日仍占有 60% 至 70%，確切比例取決於你採用的衡量指標）。[9]

這些數字讓我們看到，我們今日所面臨的世界，非常不同於十九世紀政治經濟家所身處的世界。在他們那個世界，一國的農民或工廠工人享有的生活水準，類似任何他國的農民或工廠工人，但是全都遠不如貴族的生活水準。在我們這個世界，生在印度或巴西尋常家庭的孩童所面臨的生活，遠比生在美國或德國家庭的孩童要貧困。此外，在現代的已開發經濟體，平均所得水準的家庭所享有的生活水準，類似貧窮國家裡最富裕的家庭。在十九世紀的世界，移民對大部分人沒有什麼好處；在現在這個世界，移民可能是世界大部分人得到幸福與繁榮的主要途徑。

這並不表示在早期沒有移民（甚至是大規模移民）這樣的事。商賈與貴族會旅行，只是很少永久移居到另一個國家。不過，他們確實會認識外國人、學習外國語言，並與外國人通婚。

新的世界版圖浮現，至今仍構成上層社會與底層社會的分野。上流家庭也會跨國聯姻，以建立聯盟，甚至一國的國王或女王通常不是該國國民，有時候甚至連該國語言都說得不流利。

在財富量表的低端，從非洲拐架來的奴隸，被運到中東和美國的殖民地。較貧窮的歐洲人，或是受到政府壓迫，或是沒有財產，也會遷徙到蠻荒的殖民地，尋求最終能躋身有產階級的機會。為了換取這個機會，他們會簽下賣身契，為主人服務幾年，以償抵旅費。殖民農場艱辛的苦力生活，幾乎無法吸引勞工來工作，這也是農場主人訴諸奴隸買賣的原因之一。

在這樣的世界，激進派人士自然會關注取消貴族特權，開放貨物和資本的自由市場，例如廢止英國的穀物法，或是終止奴隸買買的不自由遷徙，而不是強調自由遷徙。

首先，不考慮占領殖民地這些重要但有限的例外（從更早的新世界世紀開始），自由遷徙無法大幅增加一般人的福祉。沒有人能受惠於從一國遷徙到另一國，如果他在兩個國家都是無產階級或都沒有土地的話。第二，跨國移民相對沒有限制，而移民的控管很少落實，因為移民需求很低，而且以當時交通運輸的原始、危險、不舒適，除了最迫切或最有雄心壯志的人，其他人都會因而退怯。[10] 第三，跨國的自由貿易會破壞地主對關鍵國家資源的獨占控制，大幅提升國家財富，把財富從封建貴族手中分配

給資本家和勞動者。

關於移民的重大智識辯論一直要到十九世紀末期和二十世紀初期才發端。在美國，歐洲的衝突和饑荒引發一波波龐大的移民潮，加上新發現的金礦誘惑，還有迅速的經濟發展，吸引了數百萬人自亞洲和歐洲前來，因而觸動了移民辯論。這時，經濟學家對移民的態度，變得更為複雜，部分是因公眾情緒而有的反應。

例如，馬克思就擔憂英國資本家對愛爾蘭移民的策略運用，分化了國際勞工階級，傷害了社會主義。[11] 許多國家的激進派人士與進步主義人士，包括彌爾和亨利‧喬治，因為接觸到醜惡的種族主義者與優生言論，有時候會抱持同樣觀點。[12] 在二十世紀初，對移民態度決定性的轉變出現。跨洲越洋旅行的成本愈來愈低廉，各國工資的差異日益擴大，移民的經濟利益大幅提升，尤其是在第一次世界大戰後被迫遷離的人口。美國在 1910 年代晚期與 1920 年代奉行孤立主義，關上移民大門。在歐洲，隨著族群民族主義風潮的興起，國家力圖把他們認為會污染他們文化遺產或種族基因庫的人擋在門外。

全球化

族群民族主義風潮在第二次世界大戰爆發時達到巔峰，而二

次世界大戰改變了全球秩序。在二次世界大戰後，西方領袖致力於建構國際體系，以促進繁榮，杜絕經濟混亂，防範民族間的衝突再一次點燃戰火。富裕國家之間瀰漫著一種氛圍，要致力重新開放貿易、成立國際與區域治理機構。在 1980 年代與 1990 年代，這些國際承諾開始拓展，涵蓋了中國和亞洲其他地區、拉丁美洲和非洲。但是，儘管用了大量智識和政治資源建構貿易與投資機構，移民仍然沒有得到什麼關注。

戰後的經濟體系立於三人支柱：國際貿易，貨幣與總體穩定，以及開發金融。每一根支柱都有一個代表機構：關稅暨貿易總協定（General Agreements on Tariffs and Trade，GATT）；國際貨幣基金（International Monetary Fund，IMF）；世界銀行（World Bank）。GATT 試圖為所有參與者之間的貿易建立平等的基準線，以補戰前時期雙邊貿易協定與片面關稅政策之不足。它在連續回合的談判裡逐漸強化，在烏拉圭回合成形，最後在 1990 年代初期催生了世界貿易組織（World Trade Organization，WTO）。

國際合作的拼貼畫，也反映在區域層級，以歐洲來說，這些區域機構變得特別強大。貿易協定傳遍歐陸，逐步強化，構成經濟規範網，最後化為歐盟（European Union，EU）的誕生，隨後是歐元區的貨幣聯盟，大部分歐盟會員國都參與其中。儘管歐洲不曾變為聯邦政府結構，歐洲的整合已經大幅超越純粹的全球秩

序商業機構，進而在歐洲經濟與社會政策的許多領域建立實質的治理機制。

在這段時期，富國與窮國之間出現差距並日益擴大，加上交通運輸與資訊科技突飛猛進，刺激了貧窮國家公民往富裕國家的移民。在貧窮與富裕國家交接的地帶，遷徙的渴望尤其明顯，其中包括做為美墨兩國邊界的格蘭河（Rio Grande）、西歐與東歐之間、地中海兩岸。在歐洲，政府為了戰後重建而鼓勵移民；在美國，政府允許墨西哥人跨越邊境，從事季節農工。但是，反對這些政策的政治聲浪，讓這些移民維持為暫時性質，因而通常招致規避手法和非法移民。例如，德國政府允許土耳其工人定居在德國，但不予核發公民身分；在美國，合法移民計畫被非法移民所取代，因為邊界沒有實施管制。但是，不管是合法或非法，移民從來不曾達到能滿足地主國需求的水準，也不曾達到願意、也能夠移民的人數供給水準。[13]

在歐洲，歐盟會員國之間的移民已經體制化。公民可以在任何會員國找工作。但是，制度沒能達到希望中的移民數。歐洲各國之間的語言障礙和文化隔閡讓大部分人留在本國，而且歐洲國家之間的所得差異，按全球標準來看，仍屬輕微。移民如果真的出現，通常是人民由低工資的東歐國家，如波蘭，移至高工資的西歐國家，包括法國和英國，而在地主國引發政治的強烈反對。

2015 與 2016 年，歐洲勉強接受從飽受戰火摧殘的敘利亞、還有其他中東與東南亞國家而來的大批難民，造成更多緊張。世界上其他地區的外來移工制度，包括波灣國家，則遠更為成功，這點我們後文會再著墨，但是相較於潛在獲益，全球的整體移民數量仍然有限。

這些體制發展共同創造出一個失衡的全球秩序。資金、貨物、教育程度高的勞工迅速跨國流動，創造大量財富，另一方面，教育程度低的工作者往往留在母國。「反全球化」運動份子很早就體認到全球化的這些缺陷，雖然他們不一定是以精準的經濟用語來表達。[14] 一如左派拉丁美洲記者愛德華多・加萊亞諾（Eduardo Galeano）所言：「我們絕對不能把全球化與『國際主義』混為一談……其一是人的自由移動，其二是錢的自由移動。在墨西哥與美國的邊界……我們可以看到，金錢與貨物的流動幾乎不存在。然而，談到阻止人跨越邊境……障礙卻像是某種柏林圍牆聳立。」[15] 全球化的倡導者，焦點在於資金，而不是一般人，他們無法確保增加的福祉能廣披眾人。

移民的迫切性

當今一個普遍的共識就是，從進一步開放貨物的國際貿易而

來的經濟利益極低。世界銀行的研究以及著名的貿易經濟學家發現，消除國際貨物貿易所有現在存餘的障礙，只能增加 0.3 至 4.1% 的全球產出，數量微小。在全球投資方面，如果消除資金流動的障礙，文獻中最樂觀的估計是增加 1.7% 的全球所得。[16] 許多人相信，國際資金市場的自由化已經做過頭。三位頂尖的 IMF 經濟學家最近主張，即使是目前已經實現的自由化，所產生的經濟利益也有限，同時還產生不平等和不穩定。[17]

同時，開放移民的利益已經大幅擴展。相較於潛在利得，交通運輸成本陡降讓移民的自然障礙降到微不足道。另一方面，移民的潛在經濟利益遽增。一個搬到美國的墨西哥移民，年所得可以從大約 4 千美元增加到 1 萬 4 千美元左右，而按照全球標準來看，墨西哥已經算是相當富有的國家。從貧窮國家移民到歐洲和美國的潛在利益，可能多達十倍，每個移民能享有數萬美元的得利，尤其是在語言障礙低的情況下（如海地與法國的例子）。

舉一個極端但清楚的例子：假設經濟合作發展組織（Organisation for Economic Co-operation and Development；OECD）這個富國俱樂部要接納數量足以讓人口增為兩倍的移民（目前人口數為 13 億人）；此舉大約會讓 20% 的全球人口移入 OECD 國家。再假設每個移民平均創造的新增所得為 1 萬 1 千美元，那麼全球人均所得大約會因此增加 2,200 美元。假設全球人

均所得大約是 1 萬 1 千美元，全球所得的增幅大約是 20%。如果歷史經驗可以做為參考，留在貧窮國家的人也能同樣深受其惠，因為大部分移民會把所得的一大部分滙回母國。[18] 與貿易形成強烈對比的是，這些利得如果能得到善用和分享，具有轉化全球福利的潛力。[19]

為何不擴張現有移民？

對這些數字有所體認的學者，有些人宣稱開放邊界是唯一合乎道德的回應。如果國家容允無限制的移民，那麼在資本匱乏國家的貧窮工人就會移民到美國等富裕國家，因為他們在那裡可以得到較高的工資。儘管大批移民的湧入會壓低富裕國家勞工的工資，全球福利仍然會大幅增加。

這個構想並不如它表面上那麼牽強。美國的邊境在歷史上多半處於開放，而效應一如理論的預期。移民受惠於較高的工資，美國人也受惠於移民，因為他們能幫忙建造鐵路、開鑿運河，在礦場、農場和工廠裡工作。移民帶來的社會問題雖然通常嚴峻（包括層出不窮的民間衝突），但還可以應付，而在長期而言，國家還是能繁榮發展。但是在今日，無論在經濟上或政治上，開放邊界都是不務實的做法。

沃夫岡．史托普（Wolfgang Stolper）和薩繆爾遜在他們1941年那篇著名的論文〈保護與實質工資〉（Protection and Real Wages）裡，探究了財貨或勞動的國際貿易在不同國家對不同人的所得所造成的效應。[20] 兩國之間的貿易儘管一向能增加兩國的總合財富，卻也有重要的重分配效果。貿易往往能加惠一國相對豐沛的生產要素，但會損害供給相對缺稀的生產要素。根據定義，富國所擁有的資金／勞動比例，遠遠高於貧窮國家的資金／勞動比例。因此，貿易與移民自然能嘉惠富裕國家的資本家與貧窮國家的勞工，代價則是損及富裕國家的勞工與貧窮國家的資本家。

雖然史托普－薩繆爾遜定理（Stolper-Samuelson Theorem）廣為經濟學家所接受，不同類型勞工因移民而受害或受惠的確切程度，卻更為複雜。有顯著證據顯示，移民壓低了背景與移民類似的本地勞工薪資。例如，從墨西哥與中美洲進入美國的非法移民，通常會傷害教育程度低、語言能力弱的本地勞工。[21] 然而，移民對更廣大勞動市場的影響卻不明朗。有些學者相信，總合而言，本地勞工受到傷害，雖然程度有限。[22] 有些學者主張，影響的程度輕微到可以忽略，甚至大部分勞工都可能受惠，因為移民會買更多本地勞工生產的貨物，待在就業階梯最低的梯級位子，讓一些本土勞工往上爬，擔任薪資更優渥的管理者職位。[23]

與移民帶給移民者本身的龐大利益比起來，這些微不足道、利弊互見的效應就相形見絀。[24] 此外，礙於移民的財政結構，這些利益無法大量透過政府分享，甚至可能會造成本地勞工的成本負擔。這種安排的本質與原因，因美國與歐洲而異。

　　在美國，稅賦制度的進展有限，因而排除了大量沒有記錄在冊的移民。在美國稅賦制度裡，高技能、教育程度良好的合法移民儘管是淨貢獻者，但是由於美國對勞工和資本所得的低稅率，這類移民無法透過財政制度，為直接嘉惠於本地勞工做出重大貢獻。許多新創事業創造了就業機會，[25] 但是這些機會存在於經濟體裡的高成長、創業部分，在地理上集中於繁榮的都會區，遠離美國大部分勞工的居住地。綜合這些考量之下，能直接自高技術移民大幅受惠的本地勞工寥寥無幾。

　　大部分低技術移民都在正式就業管道之外工作。他們付的稅通常較少。此外，由於這些移民大部分來自貧窮國家，在家鄉還有貧窮的家人，因此他們會把大部分賺到的錢都匯回他們貧窮的母國，而在當地經濟裡週轉循環的所得，低於所得水準類似的本地勞工。因此，相較於移民與移民的雇主自移民活動所得到的利益，移民對於公共預算的貢獻非常微薄；有些研究甚至顯示，移民可能是國家財政淨流失的小漏洞。[26] 英國的模式類似美國，來自東歐的低技術移民有如美國南境的移民，只不過人數較少，利

得也較小。[27]

英國以外的歐洲國家則與美國形成對比。它們有高度進步的資本與勞工課稅制度，可以讓廣大的公眾受惠於移民的成功。然而，由於這些稅賦制度，也由於歐陸不再是全球一流大學的地主國，再加上歐陸在促進創業精神方面的成就不如美國，高技術移民遷往歐洲的人數少於前往美國。

在技術分布的低端，歐洲出現大量非法移民是相當晚近的現象，可追溯至僅只幾年前敘利亞內戰所引發的移民危機。合法的低技術移民多半來自東歐。在歐洲的低技術非歐洲人，大部分若非來自遙遠的前殖民地，就是主要出於人道主義考量、非經濟因素而收容的難民。這些移民通常遠比那些前往美國的移民還來得貧窮。此外，歐陸國家的社會福利、轉送制度和公共服務，比美國更優渥，而移民通常能平等享有這些福利，於是低技術移民在歐洲成為消耗公共財政的重大破口，這點就不同於在美國的情況。

在歐洲，公共服務的財源籌措不足，造成了這些緊張情勢。對許多歐洲人來說，移民消耗社會服務的可能性，並不只是抽象的知覺，而是親眼目睹移民與他們競爭、享受這些服務的真切體驗。由於許多歐陸國家在歷史上具有同質性，這種競爭特別顯眼，因為移民可以很容易從膚色或宗教儀式來辨識。簡言之，無

論是在印象上，還是某個程度的真實體驗上，移民對歐洲勞工而言，不但是公共服務的額外負擔，也會造成一個疲弱的經濟體。

有人可能會以為，移民人口最多區域的本地居民，會比其他人都更反對移民，但社會科學的證據於此莫衷一是。反對移民最力的區域，通常是鄉村或經濟蕭條地區。[28] 這些地區的勞工認為移民能為其他社區、但不是在他們自己的地區灌注經濟活力。動態的城市居民在社會面與文化面從移民得到的附加利益，或是飲食新增的變化、城市生活增添的色彩，或是能拓展職涯機會的文化接觸，他們一丁點兒也沾不到邊。相反地，他們看到的是，國家其他部分的走向，正與他們的體驗愈行愈遠，讓他們愈形孤立，深陷在文化的邊緣地帶。

在此總結一下。儘管移民能為移民本身以及他們在家鄉的家人、雇主與資本擁有者、與他們共存並有互補關係的高技術工作者帶來龐大的利益，但是對於富裕國家大部分的勞工，也就是那些已經被貿易的力量、自動化，以及高度集中的金融崛起力量所拋下的勞工，移民卻沒有什麼利益可言，反而還會增加一些成本。加上人類天生趨近群聚部落的本能（被本土派政治人物所挑動），於是出現了對移民廣泛而日益強烈的政治反對聲浪。無法嘉惠大部分國民的移民政策，不太可能得到多數人的支持。在美國，控制政府並支持移民的菁英，設法透過限制移民法的強制實

行，以規避政治反對，但是這麼做卻開闢了民粹主義反彈的戰場。[29] 從這個角度來說，諸如「美國優先」、「這是我們的家」（on est chez nous）等口號，儘管冒犯了許多人，卻捕捉到政治現實一個無可逃避的面向。

拍賣簽證？

進入 OECD 國家的移民活動，大部分都掌控在政府官僚或私部門雇主手中，他們可以為他們想要雇用的高技術工作者申請簽證。移民制度有一部分也允許公民的近親移民（特別是在美國），或是為保存族裔血統的移民（尤其是在歐洲國家）。這些制度具有高度上令下行與國家主義性質，或是背後有像雇主這樣集中的經濟利益在控制。因此，雇主或移民是這些制度最大的受益者，這也就沒什麼好意外的了。簡單說，移民制度也會遭遇到我們的經濟與民主所面臨一樣的問題：不平等加上政府通常出於任意的權衡。

在前兩章，我們看到拍賣可以用一個簡單的架構取代這類制度，雖然它們通常需要因應實務考量而調整。移民也是一樣。在 2010 年一場深具真知灼見的演說裡，已故的諾貝爾獎經濟學家蓋瑞・貝克（Gary Becker）為移民政策提出一個以拍賣為基礎的簡

明制度：設定移民配額，把移入一國的權利拍賣給最高的出價者。[30] 由激進市場得到的收入，可以用於融通公共財，或是全民社會紅利，一如我們在第 1 章討論共同財產所有權時所看到的。

一如前面各章所提出以拍賣為基礎的極簡構想，這項方案也有一些限制，我們將逐一討論。然而，值得注意的是，它能立刻化解目前存在於移民制度裡的一些弱點。

首先，它能確保由移民而來的利得大部分都能由大眾共享，而非企業獨享，因而能提升平等。第二，承前所述，它能緩和對移民的政治反對聲浪。第三，這項計畫能大幅削減政府官僚的角色，轉而讓最理解相關經濟展望的移民，發揮他們的知識。最近有一系列經濟研究顯示，移民制度若是過度倚重官僚對移民條件的評判〔所謂的「積點制」（point-based system）〕，往往成效不彰。[31] 讓雇主自主判斷的制度，成效優於積點制，但是一如我們所指出的，利得多半分配給雇主。以拍賣為基礎的制度能同時避免這些缺陷。

以拍賣為基礎的制度能獲得可觀收入，改善富裕國家一般國民的生活水準，同時仍然能為移民帶來龐大的利益。假設 OECD 國家接納足以讓人口增加三分之一的移民數，又假設一張移民簽證每年的平均標金為 6 千美元。在同前高度無效率的制度下，即使是進入美國的非法墨西哥移民都有 1 萬 1 千美元的利得，由此

看來，這個標金的金額看似合理。OECD 國家的人均 GDP 為 3 萬 5 千美元，因此這項提案能為一個典型的 OECD 國家提振將近 6% 的國民所得，這個比例相當於過去五年間的人均實質所得成長率。

假設來自這項成長的利得能夠在全體公民間平均分配，那麼就能有效降低最高 1% 所得者的占比，降幅達 6%，因為他們只能得到一小部分的利得。在美國來說，降幅則大約是 1%，與美國在世紀中的貧富差距相較，大約能回復八分之一的水準。在美國，一個四口之家的所得大約是 5 萬美元。在這樣的制度下，這樣的家庭大約可以得到 8 千美元，因此所得能增加大約 15%，大約等同於四口之家中位數家計所得 1970 年代以來的增加（經通膨調整）。

移民的利得甚至更驚人。所得增加 5 千美元（1 萬 1 千美元的利得減去 6 千美元的標金）相當於讓移民者的所得增加許多倍（確實倍數視移民者的身分而定），因為大部分移民的母國，一般的所得水準大約是幾千美元或更少。在此情境下，大約有一半的利得會歸於 OECD 國家，大約有一半則歸於移民，以及移民匯款的對象。由於 OECD 的所得占全球一半，全球經濟也大約能成長 6% 至 7%。

然而，形式最單純的拍賣制度有幾個缺點。顯然，金錢不是

移民唯一重要的事。能夠融入在地社區的文化適性、犯罪或違反簽證條款的可能性，以及雇主與地主國國民歡迎移民的意願，在在都是構成移民者社會價值的重要條件。純粹的拍賣忽視了這些因素。金錢也不是政治對移民持續支持的唯一理由。移民者與本地人在個人層面有正向的文化、社會和經濟互動也是關鍵。純粹的拍賣鮮能保證這點的成立。但是，我們可以從拍賣以及現行移民法的重要特點得到啟發，建構一個解決方案。

簽證的民主化

在美國，雇主可以根據 H1-B 專案「保薦」移民工作者。谷歌可以為工作者取得簽證，雇用一名來自他國（比方說，印度）的軟體工程師，讓他可以在美國居住三年，並在各種限制條件許可下（包括可核發簽證數的限制），得以延展三年。家庭成員也可以根據家庭團聚政策提供簽證。我們的提案是「個人簽證計畫」（Visas Between Individuals Program，以下稱 VIP），以這套制度進行擴展，讓一般人都可以保薦一名移工，不過做了一些調整，以反映環境的不同，而且採取不定期，而不是可展延的三年期間。我們的提案讓大家可以在任何時點保薦一名移工。你可以像本章開頭的故事所述，用於輪替雇用暫時工（任何時點都只有

一個），也可以一生一次用於一個永久移民。

當然，主要的差異在於保薦者不再必然是雇主或親人。谷歌保薦移工，會給當事人一間辦公室，或許也會協助他找到住所、融入社區。這名工作者以編寫程式對谷歌的獲利有所貢獻，而谷歌撥出部分盈餘做為該工作者的報酬。谷歌也雇用有經驗的官僚人員，填寫大量書面文件，與移民當局交涉，並搜尋、評估能力符合要求的外國工作者。這名工作者在谷歌文化多元的工作人力裡蓬勃發展，這支工作人力的成員接受評估的依據是他們的條件，而不是人種、民族或國籍。

對照之下，安東尼是俄亥俄州阿克倫市（Akron）最近被解雇的一名建築工人，高中畢業，有一小筆儲蓄，前景有限。他遇過的外國人不多，對於最近搬到他家附近的一群中東人有點怨怨，他們來這裡開餐廳，安東尼不是很喜歡那些菜色。（不過，他也承認，他們為他的鄰里帶來新生活，他們有許多人從事的是他不會去碰的工作。）安東尼得知國務院開辦了一項新計畫，讓他可以保薦一名移工，並在過程中賺取收入。安東尼雖然有興趣，但是他能得到什麼好處？他不像谷歌，他沒辦法給移工一個辦公室，坐等移工為他賺錢。

安東尼運用一家與國務院簽約的公司所經營的網站，描述他願意保薦的移工類型。英語能力是必備條件。安東尼要求對方的

年齡為二十幾歲，從事營建業工作，而且不能有犯罪記錄或健康問題。安東尼從工作上的人脈得知，阿克倫市郊區有幾個新建案正在規劃中，他希望能在其中一個建案安插一個外籍勞工。如果順利，安東尼也希望開一家居家裝修公司，雇用這名移工成為雇員。這個網站幫安東尼找到一個名叫「畢沙」的尼泊爾人，畢沙曾在阿拉伯聯合大公國當外勞，在那裡改進了他的破英文。安東尼和畢沙在網路上進行面試，並描繪他的計畫，而兩人達成協議，畢沙在美國為安東尼工作一年，薪資為 1 萬 2 千美元（可能相當於畢沙在尼泊爾賺的五倍，而且前提是他得運氣夠好，找得到工作）。安東尼必須動用他的儲蓄，為畢沙買一張機票。雙方同意，畢沙就住在安東尼家裡的空房間。

當然，我們可以為後續的發展勾勒一個光明樂觀的故事，本章開始的小故事就是如此，但是我們不會心存每個故事都有個圓滿結局的幻想。在快樂版的故事裡，畢沙抵達美國，身上只帶著衣物，幾乎別無長物，但是在歷經了沒有幾個美國人可以想像得到的艱辛過程，畢沙終於發達了。第一個月，他在鄰近地區當裝修工。畢沙出勤工作，安東尼只向顧客收 1 小時 10 美元，因此在扣掉畢沙 1 千元的月薪之後，安東尼只能勉強打平。不過，畢沙得到建築工地的工作。建設公司發現，畢沙在阿拉伯聯合大公國的營建業學到一些重要技術，最後在剩下的 11 個月付給他 2

萬美元。8千美元的差額都落入安東尼的口袋。同時，安東尼和畢沙彼此變得熟悉，成為朋友。畢沙成為家裡的幫手，安東尼也開始喜歡上尼泊爾料理。

當然，事情的發展不必然會如此。要是畢沙找不到工作怎麼辦？或是他生病了，需要住院呢？還是他犯罪，或乾脆失蹤？（他跑到另一個地方，非法打工。）在這種情況下，安東尼有必要為此負責，這樣才能讓保薦人有正面誘因，淘汰沒有貢獻的移民。我們現行的移民制度就包含這條規則。例如，根據家庭團聚計畫而為的保薦人必須為無法養活自己的移民提供財務支持。

在我們的例子裡，安東尼必須在畢沙抵達前為他辦理基本的醫療保險（雖然這筆費用要從畢沙的所得扣除）。如果畢沙找不到工作，只要他在這個國家裡一天，安東尼就必須養他。畢沙不能享領福利金。如果畢沙犯罪，就要在服刑後遭送出境；安東尼必須付罰金。如果畢沙失蹤，安東尼也要繳罰款。我們不認為罰金要訂得很高，但是應該要有痛感。此外，安東尼和畢沙可能處不來，雙方都受不了對方。或許安東尼可以幫畢沙找個居所，幫他付房租。或者他們可以協議，畢沙在美國待到期滿後可以回到尼泊爾。透過雙方協議，也有可能是讓安東尼為畢沙找到另一個保薦人（例如住在同一條街上的某個尼泊爾家庭）。

這套制度要能奏效，法律必須做出兩項的調整。第一，法律

必須容允移工的工資低於最低工資。在目前法律下，按照聯邦最低工資水準，一個勞工一年可以領到將近 1 萬 5 千美元的薪資。對照之下，尼泊爾的平均年所得低於 1 千美元，而一般的尼泊爾人的所得水準接近 500 美元；海地的生活水準也類似。如果把聯邦最低工資規定套用於移工，就會阻斷 VIP 原來能產生的龐大福利利得。不過，其他的勞工保護規範都適用於移工，例如與工作場所安全相關的規定。

第二，當局必須加強移民法規的執法。如果畢沙消失在地下經濟裡，逮捕並遣返的機率必須有合理的水準。現存的非法移民必須在一次性特赦與取得公民身分政策的結合下融入體制，找到保薦者，或是遣返。未來非法移民的執法必須嚴格，以避免傷害大批合法移民新階層與其接待者的權利。除非法律能強制執行，否則司法改革不會有效。然而，VIP 制度的執法會比目前的制度容易，因為渴望進入一國的移民可以更容易找到保薦者，因而避免非法入境的風險。

許多人可能會反對這套制度。有些讀者可能覺得，即使移工可以在任何時候自由離開，但這套做法仍然類似契約勞工，令人不安。又或者它看似就是剝削。但是，我們的提案是現有廣為接受的計畫的延續。

以 H1-B 簽證計畫為例，這是美國技術勞工移民的主要管

道。在這項計畫下，雇主證明某個工作者符合標準，會得到普遍水準的工資給付，藉此保薦該工作者。工作者抵達之後，必須為雇主工作。如果雇主開除該名工作者，那麼該名工作者就必須返回母國（少數例外情況除外）。H1-B 計畫與我們提議的方案，最重大的差異就在於我們容允一般人成為保薦人。H1-B 計畫沒有爭議可言。剝削風險降到最低，因為美國人受惠於健康、安全、勞動和就業等法律而享有的保障，外國工作者也都享有等同待遇，而外國工作者如果受到雇主的不當對待，也可以返回母國。

有人可能會相信，雇主（或至少是像谷歌這樣的大型企業）比一般人更能夠對外國工作者友善以對，或至少給予符合政府規定的待遇，而不是對其剝削。一般人有能力「管理」外國員工嗎？沒錯，他們可以。有一項計畫甚至更接近我們的提案。在 J-1 簽證計畫下，美國人可以保薦他人（尤其是年輕女性），住在自己家裡幫傭一或兩年（au pair，注：「互惠生」或「安親天使」）。儘管 J-1 簽證計畫一開始是為文化交流而設計，國會允許大眾把它用於基本上屬於低薪的保母工作。這項簽證計畫非常受歡迎。我們要指出，在這個計畫下，扮演雇主和保薦人角色的就是一般美國人，他們仰賴中介機構（私人企業）以媒合美國保薦人和外國工作者、訓練幫傭者，並且在工作者抵達美國之後追蹤工作與居家狀況，而所有這些都受到國務院的規範和監管。

互惠生計畫在名目上是文化交流計畫，但實際上和我們提議的移工計畫是同一回事，只不過限制和規範都高於我們認為的必要程度。雖然有人主張幫傭者受到剝削，我們卻沒有發現任何關於虐待記錄的研究。[32]

互惠生計畫也為我們的提案在實務上如何發揮成效提供了線索。中介機構建置了易於使用的網站，讓家庭和幫傭者登記偏好，彼此媒合。雇主家庭可以登記的相關條件包括對方是否有駕照、口語英文流利程度、來自世界哪個地方、資歷、興趣等。幫傭申請者也可以登記自己的偏好。接著，中介機構會寄送少量條件符合的應徵者資料給家庭。應徵者檔案裡包括申請者的背景、興趣、技能等等相關的詳細資訊。雇主家庭可以面試部分或全部申請者，或是全部回絕，這時中介機構會再送一批資料給這家人。面試是透過 Skype 進行。

一旦應徵者中選，就要接受一週的訓練，學習美國人做事的方式，然後才前往雇主家庭。中介機構會定期派人探視幫傭者和雇傭家庭。除了其他事情之外，中介機構也會私下與各當事人訪談。如果一方或雙方有不滿之處，中介會設法為幫傭者媒合另一個家庭，這樣她就不必返回母國。

雖然 VIP 把保薦移民的主要權利賦予個人，社區也可以得到規範移民進入的權利。地區應該獲准得以限制居民對 VIP 的運

用，近似區畫規範。我們或許可以預期，有些社區偏好較高的開放度，採行少數限制或完全不設限，同時提供便利設施，吸引外國移工。這些社區可能期待一種更有活力、文化更多元的公共生活。有的社區可能偏好同質性，運用稅賦和區畫措施，限制移民的流入。本地人或許可以跨社區移動，把握更開放的城市所提供的機會。秉持這種精神，我們或許可以順水推舟，在扮演「經濟特區」的社區裡試行 VIP，以運用這項計畫復甦目前的蕭條區域，探索它潛在的優勢以及缺點，卻不致擾動整個社區。

VIP 可以實現貝克的簽證拍賣將近全部的利益，同時解決它的主要弱點。貝克的拍賣是由政府執行，不是個人或社區。貝克的拍賣能吸引願意支付最高價的移民，而沒有顧慮某些類型的移民是否會對他們安頓其中的社區造成社會或文化傷害。VIP 賦予本地人裁量權，遵從社區規範。在重視金錢的個人和社區，移民必須付給接待主的普遍價格，VIP 所決定的水準會非常接近普遍的拍賣價格。但是，任何當過雇員或雇主的人都知道，這種關係的成功因素，很少完全取決於金錢這個單一因素。VIP 藉由讓個人和社區能夠當家做主，讓這些個人和社區能在決定要放行哪些移民時，納入其他考量。

但是，VIP 與貝克的拍賣模式不同的是，它涉及在地人與移民的個人接觸，而本地人也要為移民的成功負起責任。一般來說

（當然不是每個案例都是如此），這種互惠契約能夠建立接待主和移民間的正向關係，軟化對移民的政治反對聲浪。藉由賦權社區決定他們文化生活的質地，VIP能夠避免人們感受到由上位者強加的快速變化而可能有的負面反應。

體制的輔助

相較於拍賣，無論VIP於現存的移民制度有什麼樣有力的優勢，它都有一些缺點。安東尼可能太忙，缺乏人際技巧、管理技能，或是在地經濟知識等這些摸索VIP制度所必須的條件。我們稱之為「能力問題」。

安東尼可能虐待或剝削畢沙。雖然畢沙有可以在任何時候離開的正式權利，但是即使在極端情況下，他可能還是不願行使這項權利。假設他的家人要依賴他的匯款，或是他一開始離開尼泊爾就是為了遠離犯罪和腐敗。在返回尼泊爾之前，他在美國會極盡百般忍耐，這表示他很容易淪為虐待的目標。知道這些狀況的安東尼，可能會非法扣住畢沙的薪資，不給他適當的飲食和住所，甚至強迫他從事犯罪活動。我們稱此為「剝削問題」。

能力問題在市場經濟的每個面向幾乎都會出現。大家必須管理自己的退休金、房貸、信用卡、找工作和其他複雜的經濟關

係。許多機構的成立就是為了協助個人安然克服這些障礙。有些人靠自學成為專家;有些人向市場求取個人服務或協助;還有些人運用興起的網路平台協助篩選。最糟的情況下,有些人會放棄參與,不擔任保薦人。但是,我們猜測,大部分人恐怕都不會利用體制機構幫助自己摸索 VIP 制度。

剝削是更嚴重的問題。我們現行有勞工法規和人口走私法防止雇主以脅迫的關係困住工作者。除了我們之前討論的最低工資,這類法律的完整效力應該也適用於 VIP。

我們必須體認到一個重點,那就是 VIP 的結構能以有力的方式降低目前移民制度中剝削關係的風險。在就業選擇有限,或是以非法移民的身分工作而不受法律保護時,勞工是最容易受到剝削的一群人。當潛在雇主有競爭的壓力時,勞工往往能勃蓬發展。這種正是 VIP 所能促進的競爭:目前,只有少數幾家有力的企業能夠申請簽證。在 VIP 下,每個公民都能這麼做。愈多國家實施 VIP 制度,決定當接待者的公民愈多,移民的選擇就愈多。

VIP 會有用嗎?

我們提議的移民制度改造是激進方案,是另一個激進市場,只不過是勞動市場。它能吸引必要的大眾支持或能夠持續嗎?最

近有些鼓舞人心的經驗。

阿拉伯聯合大公國、卡達、科威特、巴林、阿曼和沙烏地阿拉伯〔（也就是海灣阿拉伯國家合作委員會（Gulf Cooperation Council，GCC）國家〕的移民制度通常受到批評，但是它們透露了一個耐人尋味的故事。在美國，本地人與外國出生居民的比例大約是 9 比 1，但是在阿拉伯聯合大公國，這個比例正好相反。[33]在巴林和阿曼，移民和本地人的比例大約是 1 比 1。沙烏地阿拉伯是移民與本地人比例最低的 GCC 國家，移民與本地人大約是 1 比 2。

GCC 國家並非唯一成功擁有大批非公民人口的國家。新加坡的本地人和移民比例是 3 比 2。澳洲與紐西蘭的本地人與外國出生居民的比例大約是 2 比 1。有些繁榮而成功的城市，如多倫多，外國出生居民的比例類似 GCC（50%）。

然而，儘管有這些龐大的移民人口，而且全部都是以低技術移工為多數，但這些國家沒有任何一個像移民遠為更少的 OECD 國家一樣，歷經大眾對移民的大規模抵制。

所有這些國家都有為了讓本地人普遍分享移民利益而設計的移民制度，而不是讓一小群在地理上集中的資本家、創業家和高技術工作者獨享。雖然經過分享，這些國家的每個本地人藉由移民為移民和移民母國所創造的總利益，遠高於在較為封閉的

OECD 國家，因為移民數量龐大得多。在這些特質之外，這些國家移民制度其實差異很大。

在 GCC，移工享有低度的公民權、受到政府的嚴密控管，除了大量的家庭幫傭人口之外，移工都與本地人隔離居住。然而，在這些國家，大部分本地人都受惠於以相當平等的方式分配的公有財富，而國家嚴密掌控移民的社會組織，以防止犯罪和暴動。此外，就像在 VIP 制度下，本地人可以申請移工為自己的利益而工作。因此，對於這種大規模移民的政治支持，不但強而有力，而且持續多年。

當然，這些制度的一大成本是它們忽視了移工的權利。畢竟，GCC 國家是君主政體，許多人都嚴格遵從傳統伊斯蘭律法。有些情況下，有些 GCC 國家允許本地人剝削因為護照被雇主沒收而無法離開的移工。由於這種種原因，GCC 國家並非 OECD 國家的模範。然而，新加坡維持了接近 GCC 國家的移民水準，違反移民權利的顧慮卻少得多。

儘管我們不必仿效這些國家的制度，我們還是描述它們，原因是它們蘊藏了重要的一課。對龐大移民的政治抵制並非不可避免。即使在封閉的社會，只要移民的利益能以具體可見的方式廣為分配，移民政策也能得到政治支持。

國際主義

　　美國大約有 2 億 5 千萬名成人。原則上，在 VIP 計畫下，他們每年可以保薦 2 億 5 千萬名移民。但在實務上，我們推測有許多人會放棄他們的機會，尤其是年長者、忙於工作者和學生。所以，姑且假設有 1 億人保薦移工。目前，美國大約有 4 千 5 百萬名外國出生者。他們當中大約有 1 千 3 百萬人是合法居留的非公民，有 1 千 1 百萬人是非法居留的外國人。如果我們的計畫取代現有的移工簽證，移工的人數就會大幅增加，從 2 千 4 百萬增加到 1 億人，但是不會破壞社會或超過公共服務體系的負荷。它會讓美國的外國出生人口與本地人口比例甚至比最嚴格的 GCC 國家還低。

　　我們預期採用這項計畫的人會來自社會各個階層。我們已經知道中上階層的人使用 J-1 計畫申請家庭幫傭。我們的目標是讓勞動階層的人參與，他們會受到保薦的財務利益所吸引。低收入者可以因保薦低技術移工賺取 6 千美元，藉此大幅增加自己的福利；對比之下，在中產階層或富人眼中，這種機會不太可能有何誘人之處。

　　這是採行這項計畫的關鍵原因。像安東尼一樣的市井小民，可以從移民身上獲取財務利益、學習人道精神，並理解外國人的

需要，因而降低對移民的反對。最終，如果沒有遭遇嚴重的社會問題，計畫變得受歡迎，移民人數就會擴張。

沒錯，移民人數的增加可能會壓制某些工作的工資。以此而言，我們的提案和開放邊境的提案或增加簽證數並沒有不同。關鍵差異在於，在我們的提案裡，許多可能因為工資受到壓制而受害的人，也能從參與計畫、擔任保薦人而受益。移民的好處可以分配得更公平，減少對移民政策的政治反對。

進一步而言，移民大量增加可能會讓目前在 OECD 國家內不具經濟利益的活動再度活絡起來，一如 GCC 國家和我們在本章開始的故事所顯示的。如果有充足的移工可以雇用，已經遷移至海外的工廠可能會回流，提供工作給本地人，一如在澳洲由尼克‧瑟諾芬（Nick Xenophon）所領導的政黨在近年的主張。移民對工資的影響所引發的恐懼，許多都是在目前低度的移民比例下才比較說得通。在移民比例高得多的 GCC 國家裡，移工的工資極低，以致於有眾多移工可以受雇，從事對本地勞工顯然不經濟的活動（如家庭幫傭服務、低技術製造業工作等）。這類活動通常規模大到同時需要本地的雇主和主管，本地人不但能直接受惠，甚至還能得到工作機會，一如本章開始述說的故事。

在某些方面，我們所預見大規模移民的效應類似二十世紀中葉時女性加入勞動人力的影響，一如經濟學家麥可‧克雷門斯

（Michael Clemens）在他即將出版的著作《國家的高牆》（*The Walls of Nations*）裡所提出的主張。[34] 沒錯，女性在工作場所與男性競爭，引發一些混亂和怨懟。但是由於大部分男性身為父親、丈夫、兄弟和兒子，與女性有密切的關係，當女性有更多機會，他們得到的利益多於在工作上遭受的損失，因此甘心接受新增的競爭。同時，儘管性別歧視持續存在，女性在專業領域的露臉機會愈來愈多，也開始打破刻板印象和男性主宰的局面。

同理，我們提議把接待土和移民的經濟命運綁在一起，這麼做能逐漸減少發展中世界與已開發世界的工作者之間的衝突，並讓兩者都受惠。VIP 對於地主國工作者的身分所造成的衝擊，低於女性加入勞動人力，因為它不會直接影響家庭高度親近領域中的現存層級。

現有的安排反而更能突顯 VIP 更高的公平性。就實務而言，在 H1-B 計畫下，只有規模龐大而成熟幹練的雇主（諸如谷歌之流）能保薦移工。為什麼這項利益應該由他們獨享？一般人為什麼不能分享？這就好像政府准許富裕女性進入職場，但是不准貧窮女性「為了自己的利益」這麼做。

有人可能會擔心，谷歌會利用我們的計畫，鼓勵員工和他人保薦程式設計師，並與谷歌簽約。但是在 VIP 下，扮演仲介的保薦人能夠分到一塊利益大餅。如果安東尼聽說谷歌在阿克倫的辦

公室需要程式設計師，他可以尋找程式設計師做為保薦對象。安東尼能從保薦得益，移工和在地經濟也是。

誰會來？最有可能的是低技術工作者（像畢沙一樣）和高技術工作者（如我們舉例的谷歌）的混合組成。地下經濟現在是低技術勞工的天下，如摘草莓工、保母、園丁、屠宰場勞工。VIP能讓這些工作有合法的立足點，同時把一些盈餘從雇主轉移到本地工作者的口袋裡。高技術移民在我們的制度裡得到的待遇，無異於其他移民。他們的所得會遠高於低技術移民，因此接待主之間會為了爭取他們的所得大餅而出現實質的競爭。這項計畫也可以設計成容許接待人保薦永久公民，代價是接待人要放棄在一生中再次當接待人的權利。因此，高技術移民可能也可以協議永久公民身分，或是把自己所得的一小部分分給接待主。

或許最重要的顧慮是 VIP 會擴大地主國的貧富差距。地主國的中產階級與藍領工作者能夠受惠，但是由極度貧窮（以美國標準來看）移工組成的新階層，會構成一個新的底層階級，這種情況可能無法見容於自由思想原則。

然而，我們有四個理由可以駁回這個結論。第一、也是最重要的是我們要體認到，這種移民不會創造貧富差距（事實上它能縮減貧富差距）。它只是讓目前被國界遮蔽的貧富不均浮現。以此情況而言，我們相信它多半能帶來有益的影響，因為它能揭露

並軟化一個讓富裕國家人民對赤貧眼不見為淨、心不想不煩的全球體系。

第二，VIP 移民的暫時本質，能大幅緩解由貧富不均的意識抬頭與縮減而造成的破壞過程。這個新階層的組成者，將會是不斷變動的外國人流，他們自願來到這裡取得財富和技能，然後返回母國，他們在那裡能創造更美好的生活。社會學和經濟學研究的證據指出，如果可以選擇，移民大多偏好迴流式地為工作暫時移民，而不是永久移民。[35] 一波波移工輪轉進出的 GCC 國家所呈現的經驗，與這個模式強烈吻合。只有當這個選項被取消，大部分人才會想要永久移居。這種迴流移民不會造成一般與階層相關的弊病，那就是處於低下階層的人出生在這樣的位階並非自願，但是卻永遠無法掙脫這種狀態。

第三，儘管美國境內的貧富不均會擴大（反映外國工作者較低的財富水準），美國本地人之間與全球的貧富差距都會縮減。這當然是從 GCC 國家學到的課題。畢沙的年所得會增加五倍或更多。他會寄更多錢回家，而等到他返家，可能已經累積足夠的資本（還有技能，包括進步的英語能力）可以創業，或接受訓練，得到更高薪的工作。在美國的開放邊境時期，許多從歐洲來到美國的移工，返鄉時就是如此。這個過程能縮減全球貧富不均，逐漸降低對移民的需求，並提高全世界各地勞工的薪資。

第四，我們必須承認，在美國已經出現低薪勞工的底層階級，他們是非法居留的外國人。美國人剝削這個階層已經長達數十年，而美國政府也因為他們對許多產業的重要性，而對此容忍了數十年。我們的方法能把這個地下經濟攤在陽光下，讓它受到規範和監督。它能奠定一個更理性的基礎，美國經濟的需求和外國工作者的利益就能有更適配的媒合。其中的利益不會只留向資本家，而是由所有公民共享。

這些顧慮的本質和程度取決於移民數量。如果大部分公民都選擇參與，而不是如我們預想的只有三分之一，移民能讓地主國的人口接近增加一倍。然而，VIP 有自我調節作用。隨著移民人數增加，本地人的利益也會下降，選擇保薦移民的人也會變少。

VIP 計畫如果能為多國採納，就能創造廣大而流動的國際移工市場。龐大的利益會同時流向發展中國家最貧窮的窮人，以及已開發國家中落後、孤立、憤怒的勞工階層，他們是許多政治衝突的焦點。隨著外國人在已開發國家的進出來去，在地人口不只是得到金錢上的利益，也能培養對不同國家的同情心和理解，這種期待並非沒有道理。仇外情緒的降低是增進國際合作的紅利。

移工在 VIP 制度下自然位居底層地位，有令人不安之處，對此我們並不否認。至少在短期，大家因此對於移工所抱持的態度，不太可能擺脫偏見或是給予對等的尊重。相反地，我們期待

有些接待者能對他們保薦的移民培養出一種大家長和施惠的感受，一如我們講述的小故事所顯示的。

　　儘管這種結果遠遠有別於真正的平等，卻是最可望在短期內達到的成果。最有可能反對這種不平等關係的精緻文化菁英，許多人會深思他們自身與移民的關係。根據我們的經驗，大部分居住在富裕城市的人，儘管自認為對移民的困境有同情心，但對於移民的語言、文化、抱負和價值觀卻所知甚少或一無所知。他們深深受惠於這些移民提供的價格低廉服務，但很少會為他們生活的貧窮處境操心。這種國際都會菁英有志一同的情懷雖然膚淺，但總強過富裕國家平民百姓對移民毫不掩飾的敵意。

　　因此，VIP 計畫能為這個世界最貧窮者的迫切需要點一盞燈，鋪一條真正的機會之路，把富裕世界的冷漠和仇恨化為慈善的施惠（最差的狀況），我們認為，在很多地方都能化為真正的同情。相對於我們現行制度的偽善，這是道德的提升，或許也是通往一個更公義的國際秩序唯一的可行之路。

綠卡樂透 vs. 人才外交

葛如鈞／撰文

　　一位香港朋友，是個遊戲圈大牛人，二十年前就開了公司做手機遊戲，當年連個什麼 JAVA 虛擬機（JVM, Java Virtual Machine）都還沒有，更別提什麼 iOS 還是 Android 了。公司開了幾年，賺了大錢，連續拿到了好幾個國際知名的創投機構投資，熱熱鬧鬧地玩了好幾年，算是圈內的知名人物。前段時間，他急流勇退，跳入了全新的市場，開始搞起新事物——區塊鏈讚賞幣，讚賞公民共和國（Liker Land）。風風火火地弄了幾年，也有數萬用戶，其中一半左右都在臺灣，臺灣用戶很喜歡他的創新服務，這項服務成功促進臺灣創作者利用他的平台發展許多原創內容，一些創作者的生態系因為他開發的區塊鏈服務變得更加

健全流通。這位香港朋友十分看好臺灣的自由風尚以及願意接受新事物的成熟市場，希望能長期在臺灣發展，作為新公司的發展基地。

　　一開始，這位香港朋友先是成功加入了臺灣知名新創加速器，後來結合了一些經商投資記錄，順利在臺灣申請到創業家簽證。然而一年過去，因為公司屬性的關係，無法續簽簽證留在臺灣，他曾和我說，有沒有什麼合作或推薦的方式，能讓他一邊留在臺灣貢獻他的長處，一邊能夠更彈性長期居留在此。我和這位朋友有不少合作，經常一起談天說地論英雄，自然很希望他能留在臺灣。幾個月內，我陸續替他洽詢了非常多的官方管道和方法，他自己也做了很多努力，基於許多原因，他最後還是沒能留下。今年春天，他離開這個他非常看重也十分喜歡的地方，回到香港繼續打拚，下次來到臺灣時，大概就會換個入關通道了，限制也會再增加。當時我就在想，像我這位朋友一樣優秀的外籍工作者，全臺灣肯定還有很多，要是能夠以我的產業或學術上的專業，向政府推薦他留下，我一定願意。

　　另外則是一位在美工作的朋友，土生土長臺灣人，清華大學電機系畢業後，到美國念書，很順利地申請留下來工作，現正在一間非常成功的機器人新創公司服務。每隔一段時間，他都會來勸我申請去美國教書，他可以推薦；除了推薦律師、學校之外，

總是不忘定時傳幾張他在聖地牙哥五點下班開著敞篷跑車，到公司附近的海邊曬太陽的照片，幾乎可以說是每週公式了。我因為在臺灣還有些想做的事，一次都還沒聯繫他給的那些出海攻略，倒是某天他傳來訊息，說他妹妹要移民美國了。朋友妹妹的移民條件可神了，不是什麼 O-1 傑出人才簽證，或 V-1 美國永久居民的親屬簽證，而是抽籤抽到的！朋友自十多年前開始，便每年準時上線幫自己與妹妹抽移民抽籤，後來自己順利找到工作了，還是持續幫妹妹抽。就在告知我這訊息前的幾個禮拜，竟然還真的抽中了。朋友高興地說，妹妹即將搬到聖地牙哥跟他先住在一起，等找好了工作再搬出去。

我聽了嚇一跳問道，這綠卡抽籤什麼的，我從小上網看到大，還一直以為是網路上的詐騙廣告，沒想到竟然是真的！朋友說，當然是真的，正式名稱叫做「年度抽籤移民計畫」，是美國為了平衡美國移民的國家人口而產生的，每年平均名額只有五萬人，因為這種移民方式非常搶手，僧多粥少，難免會有些集團想靠謊稱能更容易中籤而進行詐騙，網路上確實不少假貨，但該計畫確實是真的。兩年後，朋友在一頓飯局中搖頭嘆氣，說妹妹決定要回臺灣了，原因無他，一來是在美國真找不到工作（因為是抽籤的，並沒有美國學歷）；二來實在不習慣美國文化、食物等等周邊環境，兩人大吵了一架，她還是決定回臺灣定居找工作。

當時第一次聽這故事，覺得真可惜，好好一個這麼難抽的機會，就這樣放棄回來。但仔細一想也不意外，抽籤並非她本人的意願，到了那裡也就哥哥一個親人，其他好友家人都在臺灣，不適應也是正常。然而，這麼一想，朋友的妹妹十足成了低效率甚至無效率的人才流動，明明二十一世紀都已經過了二十年，美國一向有口皆碑的先進數據化管理和國家戰略思維，竟然還是用抽獎換綠卡簽證這種方法在平衡移民人口？難道沒有一種更好更有效率的方式來平衡國內或國際之間的人才及人口問題嗎？我當時就這麼想著。

▋ 全球範圍的貧富差距

在《激進市場》一書中，兩位作者用盡心力探討國際人才、人口與勞動人力流動的問題。在這個章節裡，他們首先提出了一個十分重要的觀察與研究成果，那就是貧富差距問題，並非只在國內發生，近年來國與國之間的貧富差距問題，也正持續惡化。

> 公眾生活水準在各國間持續的差異一直到十九世紀末期都不為人知。即使最極端的差距，例如中國與英國之間，也只有三倍，這與 1950 年代出現的十倍鴻溝，有如小巫見大巫。

> 國際之間的貧富差距自 1820 年的約 7% 增加到 1980 年的大

約 70%。……這些模式共同顯示，在全球貧富差距大勢裡，各國間的不平等已經從一項相對不重要的現象（在 1820 年代的全球貧富差距占比大約略高於 10%），變成全球貧富差距的主要源頭（在二十世紀下半葉占大約三分之二或以上，直至今日仍占有 60% 至 70%，確切比例取決於你採用的衡量指標）。

然後，他們提出了思考：如果能讓人才更加流動，讓富有的國家增加人才流入的額度，讓貧窮的國家有才幹的工作者更加容易到社會發展較好的國家工作，根據作者計算，全球所得增幅可望來到 20%。

果真不愧是激進市場主義的激進論點。究竟該如何增加人才的流動？本書兩位作者提出了一個激進的標語「團結全世界勞工」，再加上一個同樣激進的提案 VIP。

▌共產主義奴隸制？

何來激進之有？作者提出的人才流動方針，也就是上段提到的標語「團結全世界勞工」及其原文 Uniting the World's Workers，對社會科學略有認識的讀者，也許馬上就能感覺到些許不對勁。是不是覺得這句話有點熟悉？沒錯，仔細一看，這根

本活脫脫像是當年風行全球的共產黨標語翻版——「全世界無產者，聯合起來！」（Workers of the world, unite!）。中文部分可能還好，但英文簡直就是重新排列組合換個詞性就上路！難怪這一章節的標題及內容為本書兩位作者帶來了不少抨擊，許多自由派讀者看到這句話，免不了要先痛罵一句「共產黨復辟？」再看書中內容大概又嚇昏（或者氣暈）一群人：

> 安東尼得知國務院開辦了一項新計畫，讓他可以保薦一名移工，並在過程中賺取收入。安東尼雖然有興趣，但是他能得到什麼好處？他不像谷歌，他沒辦法給移工一個辦公室，坐等移工為他賺錢。……兩人達成協議，畢沙在美國為安東尼工作一年……安東尼必須動用他的儲蓄，為畢沙買一張機票。雙方同意，畢沙就住在安東尼家裡的空房間……如果畢沙失蹤，安東尼也要繳罰款。我們不認為罰金要訂得很高，但是應該要有痛感。

這豈不就是奴隸制度的翻版嗎？不只共產主義還魂了，難道還順帶把奴隸制度給搬了回來？

老實說，這一章節也是我在閱讀時抱持最高度懷疑的一個章節，除了看來過度理想化之外，似乎也因為數據的計算和策略的安排，忽略掉了對平等的包容與尊重。什麼是幸福？什麼是理想

國度？國家所得財富增加難道就是幸福？為了這樣狹窄的幸福定義，不那麼「富裕」國家的工作者就真的那麼想到歐美日本當移民勞工嗎？

儘管這種結果遠遠有別於真正的平等，卻是最可望在短期內達到的成果。

事實上作者自己在章節的最後，承認了他們非常清楚這一章節討論的內容離當前社會認知的平等，或理想中的平等有一段差距，但由於作者的野心不再僅僅是近來各國探討的高階人才流動政策，而是希望擴大至目前先進富裕國家皆已出現的境外移入低薪勞工底層階級，這很可能是他們認為短期內的必要之惡。作者們認為，不論我們是不是這樣做，低薪勞工問題都早已發生，只是富裕國家中對政策有影響力的富裕階級對此眼不見為淨，不想討論相關議題，讓這類型的勞工引入和管理問題埋藏在暗黑深不見底的少數外傭集團和管道當中。這些低薪外勞的人身安全經常缺乏保障，也愈來愈多高危險工作交付給這些境外勞工進行，卻沒有賦予適當的管理和配套措施。與其繼續失序管理，還不如將其變成更有制度、能夠雙向互惠的方式，讓有鑒別能力的人，能夠因為獎勵、薪酬等誘因，為自己國家引入更有保證、更具生產力的工作者，一舉兩得地讓富裕國家內的各階層人才獲得更多更

好的引入，也讓成長中國家有更多機會讓工作者以全球作為勞動市場，換得收入後匯回自己的國家幫助母國成長，拉近與富裕國家間的貧富差距。

▌把「金錢外交」轉為「人才外交」

最後的問題將會在於：（1）是否足夠吸引具備鑑別能力的知識份子，還是會吸引同樣低薪的本國工作者為了「躺著也能有被動收入」，而隨便引入不具能力的工作者？畢竟：

> 我們的目標是讓勞動階層的人參與，他們會受到保薦的財務利益所吸引。低收入者可以因保薦低技術移工賺取 6 千美元，藉此大幅增加自己的福利；對比之下，在中產階層或富人眼中，這種機會不太可能有何誘人之處。

以及（2）有什麼樣的誘因能讓富裕國家大開國境引入比過去更多的成長中國家工作者？以當今保守派當道的社會環境氛圍下，這種 VIP 制度是否真的太過理想？

針對這兩個問題，作者們先是舉了美國正在推行的 J-1 簽證計畫，證明保薦制度不僅受相當歡迎，也能有效積極地加以管理：

儘管 J-1 簽證計畫一開始是為文化交流而設計，國會允許大眾把它用於基本上屬於低薪的保姆工作。這項簽證計畫非常受歡迎……雖然有人主張幫傭者受到剝削，我們卻沒有發現任何關於虐待記錄的研究。

他們仰賴中介機構（私人企業）以媒合美國保薦人和外國工作者、訓練幫傭者，並且在工作者抵達美國之後追蹤工作與居家狀況，而所有這些都受到國務院的規範和監管。（注：這部分應和臺灣的外勞、外傭制度類似。）

又在全書總結一章補充回答了我心中的疑惑：

此外，假設富裕國家之間以及與貧窮國家之間達成協議，以新計畫取代今日以援助金做為對貧窮國家提供外援的方法，新計畫的內容是所有國家都同意彼此分享部分的 COST 收入。在此一情境下，在任何時點，富裕國家都會對貧窮國家輸送援助金。然而，如果貧窮國家在發展中變得更富裕，這項轉移支付就會拉平，雙向支付會變得平等。因此，富裕國家的公民有開發貧窮國家的誘因，貧窮國家的公民對富裕國家的繁榮也有不會過分忿怨的理由。這兩個特質的加乘下，有助於讓富裕國家的意見轉向，傾向進一步開放移民，以援

助貧窮國家的開發。

我總算理解，若是能夠把近來大受批評的「金錢外交」改為保薦者可得收益的「人才外交」，或許確實是個激進卻又務實的辦法也說不定。如果說，教育是強國之本，那麼人才的流動也可稱做一國經濟活絡的根本（看看美國早年的發展），或甚至說，更透明自由且加強誘因的人才流動，將會成為全球合一經濟體的催化劑，並且進一步促成各國經濟發展的平衡及永續，那麼也許一些些「觀感問題」將不再是阻礙。

4

肢解八爪大章魚

企業控制權的激進市場

Dismembering the Octopus

TOWARD A RADICAL MARKET
IN CORPORATE CONTROL

想 像一下，只要改變企業所有權和反托拉斯法規的結構，就能讓薪資再度開始成長，各種財貨的價格下跌，身強體壯的勞工都能找得到薪酬像樣的工作。過去四十年來，富裕國家勞工階層的生活水準嚴重停滯。然而，即便經濟體停滯，股市卻因企業和富人拿走比以前更多的經濟大餅而狂飆。根本的問題在於保持競爭活絡、將企業的貪婪導向公益的反托拉斯法並沒有得到落實。因此，一小撮有力的投資人得以在大部分的經濟體中穿針引線，為富人的利益服務；而與此同時，企業合併也讓所有公司能製造人為失業，以壓低勞工的薪資。

我們提出一個簡單、務實卻又激進的解決方案，不但能打破企業合併的一些利益，同時也能削弱富人為一己之利而操縱經濟的力量。控制大部分上市公司的機構投資人必須在他們投資的每個產業中，選擇一家公司做為投資標的，因此他們（打個比方）不能同時持有聯合航空與美國航空的股份。這會強迫他們促進自己所持股公司與其他機構投資人所持股公司之間的競爭。為了提升競爭而對企業併購案祭出的反托拉斯禁令，就賦予企業壓低工資力量的併購而言也同等適用，這些禁令目前只用於會讓消費者因價格提高而受害的購併。企業巨頭無法再買下新冒出頭、深具破壞力量的對手，而必須面對激烈的競爭。我們會在第 4 章闡釋，這些全都無需新立什麼法規，只要政府的反托拉斯執法者或受害的公民團體能夠團結起來、為捍衛自己的利益走上法庭就有可能達成。

「抱歉，先生，現在是下午 3 點了。」

歐布羅莫夫在沙發上坐直，搖搖晃晃，四下環視。他扯下貼在頭皮的電極帽，看清楚辦公室。他想，浮出程序還需要再處理。想起那靜謐的草原和潺鳴的溪流，他嘆了口氣。音效有點差，但是美術部門竭盡全力了。

「哈賈，」擴音電話傳來焦急的聲音，「他似乎有點不高興。你讓他乾等。」

哈賈？有那麼一下子，歐布羅莫夫的腦袋空白，然後他的心開始狂跳。是那個哈賈嗎？

他已經十年沒有見過哈賈了。歐布羅莫夫的一切都要感謝哈賈。他在 19 歲時從學校輟學，找了一份規律的程式編碼工作，讓每個人嚇了一跳。他是個天才，沒錯，但不是什麼賈伯斯或祖克柏再世。與其說他是個行動家，不如說他是個夢想家。因此，雖然他是最早的虛擬夢境工程師之一（somniocoders，注：作者虛構的科幻技術），沒有人認為他的工作能有什麼成就。

除了哈賈。而哈賈也是最早體認到電玩玩家會更喜歡真實的夢境。別人都以為顧客不會放棄化身，但是化身不管在任何情況下，不都是虛幻假象嗎？說服歐布羅莫夫辭掉谷歌工作的人是哈賈，把一生積蓄押在 Sleepscapes 的人是哈賈，

迫使歐布羅莫夫為了公關效果（如果沒有其他目的）而成為神童執行長的人，也是哈賈。他不懂的事，哈賈懂。哈賈明白為什麼他必須一再和創投資本家開會；為什麼他要親自與部門主管見面，即使一年要出差 300 天也得做；為什麼他必須做一場 TEDz 演講，還有為什麼要穿上黑色高領衫那玩意兒。神奇地，這些全都奏效了。在五年內，Sleepscapes 從一無所有，搖身一變成為財富百大企業。他被封為年度億萬富翁。公司也成為機構投資人 Institutionals 的焦點。

但是，歐布羅莫夫模模糊糊地回想起這段並不愉快的過去。有一次，一場天使投資人的會議，他遲到了，哈賈用塊石頭砸破他的窗戶。他的手臂上還留著傷疤。多年來，哈賈一直朝他丟出同一句話——「你有今天，都要歸功於我的錢」。咆哮、吼叫、咒罵，一而再、再而三地。回憶弄得他耳朵發疼。但是，他必須承認，這是他前進的動力。兩次瀕臨破產。憤怒的投資人。訴訟。破碎的婚姻。哈賈承擔了一些不光采的法律事件。哈賈不但保護了他，也激勵他。

後來，有一天，一切都結束了。多年來，他一直對哈賈多所怨言，最後他的法律顧問問他，他為什麼要費事回哈賈的電話。歐布羅莫夫立刻懂了，當然，哈賈已經不是公司的所有權人。哈賈不「當家」已經有相當長的一段時間了。哈

賈的股份雖然價值數十億美元，但是持股比例已經稀釋到低於 1%。那麼，誰是公司的所有權人？歐布羅莫夫知道 Institutionals 是第五大股東，然而他從來不曾接到他們的訊息。他們偶爾會和法律顧問商談深奧的法律問題（或者這只是他的理解），但是除此之外，就沒有別的了。

哈賈明白宣示 Dreamland 和 Somniak 這兩家競爭者是「敵人」。他們的每一項新產品，Sleepscapes 都必須與之匹敵；每一波降價也要比照辦理。這是歐布羅莫夫輾轉難眠的原因。他曾經與哈賈爭辯過。他推崇 Somniak 的情色類產品，他也認為，這個已經取代電玩、電視和電影的龐大市場，足夠容納三間公司。Somniak 可以做情色、教育和新時代；Dreamland 可以從事他們最在行的冒險和羅曼史，而其他的歸我們。「不行、不行、不行，」哈賈高聲吼道，前額的青筋暴凸地跳著，一如他盛怒時向來有的反應，而他大發雷霆又是家常便飯。「你就是不懂。你不置他人於死地，你就只有死路一條。」

但是，不懂的人是哈賈。歐布羅莫夫不再回哈賈的電話，而哈賈也被趕出董事會。歐布羅莫夫任命自己擔任「神經漫遊長」，把日常營運交給一個他連名字都不記得的人打理。「神經漫遊」的意思就是——睡覺。每天下午；有時候是

早上。產品不必降價。研發可以更隨興。那些科技媒體不懂；公司狀況已經夠好了，比過去都好。即使在公司拱手讓出教育和羅曼史的市場之後，獲利仍然增加，而不是減少。

等一下。歐布羅莫夫現在完全醒了，他感覺到臉上有一股涼意襲來。歐布羅莫夫從來都不太關心財務金融，但是聽到司法部門強迫 Institutionals 拆分的消息。現在，只有富達是重要股東。他們讓哈賈重掌公司兵符。「新的黎明就要破曉，」哈賈告訴新聞媒體，「Sleepscapes 將會再度成為贏家。」

「告訴他我不在，」他說。

貝萊德（BlackRock）、先鋒（Vanguard）、富達（Fidelity）、道富（State Street）。大部分人可能都認得這些公司的名字，但是很少人知道他們在做什麼。關於退休帳戶的事嗎？他們是所謂的「資產管理者」或「機構投資人」，雖然這些稱呼對於理解它們的業務也沒有什麼幫助。他們保持低調，很少在專業金融媒體之外成為討論的話題，然而他們是全世界最有權力的企業。個個都管理數兆美元的資產。他們手中總共持有美國股市超過五分之一的價值，這表示他們控制了那些我們不但熟悉、還往往以為它們有自主權的企業，如摩根大通（JP Morgan）、聯合航空（United Airlines）、威訊（Verizon）、谷歌等。根據 OECD 的資料，所有

機構投資人共持有大約四分之一的美國股市。同樣的這些機構投資人，也主宰了其他主要國家的股市。

這些資產管理人要如何穩健無虞地營運，同時施展世界史上恐怕除了羅馬帝王之外、無可匹敵的財務金融權力？這些投資人的重要特質就是他們的分散化經營，他們有許多投資都屬於被動持有，這也是他們之所以「無趣」的原因。「分散」的意思是他們的持股組合涵蓋各式各樣的公司，而不是只有一家公司，或一群類似的公司。「被動」的意思是他們不會頻繁買賣股票，而是大多時候都持有它們。他們也經常管理定義上是由工作者和其他一般人所擁有的資產。先鋒實至名歸地被譽為低成本指數基金的先鋒，讓工作者可以分散退休儲蓄，免除選股的風險。這些特質形成一種印象，彷彿這些機構在引導經濟上沒有扮演積極的角色。

然而，經濟研究顯示，分散化的機構投資人傷害了各種產業、提高了消費價格、減少投資和創新，可能還降低了工資。

就我們所知，這個結果並不是機構投資人的經理人有任何刻意為之的陰謀所致。事實上，創建機構投資產業背後的動機可欽可佩。我們也會看到，重建競爭有出人意料的解決辦法：它其實涉及賦予機構投資者對企業更多的控制權，只不過是對個別企業的控制權，而不是對產業。

千面獨占者

「獨占」（monopoly）是由亞里斯多德在一場與數學家兼哲學家泰利斯（Thales of Miletus）的討論裡所創。泰利斯以在收成之前壟斷榨橄欖油市場的例子，展現了哲學在實際事務上的價值。[1] 然而，在現代的早期，獨占的主要來源並不是這種個人計畫，而是國家：國家授權給人脈活絡的個人或團體，主宰各種商業活動。亞當・斯密和他同時代的人認為這些法律約定才是獨占的主要來源。美國獨立運動部分也是為了奮力對抗英國東印度公司對茶葉貿易的獨占控制。

在亞當・斯密的時代，大部分企業都是小型公司，依賴在地銀行或家族供應資金。需要龐大資金的大型企業或專案，例如開鑿運河，通常由政府負責或協調。然而，一如我們在第 1 章所看到的，科技的進步與法律的發展最終讓創業家可以創立企業，規模足以承擔大型的工業專案。為了籌措這些企業的資金，創業家大規模出售股票、發行債券給不知名的投資人，在未來的許多年裡償還。

隨著大量資金累積，經濟學家開始擔心企業可能會限制競爭，成為獨占企業，除了公司形式和財產權的保護之外，不必國家的協助。在十九世紀，安東尼・奧古斯丁・古諾（Antoine

Augustin Cournot）發展出經濟學裡一些最早的數學模型，研究獨占者妨礙貿易、減少生產以提高開價的誘因。工程師兼經濟學家儒勒・裘布依（Jules Dupuit）建構了平方三角形的概念，第 1 章和第 2 章特別用它來說明與獨占控制相關的社會成本或「無謂損失」：當獨占者提高價格，對財貨的評價低於定價、但高過生產成本的人就無法購買這些財貨。這些思想家後來影響了偉大的經濟學家瓦爾拉斯，我們在第 1 章已經見過他。[2] 瓦爾拉斯認為私人獨占（還有土地私有權），不但是自由市場運作的主要障礙，也是貧富差距的核心原因，他在 1890 年代寫道：「若是在美國尋找百萬富翁龐大財富的來源……你會發現……不存在競爭的企業經營。」[3]

美國人不需要法國經濟學家向他們解釋獨占的危險。在十九世紀，大批企業在很短的時間內出現，大約就在十九世紀的最後三十年。它們主宰了每個主要產業，如運輸、能源、製造、金融等。這些企業通常來自收購，也就是一家公司買下其他公司。洛克斐勒的標準石油公司從洛克斐勒和幾個事業夥伴一起經營的合伙事業起家。這家公司後來買下它的競爭者。為了規避國家法律設定的限制，洛克斐勒安排了不同的公司由一家全國托拉斯所持有，由這家托拉斯決定不同公司的政策，讓所有公司都可以行動合一。其他知名的托拉斯還有美國鋼鐵公司和美國菸草公司。許

多企業的規模變得如此龐大，競爭完全被消除。

這些托拉斯由於自己握有財力和政治力量，而對大眾、評論家和政治家有所顧忌。他們是鍍金時代〔因費茲傑羅（F. Scott Fitzgerald）的小說而變得不朽〕經濟與政治不平等的成因。那個時代的漫畫把標準石油描繪成一隻大章魚，觸手纏繞著市場和國家法律（參見圖 4.1）。1890 年，國會通過謝爾曼法案（Sherman Act，注：即反壟斷法案），在法案禁止的多種行為裡，包括「限制貿易活動的結合」。[4]

【圖 4.1】以財務方法默默累積政治與經濟力量的「強盜大亨」，是美國第一次成立反托拉斯法背後的動機。

資料來源：Udo J. Keppler, Next! (1904), http://www.loc.gov/pictures/item/2001695241/。

雖然執法一開始步調緩慢，但是進步運動在當時正風起雲湧，這項新法成為它的有力工具。亨利‧喬治領頭[5]，運用類似瓦爾拉斯的主張。[6]第一位偉大的進步黨總統羅斯福（Theodore Roosevelt，老羅斯福總統）就矢志要打破托拉斯。雖然傳說誇大了他的成就，他在任內確實起訴許多反托拉斯案。這裡的基本兩難是儘管托拉斯破壞了市場競爭，讓它們得以抬高貨物與服務的價格，但它們也可以藉由龐大的規模，以更多的消費者分攤生產的固定成本，因而降低價格，並進行經濟學家所說的「垂直整合」，收購土地和在地獨占事業體，消除在地獨占企業。因此，單是廢除大企業，絕對沒有意義。然而，反托拉斯法可以透過禁止競爭者不具規模經濟的「水平」集中，而造福大眾。泰福德（William Taft）總統任內起訴的反托拉斯案件，甚至更多於老羅斯福總統時期。1911 年，洛克斐勒的大章魚遭到肢解。[7]

威爾森總統任內（Woodrow Wilson），又有更多反壟斷法通過。1914 年的克雷頓法案（Clayton Act）防堵了咸認在本質上反競爭的某些類型行為，並直接禁止可能降低競爭的合併和其他資產收購，進而強化了反托拉斯法。同年的聯邦貿易委員會（Federal Trade Commission，FTC）法案設立了新的行政管理機構，賦予它規範競爭的權力，與司法部的反托拉斯部門共同分擔執法責任。[8]

然而，這些新的干預措施擋不住集中企業日益成長的力量。一如法律學者艾納‧艾爾豪格（Einer Elhauge）的記錄，商業的集中，以及許多人怪罪於此的所得不平等，在這段期間持續攀升。[9] 歷經了經濟大蕭條以及小羅斯福總統（Franklin Roosevelt）的新政，美國才建立起對私有獨占的行動派反托拉斯與規範政策。監管機關和法院變得更積極，搜尋並防堵企業用以擴張自身經濟力量的方法。國會也跳下來插手。原版的克雷頓法案只試圖禁止企業購買其他公司的股票，以阻止集中。企業發現，它們可以以購買企業潛藏的資產取代購買股票，藉以規避這條規定。

　　這個問題有很多名稱，但是我們最中意是取自生物學的說法。生物學稱之為「紅心皇后」現象，這個名字的由來是路易斯‧卡羅（Lewis Carroll）的《愛麗絲夢遊仙境》（*Through the Looking Glass*）裡的紅心皇后，她告訴愛麗絲：「你看，在這裡，你必須拚盡全力地跑，才能保持在原地。」[10] 就像寓言裡的愛麗絲，監管機構必須不斷「補進度」，也就是發現企業所用的伎倆、分辨它的損害、然後樹立新法規以杜絕這些花招，才能避免獨占的再生。1950 年，國會修改了克雷頓法案，把資產收購也納入規範。[11]

　　由於這種行動主義，美國的反托拉斯法成為國際模範：它先流傳到英國，接著是歐陸，然後進一步傳遍全世界。[12] 然而，隨

著美國當權者贏得全世界的推崇，他們也步下紅心皇后的跑步機。從 1970 年代開始，在 1980 年代起加速，對於資本市場如何自行重組以維持獨占力量，反托拉斯主管機關開始變得茫然沒有頭緒。為了理解箇中原因，我們必須檢視美國在二十世紀時公司形式與公司治理的演進。

無頭的頭足類動物

　　二十世紀期間，股票公開上市公司成為大型企業經營的標準法定形式。公司形式的關鍵優勢是它的股票和債務通常都在交易所交易。如果你看好哪家公司會是下一個標準石油或是谷歌，你可以在交易所買進一些股票。如果你後來發現它管理不良，你可以照樣輕易地賣掉這些股份。所有權變得具有流動性：所有權人的利益一旦以股份呈現，就變得更容易透過公開市場的交易出售。我們在第 1 章想要為所有資產的使用權創造的，正是這種流動性。

　　然而，具流動性的公開所有權也引起一個矛盾，而阿道夫・柏利（Adolf Berle）與嘉迪納・敏斯（Gardiner Means）在他們 1993 年開創性的著作《現代公司與私有財產》（*The Modern Corporation and Private Property*）裡指出了這個矛盾。公司形式

能讓創業家吸引數百萬名來自全國、全球各地的股東，藉此募集大量資金、融通大型計畫，如建造鐵路和煉鋼廠。這些所有權人能對公司獲利主張權利，形式可能是股利，或者是公司在對債權人完成清償後清算的收益。至少在原則上，股東理應聘雇公司董事以「控制」公司，由董事指派並監督公司的執行長和其他經理人，也就是負責日常營運的人。股東也可以就重大公司決策行使投票，如合併。

然而，柏利和敏斯指出，公司的「所有權」迥異於一般財產的所有權。如果你是車主，你可以控制它（駕車和停車），也可以在別人用車時對獲利主張權利（如果你出租或出售車輛）。情況若換成是一家大型公司，股東有數百萬人，那麼誰才是真正控制它的人？這個問題要回歸投票的討論，也就是第 2 章的主題。如果你有 3 股谷歌的股份，你可以動用全數的投票權，但是你投的票不太可能左右大局。因此，你不太可能一開始就關注谷歌的營運狀況，你也就不可能有根有據地行使你的投票權。現在，大部分人都體認到，股票所有權之所以有益，只是因為它能讓你在市場裡享有利得，卻不必關注公司。

因此，確實控制公司的人是誰？通常是經理人。董事理應確保執行長和其他經理人本於股東利益而作為，但是他們通常欠執行長人情，因為他們一開始就是由執行長所任命的。董事通常是

外部人士，他們缺乏時間、誘因和必要的資訊，以確保執行長以維護股東利益而行動。

所有權與控制權的分離，造成經濟學家所謂的「代理成本」（agency cost）。代理人（在這裡就是執行長）不見得會本於委託人（股東全體）的利益而作為。執行長可能反而會利用公司讓自己致富（例如制定高薪自肥、要公司採購噴射機好讓自己也可以享用，諸如此類），或者乾脆疏懶怠惰，無所作為。股票市場的發展讓投資人享有流動性的權力，但代價就是失去控制權，這就是代理成本。

我們要如何確保經理人的作為是為了股東利益？雖然經濟學家相信收購市場的存在（另一家公司或一群投資人買下一家績效不彰的公司，然後開除被收購公司的執行長）能對執行長產生重要的嚇阻作用，因而讓他們追求利潤最大化，但最新的思想聚焦於公司薪酬與公司管理結構。執行長應該以股票做為薪酬，以股價的漲跌做為他們的獎懲。董事會應該相對獨立。股東應該有充分的投票機會。諸如此類。政府曾嘗試鼓勵公司採用類似這些的「最佳實務」，然而沒有人真正解決柏利和敏斯所指出的根本問題。

如果採取廣泛的觀點，當經濟體從個人所有權類型（單一個人擁有一家磨坊或農場）轉向資本市場的現代體系（權益在人口

間散布），我們可以看到三件重要的事發生。企業和其他計畫遠更為容易募集資金。但是產業也遠更為容易透過收購而集中，導致獨占價格、工資低迷以及政治腐敗。此外，經理人經營公司也可能汲汲於一己私利，而不是股東利益。政府在反托拉斯和公司治理的強制執行，回應斷斷續續，但是我們有理由認為，這兩種監管類型之間存在著緊張關係。表面之下的矛盾衝突已經潛藏多年，但是在機構投資興起時浮現檯面，成為公眾關注的焦點。

省事的資本主義

股東資本主義的邏輯主張，投資人想要盡可能不費心力，同時得到最大化的穩定報酬。從 1950 年代起，經濟學家發展出大家所說的「投資組合理論」的財務觀念。[13] 其中的主要見解是，對於一般投資者而言，買一群分散公司的股份，以模擬整體經濟，比根據臆測哪家公司管理得最好來選股更有道理。投資人只買進並持有個股時，要承擔股價因該個股特殊情況而跌落的風險，例如管理階層的無能或欺偽。投資人可以藉由在整個經濟體廣泛分散化投資，避免這種個股專有的風險。

更深進的理論發展強化了這些結論。所謂的效率資本市場假設，就是強調任何想要挑出「價值低估」股的人是在自欺。這樣

的投資人可能反而會被技術高超的專業人士痛擊，專業人士會在一般投資人還沒找到標的之前就已經先抬高股價。這表示選股從一開始就沒有意義，對於業餘投資人來說當然是如此。[14]「行為金融學」認為，一般投資人的行為通常不理性。[15] 這套理論全都在規勸投資人就是要做分散投資，同時對於那些宣稱能夠「打敗市場」、不誠實的資產經理人，錢付得愈少愈好。

成本最低廉的分散投資方式是透過低成本、追蹤廣泛市場指數的共同基金（尤其是指數基金）。共同基金是以某個產業（如能源業）或某種策略（如成長）為焦點的股票組合。指數基金（共同基金的一種類型）持有一籃子股票，其中的組合正是比照關注指數的成分股配置（如標普 500）。自 1970 年代開始，這類基金出現龐大需求，部分是因為退休儲蓄金在各種政府改革的推波助瀾下轉進股市，部分是因為政府在財務理論的說服下，鼓勵投資人把他們的儲蓄投入低成本、分散化的基金。由此而來的整體效應就是，控制這些基金的機構投資人成為主要企業的最大持股者，因而也是最大的控制者（至少按原則來說是如此）。

那麼，這些機構投資人到底是何方神聖？他們當中有管理共同基金和指數基金的公司，也有資產管理人，還有代表顧客買進並持有權益資產的其他公司。其中來頭最大的是我們前文提到的那些名字：先峰、貝萊德、道富、富達。指數基金的操作相對機

械化，因此成本低；今日，它們的規模大概不到機構投資人持有組合的四分之一。[16]

　　圖 4.2 顯示機構投資人在美國公開上市股票市場所控制比重的成長情況。機構投資人的控股比例大幅增加，從 1980 年代左右約持有 4%，到經濟大衰退時期前後站上 26%。雖然以整個市場來看，26% 仍是少數，但是最大上市公司大部分的股權都分散在個別家計單位手中，他們沒有能力在這些公司扮演治理角色。[17]

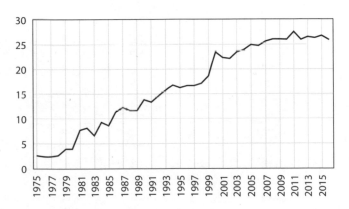

【圖 4.2】自 1975 年以來，共同基金和指數基金的資產持有比例變化。這項序列資料取自美國投資公司協會（Investment Company Institute，ICI）2016 年版的《機構投資人年報》（*Institutional Investor Fact Book*）以及世界銀行的 2017 年世界發展指數。2000年以及其後的期間，關於機構投資人持有美國股權，我們的計算方式是以非全球權益基金資產加上混合型基金資產的半數。在 2000 至 2015 年期間，這個數字大約是總機構資產的 40%。在 2000 年之前，《機構投資人年報》只報告加總資產；為了回推我們的分析，我們假設這些資產有 40% 是美國權益持股。然後，我們把這些數字除以世界發展指數的美國上市權益的總規模。

與此形成鮮明對比的是機構投資人的影響力。自從 1980 年代晚期，貝萊德、富達、先鋒和道富不只絕對規模有所成長。他們也成為主要美國公司最大的股東。[18] 表 4.1 顯示的是美國銀行業的典型例子。這股趨勢不是美國所獨有：在加拿大、丹麥、法國和瑞典，還有其他國家，這個數字也同樣高。[19]

【表 4.1】美國前六大銀行的前五大股東

美國 前六大銀行	股東與持股比（%）				
摩根大通	貝萊德 （6.4）	先鋒 （4.7）	道富 （4.5）	富達 （2.7）	威靈頓 （2.5）
美國銀行	波克夏海瑟威 *（6.9）	貝萊德 （5.3）	先鋒 （4.5）	道富 （4.3）	富達 （2.1）
花旗銀行	貝萊德 （6.1）	先鋒 （4.5）	道富 （4.2）	富達 （3.6）	帝盛 （2.4）
富國銀行	波克夏海瑟威 （8.8）	貝萊德 （5.4）	先鋒 （4.5）	道富 （4.0）	富達 （3.5）
美國合眾銀行	貝萊德 （7.4）	先鋒 （4.5）	富達 （4.4）	道富 （4.4）	波克夏海瑟威 （4.3）
PNC 銀行	威靈頓 （8.0）	貝萊德 （4.7）	先鋒 （4.6）	道富 （4.6）	貝羅翰利 （4.0）

資料來源：José Azar, Sahil Raina, & Martin C. Schmalz, Ultimate Ownership and Bank Competition (unpublished manuscript, July 23, 2016), https://papers.ssrn.com/sol3/papers. cfm?abstract_id=2710252。

* 保管而沒有投票權。

隨著這些機構的成長，它們成為它們所投資公司的最大所有權人。在 1990 年代，學者開始臆測，機構投資人可能可以做為

一種市場約束力，而這是柏利－敏斯型公司分散的股東沒有辦法做到的。[20] 例如，先鋒持有達美航空（Delta Airlines）超過 6% 的股票，是最大的單一股東。雖然離多數持股還差得遠了，但是先鋒打去達美的電話，執行長會親自接聽，因為先鋒是達美最大的股東。

還有，大部分機構投資人（但不是先鋒）提供許多選股型的管理基金，在它們所投資企業不遵從它們的建議時威脅賣掉股票。機構投資人在企業治理的實際角色仍然是辯論的主題。但是，這場辯論忽略了機構投資人崛起真正的重要性，那就是如果它們控制手中持股的公司，那麼它們手中的控制權，可以用來作惡，也可以用來行善。

再一次以表 4.1 為例，這張表呈現的是美國銀行業的所有權模式。[21] 這些銀行最大的股東都是同一群機構投資人，而且幾乎一致。貝萊德是摩根大通最大的所有權人，持股比為 6.4%。它也是花旗銀行與美國合眾銀行最大的股東，以及美國銀行、富國銀行和 PNC 銀行的第二大股東。先鋒是摩根大通、花旗銀行和美國合眾銀行的第二大股東，也是美國銀行、富國銀行和 PNC 銀行的第三大股東。其他市場也都呈現這樣的特質。貝萊德、先鋒和道富加起來是美國 40% 上市公司最大的單一股東，也是將近 90% 標普 500 上市企業最大的單一股東。[22] 在 1980 年，機構投

資人股東同時在同產業公司有大量持股的美國上市公司，占比低於 10%，到了 2010 年，這個比例大約是 60%，而且自那之後還在持續上升。[23]

機構投資人是反托拉斯執法最新一輪的紅心皇后問題。傳統反托拉斯執法，著眼於防止單一公司主宰整個市場。但是機構投資人穿針引線，結合特定市場龍頭企業的利益，並在整個經濟體都這麼做，讓投資人得以規避這些法則。確實，機構投資人的行為和一個世紀之前的托拉斯幾乎如出一轍，但是手法更細膩、更不透明。這些機構不只是在單一部門，而是在整個經濟體，都有消除競爭的潛力，加上他們行動極為隱晦，在在都讓它們的控制權更加危險。

因此，反托拉斯法的執法沒有因應經濟力量集中最新的形式而調整。多年來，經濟學家擔憂這些所有權形式的潛在效應，原因林林總總。然而，一直要到 2012 年，年輕聰慧的經濟學家荷金西・阿扎爾（José Azar）才拼出事情的全貌。[24]

指數化有什麼問題？

那麼，阿扎爾究竟提出什麼主張，指出機構投資人分散持股的問題？為了明白其中的邏輯，我們必須回到反托拉斯法背後的

基本競爭理論。

根據那個理論，競爭讓公司努力討好顧客，在過程中降低價格、提升品質。假設通用汽車與福特汽車是美國市場裡唯二的兩家汽車製造廠，各自都掌控了一半的市場。通用想要藉由吃掉福特的市占率以增加自己的利潤。它可以用降低自家汽車的價格達到這個目的。原本想要買福特車的人，為了享有低價的利益而投靠通用。通用的問題是，如果它降低自家汽車的價格，汽車的獲利就會比原本低。

因此，如果福特消失，通用成為市場裡唯一的車廠（獨占廠商），它就能加價並減產，因為它不用害怕顧客會轉去福特。另一方面，如果有數百家車廠在爭搶顧客，通用就必須大幅降價，才能防止顧客變心。通用會把價格訂在能夠回本的水準，也就是所謂的「競爭價格」（competitive price）。市場若只由兩家所掌控，一如原來的例子所述（即「雙頭寡占」），經濟學家相信，企業會有適度的競爭，把價格降到低於獨占廠商的定價，但還是高於競爭價格。隨著公司家數增加，競爭變得更激烈，價格下跌，產出量也會增加。

一個市場究竟會有多少家公司存在（或者，換句話說，「市場集中」程度），取決於什麼因素？有些情況，一家公司可能會成長擴大，光是成為最有效率的競爭者，就能在競爭中脫穎而

出。這種情況下，法律會容忍或甚至鼓勵市場集中。這家公司應該為它的效率而得到獎勵。市場集中程度升高如果是因為單一公司收購競爭者所致，一如泰利斯從競爭的橄欖油製造商那裡買下橄欖榨油機，這才是反托拉斯法通常會列入嫌疑的對象。但是，在真實世界，事情可能更為複雜。我們再次假設市場有數十家汽車製造商，而其中的福特和通用這兩家決定合併。這時，合併對競爭的影響可能很微小，因為市場有這麼多競爭者。此外，這件合併案可能會創造出一家更有效率的公司，因為福特和通用可以藉此避免重複的生產設備。合併案的評估，必須在市場力量（不利於消費者）和規模經濟（有利於生產者和消費者）之間取得平衡。

美國政府通常站在司法立場挑戰合併案。為了給考慮合併的公司指引，兩大反托拉斯主管機關（即司法部和聯邦貿易委員會）發布了「水平合併指南」（Horizontal Merger Guidelines，以下簡稱「指南」），設置了市場集中程度的數值門檻，並指出可能觸動調查和介入的合併案本質。[25] 我們其中之一曾經協助起草最新版的指南。[26]

這些指導原則背後的分析假設公司的所有權和競爭都屬獨立性質。但是，一如我們已經看到的，大部分公司的所有權都不是獨立的，相反地，它們都由機構投資人所主宰，而這些機構投資

人在對手公司都有大量持股。要了解其中的重要性何在，我們先假設福特和通用都為單一股東 100% 持有。福特降價，是希望搶到通用汽車的市占率。但是一個同時擁有兩家公司的股東，無法因為福特打敗通用而獲益，而且一定會因為低價而遭受損失。這個股東會指示福特和通用的執行長，不要從事價格競爭（或是在高成本產品品質或創新上競爭），而是以彷彿兩家公司已經合而為一的情況採取行動。

真實的機構投資人只持有這些公司大約 5 到 10% 的股份，但是同樣的邏輯也成立。假設先鋒是通用和福特的最大股東，而貝萊德是第二大股東。先鋒在兩家公司的持股比例各是 7%；貝萊德則各是 6%。兩家機構投資人都希望通用和福特放棄價格競爭，因為降價會降低利潤。無論它們的持股是 100%，還是 7%、6%，或是 0.01% 都一樣。它們會都同意這個目標。通用和福特的執行長會因此拒絕競爭嗎？答案端視機構投資人是否真的能夠對執行長施展影響力。我們認為可以，幾個原因如下。

- 機構投資人可以策略性地建議執行長，如果公司提高價格或減少投資，獲利就會增加。最近有一篇論文觀察到的正是這種行為：在高集中度的產業，共同股東多的企業，在能力和創新的投資有日益貧乏之勢。[27] 由於每個執行長都

知道投資人可能會和競爭對手的執行長談話，每個執行長都會猜測對手也會提高價格，因而形成彼此心照不宣的勾結。此外，投資人會懲罰不遵從投資人建議的執行長，投票反對執行長的薪酬以及董事會成員的名單。

- 機構投資人自然會主導「營運會議」以及龍頭企業的財務長和公司投資人之間的其他互動。「讓投資人開心」是這類主管的責任。如果企業有利於競爭的舉措遭逢主要投資者的貶抑，而反競爭的舉動受到讚美，這往往會迫使財務長在企業內部變成反競爭的勢力。

- 機構投資人可以設計或提升執行長在薪酬組合裡的誘因，以減少他們與對手競爭的動機。執行長的評判可能取決於與競爭者的相對績效，或是絕對績效。在前者的狀況，執行長可以靠諸如從競爭對手手中搶下市占率，以爭取好表現，無論絕對的獲利水準如何。在絕對績效的情況下，搶走對手的市占率不會得到獎勵，除非這麼做能提升絕對利潤，緩和競爭。最近的一項研究顯示在共同股東下，以相對績效敘薪的比例大幅衰退：共同股東愈多的公司，薪酬設計普遍會扼阻積極競爭。[28]

- 投資人可以阻擋對積極競爭有興趣的行動派股東的收購要約。[29]

- 更間接但或許更惡劣地，機構投資人可以推動一些企業準則、實務和信念，表面上看起來是「商業親善」，或「股東親善」，但往往也減少競爭。在促進優良企業治理的大旗掩飾下，機構投資人可以藉由減少投資以及減員，以倡議「減少浪費」，並轉而鼓勵企業多發股利或囤積現金。它們可以推動企業為一般的「商業親善」政策遊說，例如放寬法規或降低公司稅。或許是巧合，不過就在機構投資人地位躍升的同一期間，企業「意識形態」的主流也從強調投資和創新，轉變為偏重削減人力、遊說，以及降低成本。[30] 這類方案可能會導致競爭程度降低，因而為機構投資人帶來更高獲利。

另一方面，執行長通常持有他們所管理公司的大量股票。因此，他們可能不願意遵照指示，不從事價格競爭。儘管我們難以想像這些執行長能完全忽視投資人的利益，因為投資人（原則上）可以開除執行長或削減執行長的薪酬，這種衝突的結果是一個實證問題。

阿扎爾、馬丁・史莫茲（Martin Schmalz）和他們的共同作者的研究提出證據。有項研究以航空業為研究對象。[31] 它逐一檢視各條航線上航空公司的競爭狀況（例如紐約到芝加哥，或是洛

杉磯到休士頓），結果發現機構投資人對航空公司有實質重大持股的航線，航空公司彼此競爭的航線價格高於那些沒有競爭的。整體而言，他們發現，機構投資人的反競爭力量，能讓航空公司的價值高出 3 到 5%。他們巧妙地利用兩家機構投資人的合併資料，從這宗合併案中預期會受影響的航線上發現更清楚的效應，顯示機構投資人的涉入之深，足以影響個別航線的定價。

另一項研究也從銀行業得到類似的結論。作者發現不同機構投資人重疊所有權的衡量指標，可以預測銀行金融產品的價格和條件，預測力遠優於集中度的標準衡量指標。[32] 與在地市場競爭的銀行若有高持股的機構投資人股東，顧客的支票帳戶利率較低。這個問題變得愈來愈嚴重。還有第三篇論文指出，根據某項評量指標，從 1993 年到 2014 年，機構投資人在營建業、製造業、金融業和服務業的水平持股增加了 600%。[33] 在所有這些產業裡，我們應該可以因此預期，競爭隨著時間減弱，而價格會增加，高於競爭更強勁時應有的價格。

機構投資人崛起的主宰力，不只是意味著人們要承受更高的價格，也意味著更低的工資。企業要爭取勞工，一如它們要爭取顧客。一如企業串謀提高價格並減少產出，在勞動市場勾結的企業，可能會壓低工資並開除勞工，造成失業率攀升，讓它們可以維 持 低 工 資 、 剝 削 勞 工 。 這 個 現 象 稱 為「 買 方 獨 占 」

（monopsony），是（賣方）獨占的相反。這時，導論裡討論過大部分勞工的工資停滯立刻浮現我們的腦海，而最近的研究顯示，市場力量的增長與工資成長稀微之間有緊密的關聯。[34]

此外，如果企業協調他們的政治活動，可能會更有效地為他們的利益遊說，反對有利於公益的規範和稅賦。政治科學家傑科伯‧黑克（Jacob Hacker）和保羅‧皮爾森（Paul Pierson）記錄到，這個現象的興起與機構投資的興起同時發生。[35] 按照邏輯，機構投資和分散化的最終目的就是協調所有資本，從消費者和勞工榨取最多的財富。

競爭的重建

一個簡單但合乎激進理念的改革，能夠防止這個反烏托邦現象：禁止機構投資人在產業內分散化它們的持股，但是允許它們跨產業分散化持股。貝萊德對聯合航空（只是舉例）仍然可以想持有多少股票就買進多少股票，但是不能持有達美航空、西南航空和其他航空公司的股份。同理，它愛持有多少百事可樂的股票都可以，但如此一來就不能再持有可口可樂、胡椒博士（Dr. Pepper）的股票。它也可以愛持有多少摩根大通的股份就持有多少，但是這樣就不能碰花旗銀行和其他銀行的股票。如果貝萊德

的規模仍然龐大，它最後很可能在各種市場對它的持股企業有非常高的占股比率，可能是 10 到 20%，或更多，一如我們在本章開頭的故事裡所描述的。

我們也允許機構投資人在產業內、以及跨產業保持分散化，只要它們的規模沒有成長到過於龐大。根據我們與菲奧娜·史考特·摩頓（Fiona Scott Morton，注：前司法部反托拉斯處首席經濟學家）共同研究這項提案時的詳細計算，我們認為 1% 是合理的門檻。[36] 因此，機構投資人可以持有聯合航空 1% 的股份、達美航空 1% 的股份、西南航空 1% 的股份，以及其他各家航空公司各 1% 的股份；還有百事可樂、可口可樂和胡椒博士各 1% 的股份；還有各家銀行各 1% 的股份；以此類推。在我們的規畫下，機構投資人面臨一個取捨。它們可以選擇小規模而充分的分散化（同時在產業內及跨產業）；它們也可以選擇大規模而部分的分散化（不能在產業內，只能跨產業）。至於那些選擇純被動投資（不參與企業治理活動）的投資人，我們也排除適用。

我們的方法可以用一條簡單法則一言以蔽之：

以寡占方式對超過一家的實質企業持股並參與公司治理的投資人，不得持有超過 1% 的市場。

這條法則的實際運作有其隱微的一面（例如，如何定義「寡

占」以及「實質企業」）。營運跨足多個市場的企業要如何處理，也是個問題，而這還只是冰山一角。對細節有興趣的讀者可以參考與我們同類的研究。[37] 不過，以這裡的目的來說，前述法則應該已經很清楚。

到現在，我們所提政策的理由應該已經很清楚。由於機構投資人看起來會削弱它們所持有公司之間的競爭，它們不應該獲准持有單一集中產業裡敵對企業的股份，小型或被動的機構投資人除外。然而，我們的政策影響的議題所及，不只是競爭，因此我們現在要思考它對其他領域可能產生的影響。

▌治理

我們的提案除了創造競爭的利益，也能大幅改善公司治理。評論者已經指出，當前以機構投資人為主宰的制度，傷害了企業治理。在此引用法學教授隆那德·吉爾森（Ronald Gilson）與傑佛瑞·高登（Jeffrey Gordon）所言：

> 中介機構以「相對績效」評量指標做為競爭、獎酬的依據，而這樣的指標讓他們沒有什麼誘因從事股東行動主義，以因應管理績效的缺陷；這樣的活動提升的是〔機構的〕絕對績效，而非相對績效。[38]

換句話說，如果大型投資人投入時間與資源，以改善 X 公司的績效，X 公司的股價愈高，X 公司的全體股東都會受惠。由於每家大型機構投資人大約持有相同的股份，包括 X 公司的股份，一家大型機構投資人相較於金融服務競爭同業，就無法占到任何便宜。它仍然能從股市的整體規模增加而得益，因為它的持股會因此增加，因此它仍然有一些誘因從事我們先前指出的那類公司治理活動。不過，相較於每家公司都有最大單一持股機構投資人的情況，這些誘因相對非常薄弱。

　　我們的提議能把各家機構投資人的利益分別集中在一個產業裡的各家單一公司身上，藉此化解這個問題，例如在通用有高比例持股，而不是在通用、福特和克萊斯勒都有較少的持股。一如我們的小故事所示，這會讓機構投資人的信譽和獲利取決於那家公司的績效，因而讓機構投資人有強烈誘因，去監督這家公司。此外，我們的提議也能改變共同基金之間的競爭本質。[39] 目前的競爭是以費用、服務和基金經理人虛幻的「選」股能力為主。[40] 如果我們的提議可以落實，競爭的焦點會變成機構投資人的治理品質，藉由問責機構投資人治理它們所投資的公司，以追求最大化報酬，而形成一個機構投資人的競爭有利於直接解決柏利－敏斯問題的市場。

　　這並不是說我們的提案在公司治理方面沒有缺點。有些指數

基金（不過據我們猜測，應該很少）或許會選擇完全退出治理（一如我們的方案所容許，後文會再進一步討論），而此舉可能會傷害治理。我們的政策可以創造具主宰力、大型、股權集中的股東，或許會不利於少數股東，這項挑戰必須由其他改革來因應（包括把平方投票法應用於公司治理）。我們的政策提案可能會讓機構投資人轉換投資標的更緩慢、更吃力，因此從好處看，能夠節制過度選股，但是也會讓市場多少喪失一些流動性（不過，再提一下，我們倡議的其他政策有助於因應這個問題，如COST）。最後，我們的政策無疑需要一段轉換期，讓機構投資人遵守這項政策提案，還有其他規定。然而，我們這項政策提案對公司治理能創造實質的益處，由此形成的挑戰卻有限。

▌分散化投資

我們的策略所遭遇的反對，最主要就是它會限制投資人的分散化空間。例如，單一機構裡的投資人的投資組合裡只有一家航空公司，分散化程度就是不如有四家航空公司。不過，這個代價遠遠低於我們提案所能帶來的利益，原因有三。

第一，如果我們的政策確實限制了在一個產業裡的分散程度，它所產生的影響規模是小的。財務經濟學家發現，只要隨機挑選 50 支股票的投資組合，就能實現 90% 以整個市場做充分分

散化投資的利益。[41] 原因在於，投資組合的成分股一旦到達數十種，自增加投資組合裡的公司而來的分散化利益就會變低。然而，我們的提案能容允更高的分散化程度，原因有很多。其中之一就是個股報酬變異的一個重要因素即「產業因素」，因此跨產業別分散遠優於隨機分散，而我們的提案只會影響集中度高的寡占產業的持股，而不是所有產業。[42] 此外，大部分美國的機構持股是由許多小型基金所持有。這些基金（對任何公司的持股都不到 1%）不會受到我們的政策所影響。因此我們相信，我們的政策提案能為一般投資人保留分散化幾乎全部的利得，即使投資人選擇只持有由單一機構提供的基金。

第二，我們的提案完全沒有理由會減損分散化。如果儲蓄者真的想要徹底分散化，他們大可以把部分的錢投資在許多不同的機構投資人。我們的規則完全沒有阻止個別投資人從事這種直接分散化的投資。

最後，尋求最大分散化以及大規模的投資人，可以利用在我們政策裡屬於例外的指數基金。機構投資人只要做到下列條件，無論是產業內或跨產業，持股數都可以任意不設限：絕對不與營運的企業溝通；遵守「鏡射投票」（mirror voting），也就是比照其他股東投票；還有遵守清楚、可驗證的投資策略，例如不容許隨意買賣個別股票的指數化策略，以此防止投資人用賣股處罰公

司。因此，我們政策的分散化成本是微不足道。

與我們的政策提案相呼應的法律

針對那些會導致我們所點出獨占問題的機構投資模式，法律上有相當清楚的禁制規定。相關法律條文如下：

任何人……不得以直接或間接方式，取得股份……或他人財產……的全部或部分……，以致此取得行為的影響所及，或可在實質上弱化競爭，或可能造成獨占。[43]

公司是「法人」，因此公司不能買進另一家公司的股份，造成市場過度集中。不過，法律納入一種例外狀況：

若收購股份係以投資為唯一目的，且未以投票權或其他手段運用持股致使，或未有企圖致使實質的競爭弱化者，本節不適用。[44]

這就是知名的被動投資防衛條款。因此，企業不能為降低競爭而取得股份；但是它可以為「投資目的」取得股份。這些條款要如何調節一致？在「美國聯邦起訴杜邦案」（United States v. E.I. du Pont de Nemours & Co.）中，美國最高法院判決，杜邦購

買通用汽車相當數量的股份，此舉違反第 7 節。[45] 即使此購買行為是以投資為唯一目的，但是第 7 節的文字所考量的，是任何時候是否有利用股份以在實質上削弱競爭的行動或企圖。[46] 因此，到頭來，唯一的問題在於股票收購是否削弱競爭。多年來，第 7 節阻擋了許多合併案和資產收購案，但不曾用來對付機構投資人。

然而，就像法律學者艾爾豪格所指出的，第 7 節應用於機構投資人顯然有法學爭議。[47] 在與合併相關的反托拉斯執法案例裡，檢察官不必證明被告「企圖」削弱競爭；效應才是重點。[48] 此外，法律裡所謂的被動投資防衛，並不適用機構投資人，因為無論它們怎麼選股，它們為了影響公司的行為而行使投票權與公司溝通，即使它們只是擁有影響公司的能力，就可能負有法律責任，無論他們運用這個能力與否。[49] 只要投資人購買股票可能會減弱特定產業的競爭，主管機關和私人托拉斯檢察機關可以起訴機構投資人。

如果機構投資人被發現違反了克雷頓法案，可能會被處以對消費者和勞工的三倍損害賠償。根據我們的計算，這些損害總額一年至少達 1000 億美元，這表示損害很容易就會飆到上兆美元之譜，賠償總額可能會摧毀整個產業。

然而，要處理機構投資人的力量，直接而無差異地追求這種

起訴，似乎不是上策，理由有好幾個。第一，儘管它們可能非法，這些活動受到容忍已經多年，不管其中的傷害有多麼嚴重，讓所有機構投資人因為業界根深柢固的標準做法而破產，看起來不但危險，也不公平。第二，違背情事如此普遍，而相關理論仍未有定論，在沒有外部指引的情況下，法院不太可能建立一個可預測的法規環境，讓投資人可以在合於法律規定下營運，不必擔心被起訴。這可能會無謂地葬送產業。

不過，最重要的是，這類訴訟案在財務上可能難以成案。反托拉斯案件通常是大公司對其他大公司提告的訴訟，或是消費者團體在律師的籌劃下，控告單一公司或少數幾家公司。另一方面，律師事務所對機構投資人提告，等同將整個資本群體牽扯在一起。有鑑於機構投資人有效地掌控大部分的企業經濟，一家律師事務所如果想要和機構投資人對簿公堂，等於是賭上失去所有上市公司客戶的風險。雖然反托拉斯法是為了限制大型公司和托拉斯而立法，立法者卻沒有想到，機構投資人對經濟體中所有企業，有牽一髮動全身的協調大權在握。

反托拉斯法執法機關最有希望的可行之道，是以廣泛的執法行動做為威脅，但是提供一個安全港給任何遵守我們所提議規則的機構投資人。現行體制就能執行這條新規則，建立一個可預測的營運環境。這樣的安全港是目前各個地區所採用的反托拉斯政

策標準工具，做為公司在選擇營運策略時的指導方針。

然而，這個方法目前有明顯的障礙。任何想要採納這種政策的反托拉斯主管機關或政府，都會面臨迅速來到而難以招架的反制遊說，一開始是來自機構投資人，但最後是來自廣大的投資人。[50] 只要是從資本或公司力量所賺取的收入高於一般人平均所得一截的人，都會因此失去機構投資人為他們取得的獨占利潤。這群人包括所得最高 10% 的大部分家族，但是除他們之外，也幾乎沒有其他人。[51]

儘管如此，努力還是值得。打破機構投資人的權力，利益相當於國民所得的 0.5%，這還只是對財貨市場的影響。[52] 對勞動市場的影響可能強度相仿，至於對政治的影響，儘管更難以確定，但應該不會比較低。如此一來，我們計算的利益會增加到 1.5%。我們接下來提出的其他反托拉斯提案，雖然個別來看較為狹隘，但加總起來應該至少也有這個數字的三分之一，因此總價值可以提高到國民所得的 2%。這對貧富不均的效應強度應該也相仿。如果比照我們之前對狹隘的財貨市場效應的分析來推估，我們的提案能把 2% 的國民所得，從握有資金的人手中轉移給廣大的大眾，因而讓最富 1% 人口的所得占比降低 1 個百分點。[53] 如果以 1970 年代最富 1% 人口普遍的所得占比為標竿，我們等於往目標推進了八分之一的進展。

賣方獨占之外

雖然我們在本章和第 1 章的主要焦點，是權力集中在財貨賣方手中所引起的「獨占」問題，我們也注意到，大型公司對勞工也會造成買方獨占問題。買方獨占是工業時代的重要特點，工業的成長讓強盜大亨可以用人為方式壓低勞工的工資，這些勞工在自己專精的產業之外找不到好工作。有愈來愈多經濟證據顯示，買方獨占問題的嚴重程度，並不亞於通常是反托拉斯執法焦點的賣方獨占力。發端於進步時期、成形於新政，政府立法支持工會、保護勞工免於工作過量、低薪、受害於工作場所不當的不安全情況。這些體制扮演了關鍵角色，尤其是在天然買方獨占的產業（在這些產業，避免買方獨占是弊多於利）。

然而，許多有買方獨占力的產業卻不是自然買方獨占，反托拉斯可以扮演有力的角色，從一開始就防範買方獨占的形成。在此舉例說明反托拉斯措施會如何處理這個問題。假設維吉尼亞州西部某個地區有兩口煤礦，煤礦主人想要合併礦場。兩口煤礦加起來不到全國煤產出的 1%，因此這宗合併案通常不會引起反托拉斯主管機關的顧忌。事實上，主管機關可能會因為這樣的合併案往往能夠「降低勞工成本」而樂觀其成。可是，合併案之所以能降低勞工成本，八成不是因為降低產煤所用的資源，而是運用

礦場在勞動市場的新力量，以人為方式壓低工資，並增加失業率。合併前，礦場必須搶工人，推高了工資。合併後，聯合礦場在市場稱王，可以把工資砍到讓勞工退出勞動力並／或失能，讓社會成為實質上的工資支付者。

買方獨占的串謀，形式也可能隱微難辨。在典型的市場裡，有個知名的反競爭手法名叫「維持轉售價格」（resale price maintenance）。以這種謀畫來說，供應商（比如說服飾）會堅持每個零售商的售價不得低於某個價格，這有助於確保零售商不會進行價格競爭、增加零售商的利潤。這家服飾供應商可以利用增加的零售利潤，向零售商收取更高的價格，增加自己的獲利。

社會學家奈森‧威爾默斯（Nathan Wilmers）最近的研究指出施展同一種伎倆的做法，只不過是在勞動市場。一家大型零售商（像是沃爾瑪）可以堅持，所有的供應商（比如說服飾）給勞工的工資水準不得高於最低工資。這會降低所有勞工的期待工資，因此讓每家供應商在勞動市場保持競爭力，同時支付極低的工資。這麼做會反過來讓供應商可以降低成本、增加獲利，即使可能因為減少勞工賺錢機會，而將勞工趕出勞動力。沃爾瑪可以藉由與供應商敲定更多有利的交易，受惠於這些增加的利潤。威爾默斯提出證據指出，這類買方獨占行為已經全面出現在美國的勞動市場，此外，低所得勞工與高所得勞工的薪資成長落差，可

能有 10% 可以歸因於此。[54] 反托拉斯主管機關可以、也應該（但是目前尚未）嚴格防止這種雇主權力，就像他們打擊生產者對產品市場的力量一樣。

反托拉斯法在地方市場的執行力道也有所不足。相較於較為地方層級的機構，由於全國層級（以歐洲而言，是地區層級）的反托拉斯主管機關的權力大得多，經驗也豐富得多，因此在較地方的層級，累積資產或串謀行為通常會得逞。社會學家馬修·戴斯蒙（Matthew Desmond）在他 2016 年就美國城市住家所做的指標性社會學研究《下一個家在何方？》（*Evicted*）裡指出，貧窮地區的房東通常會購買大量住宅，數量大到讓房東可以故意讓房子空著，而取得以人為方式壓低供給、推高租金的實質力量。[55] 然而，就我們所知，沒有任何反托拉斯案件是制裁這類在地但潛在具摧毀力的獨占企圖。

另一個反托拉斯落實程度不足、日益擴大的領域是數位經濟。競爭通常以克雷頓·克里斯汀生（Clayton Christensen）在1997 年的經典《創新的兩難》（*The Innovator's Dilemma*）所點出的「破壞性創新」呈現，也就是新企業或新產品進入市場，改變了市場的本質，而不是出現現有產品更好或更低廉的版本。[56] 例如，臉書現在大概是谷歌最重要的競爭者（在使用者關注和廣告收入方面），但它是從一個完全不相關的事業起步（社群網路，

相對於搜尋功能）。反托拉斯主管機關習慣追查的是現存、定義明確、容易衡量的市場裡的競爭，對於科技巨頭公司和新潛在破壞式創新者的合併案，大部分都予以放行。谷歌獲准收購定位新創事業位智（Waze）和人工智慧要角 DeepMind；臉書獲准收購 Instagram 和 WhatsApp；至於微軟則收購了 Skype 和 LinkedIn。

　　無疑地，這種收購有助於新興產品加速進入市場，也能滿足迫切的資金需求，儘管如此，它們也有其黑暗面。經濟學家路易斯・卡伯勞（Luís Cabral）把這些合併案稱為「站在小矮人的肩膀上」：它們可能會粉碎新公司起而挑戰現存產業龍頭商業模式的可能性，甚至反過來拉攏他們鞏固領導者的主宰地位。[57] 為了防止創新和競爭因此衰頹不振，反托拉斯主管機關必須學著更像創業家與創投本家一樣思考，眼光超越現有市場結構的可能性，看到未來的潛在市場和科技，即使這些都高度不確定。

　　最後一個我們相信反托拉斯能夠發揮作用、卻也更為問題重重的領域，是防止政治權力的過度集中。反托拉斯法的起源，一個核心動機是因為害怕大型公司的政治影響力。經濟學家路易吉・津加萊斯（Luigi Zingales）在他 2012 年的著作《繁榮的真諦》（*A Capitalism for the People*）裡提出強而有力的主張，認為當幾家企業能集中遊說能力而取得政治影響力時，反托拉斯法應該用於防堵這類的企業合併案。

有鑑於反托拉斯法的執法具有自由裁量的本質，相關主管機關可能會被用來選擇性地攻擊目前執政黨的對手。唯有過度政治影響力的風險評判也發展出類似現有合併指導原則的客觀標準，我們才贊成賦予主管機構這樣的職權。然而，這個領域值得進行比過去更多的研究，也值得在法規面得到比近年來更多的關注。

　　沒有競爭的市場根本不成市場，就像一黨之國不可能是民主國家。由於投資人可以靠創造獨占而賺取最高報酬，市場就不斷面臨集中化的危險，而能夠介入的，唯有政府。本章的焦點是我們這個時代最重要的集中形式，也就是機構投資人。我們秉持進步主義經濟學家的精神所提出的激進方法，是為那些投資人的持股確立上限。如果遵照我們的方法，不但能轉化資本市場、創造大量財富，也能為最貧困的人帶來更多繁榮。然而，我們也承認，可以想見，市場集中的新樣貌也會出現。在此濫用另一位激進派人士的名言，市場競爭的代價是永遠都要保持警戒。[58]

壟斷大章魚的八爪互搏術

葛如鈞／撰文

　　記得年輕時為了讓自己的組裝電腦跑得更快，能夠安裝更多新遊戲軟體，總是不遠千里來到台北知名的「光華電子商場」掃街採購電腦零件。那時還沒什麼網路商城，可說是光華商場的全盛時期，小小一條八德路上可能有幾十家店，若再走到位處地下室的「國際電子廣場」，一下樓又是幾十家。當時為了省個幾十元，總是一家挨著一家問「請問某某硬碟 7200 轉多少錢？」、「請問 1333 記憶體多少錢？有沒有現貨？」店家後來被問煩了，都會在門口張貼密密麻麻的報價單，每天更新。當市場上有新品推出時，店家門口馬上人潮洶湧、萬頭攢動，電腦技客們個個像搶看聯考榜單一樣，伸長脖子在每家店門前尋找報價單上自己想

要的商品，有時還低頭做筆記，看哪家現價最低、低多少。有時跑個十幾家，單個品項可以省下 100 元就開心得不得了；有時一整個下午，連個 50 元都省不到，好不容易死心回頭到那個只便宜 50 元的店家要結帳，轉頭走個十來分鐘到店門口一問，可能剛被前一個顧客買完，沒貨了！我的青春年少幾個寒暑，多半就在這個組裝、詢價、再組裝當中度過。

直到有天，我在雜誌上無意間看到一個消息，這讓我的青春年少突像是晴天霹靂，遍地焦黑，了去無蹤。雜誌上用大字寫著「光華裡面有好幾家其實是連鎖的，背後都是同個老闆……」另一個媒體則報導「過去消費者前往光華商場詢價、比價，其實很多門市根本就同屬一個老闆，所以價格始終掌控在賣方手中，當時的資訊不對稱讓部分業者利潤豐厚……」原來，我當年揹著沉重書包，翻來轉去比較詢價，企圖找出「最良店家」、「誠實售價」，根本就是沒有意義的事嘛。這些店家背後的老闆很可能都是同一個或同一組人馬，開一堆相似的店，賣著一模一樣的產品，反正顧客本來就有比價的需求和習慣——「愛比，就讓你們比個夠吧！每間店就這樣這間多 10 元，那間少 10 元，不管你選哪一間，小朋友還是梅花鹿掏出來繳上，便都是我的。」這樣的情況一直存在，直到網購興起才逐漸沒落。

另一個例子，相信許多讀者都還有記憶，那就是前些時候的

「衛生紙之亂」。根據維基百科的條目「2018 年臺灣衛生紙搶購現象」又稱衛生紙之亂、安屁之亂，是指從 2018 年 2 月底至 3 月初之間，因廠商行銷手法不當和媒體報導造謠漲價所導致民眾一窩蜂搶購衛生紙的現象；當時公平會也根據衛生紙製造業者擬調價是否涉及不法聯合行為進行相關調查。其他還有 2011 年的三大乳品業者聯合調漲鮮乳售價（三家業者合計占臺灣乳品市場八成，後為政府開罰總計共 3 千萬元）、2002 至 2004 年的中油、台塑油品公司密集連續二十二次「同時同幅度調漲」事件（當時兩家公司各被政府開罰 650 萬元）。

針對這幾個例子，有的是眾多店家背後同一主體，有的是眾多主體但同一口徑串連造市。日常生活中提供服務和產品的企業，若已經看見計畫性的聯手圖利、增加收益，老百姓和普羅大眾只有像熱鍋上的螞蟻，搶購的搶購、比價的比價，但聯手壟斷策略是否早已伸至社會結構和資本服務的更底層呢？

▍曾威風一時的反托拉斯法案

早有陰謀論傳言美國社會及資本結構由少數家族與企業把持，如今《激進市場》一書在第 4 章總算替我們揭開這個傳說的部分真相。操縱著金錢服務美國前六大銀行背後，前五大股東竟然有多個重複，表面上品牌不一、策略不同，甚至檯面上競爭搶

客戶的銀行，背後卻只由少數幾家控股公司聯合持有，這樣的訊息使我初次看到書中整理表時，一下有如五雷轟頂般，瞬間轟出了我那早年在光華商場消耗青春、被同樣老闆賺走了錢的不堪回憶。

美國前六大銀行的前五大股東：

摩根大通／貝萊德，先鋒，道富，富達，威靈頓

美國銀行／波克夏海瑟威，貝萊德，先鋒，道富，富達

花旗銀行／貝萊德，先鋒，道富，富達，帝盛

富國銀行／波克夏海瑟威，貝萊德，先鋒，道富，富達

美國合眾銀行／貝萊德，先鋒，富達，道富，波克夏海瑟威

PNC 銀行／威靈頓，貝萊德，先鋒，道富，貝羅翰利[*]

有許多讀者可能回想起「反托拉斯法」一詞，該法案似乎曾多次保護世界，旨在肢解在背後壟斷單一服務市場的大章魚（壟斷者）。確實，AT&T 電信公司、微軟的 IE 瀏覽器都曾受到反托拉斯法的獨占性調查，1984 年是該法案的一大勝利，AT&T 真的被拆成一個繼承母公司的新 AT&T 和七個本地電話公司；但到了 1990 年代末的微軟一案，我們可以看到，反托拉斯法案的大刀執法遭遇了阻力—— 1998 年美國司法部起訴微軟，針對

---

[*] 找找看有沒有哪個股東的名字只出現一次？

微軟在自家作業系統強制綁定 IE 瀏覽器的行為違反反托拉斯法一案纏訟多年，最終在 2001 年雙方和解，某種層面來說，就是微軟的勝利。

近幾年美國司法部雖於 2019 年再次握起反托拉斯法大刀揮向臉書、谷歌、蘋果和亞馬遜，但看近期大型併購案包括 AT&T 併購時代華納、迪士尼併購福斯娛樂和漫威，卻都是在社會大眾的驚嘆聲中完成併購的超大型案件。以前我們大概很難想像，胡迪、艾兒莎、黑武士、鋼鐵人、X 戰警、阿凡達和辛普森通通都成了米老鼠大家族的兄弟姊妹，若要論其整體 IP（智慧財產）價值，當可謂富可敵國。美國司法部曾表示疑慮，但最終均沒能成案。我們可以看到，整體趨勢已正如《激進市場》一書作者們呈現整理給我們的結論一致：反托拉斯法案立意甚佳，也曾威風一時，然而已今非昔比。

> 美國的反托拉斯法成為國際模範：它先流傳到英國，接著是歐陸，然後進一步傳遍全世界。然而，隨著美國當權者贏得全世界的推崇，他們也步下紅心皇后的跑步機。從 1970 年代開始，在 1980 年代起加速，對於資本市場如何自行重組以維持獨占力量，反托拉斯主管機關開始變得茫然沒有頭緒。

▌你想活在什麼樣的世界嗎？

2020 年的今天，臉書、WhatsApp、Instagram 三者用戶數相加近三十億人，然實質三家公司均掌控在同一家公司的決策體系之內，或者更單純一點講，也就是 Facebook 一家公司掌控了前十大社交平台的三大（Instagram、WhatsApp 分別在 2012 年及 2014 年由臉書併購）。在這種看來起有競爭、實質鮮少競爭，或根本擺明了沒有競爭存在的狀態下，這些巨型企業又再度如同八爪大章魚一般緊抓著經濟產業與社會不放，壟斷並獨占任何他們想切入的市場。這多半加深了當代資本與資本控制者的權力，也必然大大削弱了消費者的發聲權。如本書第 5 章所說的數據權力的莫名喪失，也與此章的獨占與壟斷問題有關。

> 瓦爾拉斯認為私人獨占（還有土地私有權），不但是自由市場運作的主要障礙，也是貧富差距的核心原因，他在 1890 年代寫道，「若是在美國尋找百萬富翁龐大財富的來源……你會發現……不存在競爭的企業經營。」

你想活在這樣的世界嗎？你想要走到哪裡都像是過去那傳說中同一個老闆的光華商場嗎？你希望庸碌掙錢比價只為了能存更多的錢、更能有效消費，然而實際上卻被商家私下聯手抬高收益、剝削你身為消費者應該具備的權力？從娛樂業、金融業、科

技業乃至於航空公司、汽車、交通、住宿產業，由於全球化管理與數位溝通的時代，我們可以預見服務的平台網將得以擴張得愈來愈大（Uber、Airbnb），而背後勾結串連的那隻八爪章魚，卻在資訊混雜爆量的年代，愈來愈容易隱藏。

本書其中一位作者艾瑞克・波斯納（Eric A. Posner）作為美國法學世家長子（根據《法學研究期刊》，其父理察・A・波斯納是史上文章被引用量最高的法學學者）經歷顯赫、聰明絕頂，幾經思考後，他在書中提出重新祭起反托拉斯大旗的想法，也以「買方獨占」一詞提醒我們，壟斷不會只在街角巷弄或華爾街裡頭發生，也會在勞資就業市場裡發生。你可曾想過中產階級薪資升遷緩慢，高薪階級的薪資卻一再三級跳的原因，其實就是一種托拉斯行為嗎？那些出錢購買我們勞力的企業，只要通過聯合緊縮的政策，就能輕鬆達到節約人力費用的目的，若沒有法律強制的規範，他們何樂而不為？

低所得勞工與高所得勞工的薪資成長落差，可能有 10% 可以歸因於此。反托拉斯主管機關可以、也應該（但是目前尚未）嚴格防止這種雇主權力，就像他們打擊生產者對產品市場的力量一樣。

作者也因此提醒我們，過去反托拉斯的斬馬刀總是揮向巨型

章魚，然而如今開始出現的已不是全球性的壟斷，更多的則是地方性的壟斷：

> 反托拉斯法在地方市場的執行力道也有所不足。相較於較為地方層級的機構，由於全國層級（以歐洲而言，是地區層級）的反托拉斯主管機關的權力大得多，經驗也豐富得多，因此在較地方的層級，累積資產或串謀行為通常會得逞。……貧窮地區的房東通常會購買大量住宅，數量大到讓房東可以故意讓房子空著，而取得以人為方式壓低供給、推高租金的實質力量。然而，就我們所知，沒有任何反托拉斯案件是制裁這類在地但潛在具摧毀力的獨占企圖。

上面這段文字，是否讓你想起近來臺灣社會引起諸多討論的娃娃機商店在巷弄間四處增生、台北東西區租金高漲卻店面空蕩等等事件？經濟的問題有時解方來自法律，身為法律經濟學運動發起人之一老波斯納的衣缽繼承者，本書作者在這一章節用盡全力提醒我們，周遭許多顯性隱性的不公，無論買方賣方的獨占、全球化，還是地方性的托拉斯行為，都在在值得我們重提反托拉斯的精神，用足以保護社會公平權益的法律工具，將市場拉回原先該有的定義與樣貌，這一點也不激進，不是嗎？

5

數據即勞務

為個人對數位經濟的貢獻評估價值

Data as Labor

VALUING INDIVIDUAL CONTRIBUTIONS
TO THE DIGITAL ECONOMY

假 設有這樣一個世界：你那些目前由科技公司大量吸納、轉為他們獲利所用的個人數據都變成受到重視的勞務，並讓你能夠因此獲得酬勞。如此一來，在我們眼中，數位系統日益精進的能力不再是取代人類工作的人工智慧（AI），而是報酬優渥的工作和賺外快的新來源。我們不再是被動的消費者，無論數位平台端出什麼娛樂我們都照單全收；我們會被尊為數據的供應者，是數位經濟運作的推手。數位經濟的價值不再由大都會區富有的電腦高手全數通吃，數位科技的果實會由公民普遍共享。

我們會在本書第 5 章說明，「將數據視為勞務」（Data as Labor，DaL）不只能讓我們建立一個更公平、更平等的社會，也可以刺激科技發展和經濟成長。目前，由於數據供應者的數位貢獻並沒有得到適當的酬勞，所以無論是貢獻最能為科技賦能的高品質數據，還是培養個人在數位經濟追求最高所得、最高貢獻的能力，他們都缺乏誘因或自由。當前處於浪費狀態的均衡是臉書和谷歌等企業的主宰力所造成的結果，這些企業靠著免費的用戶數據而欣欣向榮。但還有一些其他企業採取了不同的商業模式，像是亞馬遜、蘋果，尤其是微軟，他們提供用戶更公平的交易，並從與臉書和谷歌的競爭中獲益。使用者對於自身價值的覺醒足以讓一切改觀，因為使用者也許會成立數位勞工工會、要求公平的酬勞。此外，關於數據的財產權，歐盟的新定義也會賦予使用者愈來愈高的權能。

臉書：潔拉，伊曼妮為什麼一直在酸迪農的貼文？

潔拉：臉書，我今天有點忙。

臉書：我知道，但是今天的費率是兩倍。如果你可以給我十分鐘，讓我搞清楚這件事，你可以賺 15 美元。

「好吧，什麼事？」

「我想要知道，伊曼妮和迪農之間是怎麼回事。他們過去向來互動很少，後來完全不相往來，而現在伊曼妮老是在嘲諷迪農的貼文。」

「沒錯，戀情變調就會發生這種事。」

「啊，他們在談戀愛？他們的發文都沒有談這個。」

「對，不是每個人都喜歡在全世界面前曬恩愛。」

「喔，如果加上我看到他們做的其他事，我想那就說得通了……」

「你不應該告訴我那個！」

「那，是誰提分手的？」

「你看不出來嗎？是迪農甩了依曼妮！那就是為什麼她一直處心積慮要用她的留言讓他看起來很娘。她在報復他，想要讓他覺得，沒有她，他一無是處。」

「我懂了。你光是從貼文就看出這點嗎？還是你之前就已經知道整件事的來龍去脈了？」

「這個嘛，他們保密到了極點，但是我是從網路上猜到事情的發展，然後我找伊曼妮和我一起去上瑜伽課，她告訴了我真相。」

「你們兩個經常在瑜伽課時談私事嗎？」

「那有點像是女生的祕密基地，運動健身的活力會讓人敞開心房、講心裡話。」

「好，潔拉，謝謝你的幫忙。下一次，我希望能自己洞察到這些情勢變化，或許還能幫助你注意這些。在那之前，你今天有事需要幫忙嗎？」

「因為你占用了我找禮物給我表兄弟姊妹的時間，或許你可以幫我搞定這件事。」

「你是說給排燈節的禮物嗎？」

「你怎麼知道？」

「這個嘛，排燈節下個星期就要來了，而馬立克的太太是印度人，所以我想他們的孩子應該會過節慶祝。」

「厲害。說實話，問題是我不知道排燈節是什麼節日，也不知道排燈節要準備哪些東西，更不知道現在大家都送小孩什麼禮物。」

「我想我知道一個完美的禮物：送小孩虛擬實境遊戲機，給全家人一些手工糖果。總共 25 美元，加上 2 美元給我的搜

尋工錢。或者你可以訂閱我的個人助理服務，100 美元 1 年的訂閱方案。你今年已經花了 75 美元，而現在還不到半年。」

「你說得沒錯，我應該訂閱。你可以記在我的信用卡帳上。但是我明天早上之前就要那些禮物。」

「那還用說，那是一定的；我知道你什麼時候要去拜訪他們。這個價格包含了明天早上前到貨的運費。你通常早上 9 點起床，那個時候沒排任何事情。讓無人機大約在那個時候送糖果過來，怎麼樣？電玩會出現在他們的頭戴裝置 Oculus 裡；你希望在你抵達後多久讓它們出現？」

「好，聽起來不錯，大概 20 分鐘。」

「全都安排妥當了，那我就不打擾你了。」

「謝謝你做的事和幫的忙，抱歉，我有一點暴躁。」

「不必道歉。好好睡一下，你昨天晚上太累了。」

「好主意。」

　　臉書打探你朋友的人際關係的細節，還付費請你協助，你可能會覺得這有點毛骨悚然。可是，這項商業活動已經無所不在，只不過中間隔了一層。為什麼谷歌要讓我們能在谷歌地圖上規畫我們的旅程？因為它能從中得知交通模式，然後把它包裝成服務，賣給共乘或公共運輸平台。為什麼臉書提供我們「免費」空

間，建構我們的社交生活？因為我們會透過個人資訊，讓臉書可以媒合我們和我們可能願意買的產品。為什麼 Instagram 和 YouTube 提供這麼實用的分享媒體方式？他們容納的影像和影片是「機器學習」（machine learning，ML）系統的資料來源，能增強他們出售給顧客的「人工智慧」（artificial intelligence，AI）服務，從臉孔辨識到自動化影片編輯都有。如果你還沒有意識到平台知道多少關於你的資訊，而且從這些所知得到多少利益，去看一下他們愈來愈常被要求必備的帳號設定頁面，裡頭會顯示完整的資訊；你看了可能會嚇一跳。

前文所描述的情境與當前實務現況的主要差異就是，除了聊天能力比較高超之外，在我們想像的世界裡，臉書對於它運用資料的方式公開而誠實，而且為它得到的價值付費。我們的故事點出，使用者是資訊經濟的重要齒輪，使用者是數據的生產者與銷售者。

為什麼這很重要？大部分人都沒有體認到，他們身為數據生產者的勞務，是數位經濟多麼重要的動能。以大家對 AI 的想法為例。有些人把 AI 描繪成自動化的代理人，是由聰明、可能也瘋狂的程式設計師所打造，就像 2014 年的電影「人造意識」（Ex Machina）裡的那個離群索居的天才，啟動一套會自己執行的系統。可是，現實世界裡卻是不同的風景，一如「虛擬實境之父」

傑容‧藍尼爾（Jaron Lanier）在他 2013 年那本精采的著作《未來是誰的？》（*Who Own's the Future*）裡所指出的 [1]（我們在本章的許多構想都來自這本書的啟發）。[2]

AI 要在分析大量由人類所產生數據的 ML 系統上運作。「程式設計師」不是寫會自己做決定的天才演算法，而是設計勞動者（也就是我們這些生產數據的使用者）和機器（運算力）的互動，以產生具體的資訊或產出服務。困難的工作多半不在於導出深入的演算法設計，而是調整現行模型，以容納攸關重大的數據，並提供想要的服務。ML 系統的程式設計師就像現代工廠裡的現場經理，引導數據勞動者到他們最有生產力的據點。

諸如臉書、谷歌和微軟等數位經濟強權，利用大眾對 AI 和 ML 的不了解，免費蒐集我們在網路互動留下的數據。這是獲利創新高記錄的來源，讓它們得以成為全世界最有價值的公司。例如，臉書每年大約只撥公司市值的 1% 左右付薪給工作者（程式設計師），因為其他工作都是我們免費替它做的！對比之下，沃爾瑪的薪資支出占市值的 40%。[3] 大眾所擔任的數據生產者角色，沒有被公平利用，或是得到適當的酬勞。這表示數位經濟遠遠落後於它應該有的樣貌；這表示從數位經濟而來的所得只分配給一小撮富裕的專家，而不是給大眾；這表示我們許多人對 AI 都懷有錯誤的恐懼，以為 AI 會造成大量失業，但其實這正是數位經

濟最需要人類的時候。

「數據勞務」的興起

數據勞務就像「女性勞務」和非裔美國人一度的文化貢獻，一向被視為理所當然。以女性來說，養育小孩、理家所需的包羅萬象的勞務，被視為在經濟體之外、以利他為動機的「私人」行為，因此無法享有財務補貼或法律保護。[4]

以非裔美國人來說，現代美國音樂和舞蹈有許多重要概念，都源自非裔美國人社群的私人娛樂習俗。一如電影「畫舫璇宮」（Show Boat）所描繪的，這項創意通常為白人創業家用來獲利。同時，非裔美國人通常一毛錢也沒拿到，他們的貢獻被摒棄為閒來取樂的消遣。[5] 即使在他們設法從表演得到一些酬勞，他們的智慧財產權通常遭受漠視，部分原因在於他們一直到 1970 年代之前，都被排除在美國樂師聯盟（American Federation of Musicians，AFM，注：保障藝術家權利的重要機構）之外。數據勞務的歷程不像這些具代表性的歷史事件那麼為大家所熟悉，但愈來愈重要。

現在所說的網際網路（Internet）在當初發展的早期，它的設計者必須選擇要記錄哪些資訊，又要捨棄哪些資訊。許多早期的

設計所支援的科技，能讓資訊的接收者更容易付款給資訊的提供者。這些設計運用雙向連結，讓每一項資訊都能有效地承載它完整的來源。[6] 在網路發展的不同時點，政府和企業想要把收入導向對系統貢獻價值且分散的個人。例如，在法國，網際網路出現之前的 Minitel 系統有一套微支付系統，[7] 而在 1990 年代風靡美國的美國線上（America On Line；AOL）服務，向顧客收取費用，把這些收入用於購買在它那個「有牆花園」簡化介面裡可用的內容。有一段時間，網際網路設計者想要強制電子郵件附帶郵票，以防止廣告信件公司用垃圾郵件灌爆收件匣。

然而，最後成為主流的網際網路，一開始並不是商業或經濟計畫。相反地，它是政府、軍方和學術圈內部的協同合作平台，參與者理應都是基於商業動機以外的原因，對協同合作有興趣的人。因此，由提姆・柏納斯－李（Tim Berners-Lee）和其他人開發的超連結萬維網（World Wide Web，WWW）介面，強調的是降低參與的障礙，而不是為勞動者建立誘因和獎勵。「資訊要免費」〔注：這句話有雙重意義，另一義是「資訊要自由（流通）」。由於這章是在講數據勞動的報酬，所以採「免費」一義。〕成為創業家的口號和社會運動份子的集會訴求。它尤其與源出 1960 年代反文化的矽谷思維相呼應。[8]

在 1990 年代，在網路服務事業還不確定如何讓它們的產品

變現之前，創投公司湧入，推動榮景正盛的網際網路的商業化。網路公司舉著「先衝用戶，營收以後再說」〔usage, revenues later，「url」（uniform resource locator，注：統一資源定位器）的歪解〕的大旗，鍥而不捨地爭取使用者。雖然網路企業（dot-com，注：又稱「達康企業」）後來的股市泡沫有其推波助瀾之效，這項策略也是受到微軟的影響：微軟靠著以相對低價提供它的作業系統，還有與許多硬體平台相容的格式，而建立了它的主宰地位。這項策略創造的「網路效應」，公認是微軟得以攫取豐厚報酬的推手。[9] 許多創投資本家受到鼓勵，挹資於快速擴大用戶群的服務，即使它們沒有清楚的商業模式。

雖然科技泡沫破滅，讓一切狂熱都冷卻，但是諸如谷歌等新興的科技巨人卻找到方法從用戶群賺錢。谷歌的賽吉・布林（Sergey Brin）和賴利・佩吉（Larry Page）一開始曾經考慮收取用戶費並採取付費訂閱，不過堅持絕對不放廣告。但是，有幾個原因讓他們不得不改變心意。[10]

第一，1990 年代晚期大家已經極為習慣在網際網路上取使免費服務，為了得到純資訊服務而付費並不常見。大眾對完全免費的服務形成根深柢固的觀念，會讓這個傳統在後來難以破除。[11] 事實上，有一項社會和商業運動就是以「網路服務應該免費」這個觀念為核心，一如創業家、作家克里斯・安德森（Chris

Anderson）的 2009 年暢銷書《免費！揭開零定價的獲利祕密》（*Free: The Future of a Radical Price*）所體現的。[12]

第二，許多網路服務都是偶然性質或小規模，導致追蹤付款記錄所需要基礎設施的開發投資，在成本上變得不合算，至少在一開始是如此。在 1990 年代晚期和 2000 年代初期，曾有許多新創事業想創造微支付系統。例如，優使性（usability）大師傑科布‧尼爾森（Jakob Nielsen）就曾領導一個微支付活動。[13] 這種種的努力，最後開花結果的是支付平台 PayPal。不過，在實務上（至少在它發展的早期），由於間接成本使然，只有大型交易會使用 PayPal 支付。Web 2.0 的社群網路和部落格服務興起，迅速而短淺的交易充斥，讓這個問題雪上加霜。如果支付規模微小，像 PayPal 之類平台的成本就顯得不划算。

第三，早期的網際網路是陌生的蠻荒之地，住著許多技術高超的年輕駭客，他們願意忍受不方便，以換取「自由」。在這個環境裡，於法律灰色地帶游走的服務蓬勃發展（例如 Napster），可以壓倒較為合法無虞的服務，這是因為主流選擇難以趕上科技腳步。這讓任何東西要收費都是挑戰，即使是音樂之類智慧財產權形式完備的內容。

這些力量合起來建構了一個使用者不願為任何東西付費的環境，因此服務提供者要尋找其他方法，才能求生。谷歌急於找到

讓它龐大的用戶群變現的方法，於是尋求以廣告來穩定它的資產負債表。臉書、YouTube 和其他公司紛紛跟隨谷歌的腳步。

谷歌洞燭機先，看到網路廣告可以針對使用者的需求，比報紙或電視等傳統廣告媒體，做到更細膩的分眾。由於谷歌可以從使用者的搜尋歷史拼湊他們的價值觀和偏好，所以可以把廣告的浪費和噪音減到最低。臉書提供的個人生態系統，遠比谷歌搜尋更為複雜，也能達成類似的功能。臉書得知關於使用者的細節，它因此能媒合使用者與尋求目標受眾精確的廣告主，並鼓勵使用者與朋友分享廣告宣傳活動，藉此在社群脈絡裡投放廣告。最重要的是，它能讓臉書找出最恰當的時機，給使用者發某個他們之前所考慮物品的購買「提醒」，這個功能有時候會讓使用者感覺詭異，彷彿這項服務能讀出他們的心思。

「思考」機器的工廠

使用者的切身數據是科技巨頭的核心資產，這個洞見隨著大家對大數據、ML 和 AI 的興趣飆升而變得愈來愈明顯。機器學習是打造 AI 系統的「第二代」方法。第一代的方法多半已經在 1980 年代消逝，它們的焦點是建立能代表人類智力活動的正式邏輯規則，例如語言或遊戲。這個方法締造了引人注目的成就，包

括打敗世界棋王蓋瑞‧卡斯帕洛夫（Gary Kasparov）的電腦「深藍」（Deep Blue）。但是，第一代方法在大部分商業應用上都功敗垂成。在 1990 年代與 2000 年代期間，一套以統計學和機率預測為基礎的新方法成為顯學。

ML 的核心概念是世界與以智慧探索世界的人類心智，比任何程式設計師以一套規則所能精準建構的，都還要來得複雜和不確定。ML 意不在透過一組由電腦直接執行的指令來刻畫智能，而是設置演算法，以訓練統計模型（通常複雜而晦澀）去「學習」分類或預測我們想知道的結果，例如借款人的信用如何，或是照片裡有沒有貓。

ML 演算法最知名的例子是「神經網路」（neural network），或簡稱「神經網」（neural net）。神經網路是模仿人類大腦的結構，而不是執行標準的統計分析。在常見的統計學方法下，我們假設各種輸入變數對我們想要解釋的「輸出」變數之間，有相對單純而獨立的影響。身材高大、男性，以及高糖飲食都被認為是高體重的預測指標，而且三者之間相當獨立。

神經網路的運作方式不同。它不是假設輸入與輸出之間有直接而獨立的關係，而是輸入會以複雜的方式結合，創造出我們所研究現象的「特徵」，並進一步決定其他特徵，最後決定結果。這種複雜的關係在日常生活裡司空見慣。如果我們在電腦螢幕上

看到一堆紅色像素，我們會認為那是一個以紅色為主色的圖像。如果我們看到長長的鼻子和耷拉的大耳朵，我們會認為那是大象。不過，只有在我們同時看到這些圖形時，我們才會認為我們看到的是經常由紅色和大象圖案來表示的共和黨標誌。光是大耳朵上有一堆紅色像素，不會直指「共和黨」；比方說，它傳達的可能是傷口。

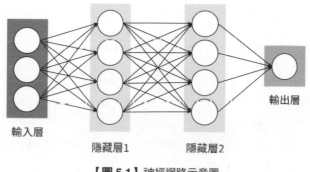

【圖 5.1】神經網路示意圖

神經網路能夠在其「隱藏層」裡得知更多數據的抽象特徵，以處理這種精細繁複的抽象化工作。神經網路會啟動「輸入層」的「神經元」或節點，析出一幅影像中分明立判的事實，例如影像中每個像素的色調。神經元的輸入層接著會連接到「隱藏層」，它的作用是析出較抽象的特徵。如果輸入數據的某個加權平均超過某個「啟動門檻」，隱藏層裡的神經元會接著啟動。這些啟動通常會析出圖像中略為抽象而複雜的特徵。

為了達成更高的抽象化，這個隱藏層又會連結到第二個具備相同特性的隱藏層，依此類推下去。最後一層隱藏層最終會讓位給最後的「輸出層」，決定我們想知道的最終結果，例如預測這張照片是不是共和黨的宣傳品。圖 5.1 是一個簡單的神經網路的例子，只有兩道隱藏層。

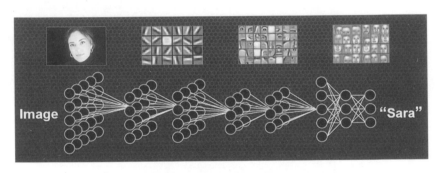

【圖 5.2】臉孔辨識神經網路。愈深層代表愈高程度的抽象化。

原則上，神經網路可以用編碼納入包羅萬象的關係，尤其是層數繁多時。一般而言，每一層編碼的抽象層級都會比前一層來得高。圖 5.2 是一個例子。接近左邊輸入圖像端的「淺」層，析出影像中相對簡單的特徵。我們在最左邊看到的是一個常見的圖像輸入。在它的右邊，我們看到的是淺層隱藏層。啟動這個神經元的圖案組如圖中所示。這層傾向偵測不同方向的線條和顏色，是相對簡單而具體的概念。再更深一層的編碼，一如它的右邊所

示，是一個典型臉孔的各部位，如眼睛、耳朵、鼻子等。我們在最右邊看到的是最深的隱藏層，最接近輸出。這些是整張臉孔的抽象版。一旦神經網路到達這個層次抽象化，我們可以清楚看到它如何能偵測臉孔：這些最深度「臉部辨識」神經元中一個或多個的啟動，表示出現在圖像裡的是一張臉。神經網路就是這樣達成驚人的智慧：透過一系列的隱藏層，不斷重新處理愈來愈複雜的輸入，成為更複雜的輸入，直到產生想要的預測。

每一層都有無限多可能的比重組合，神經網路要怎麼知道哪些適用於預測我們想知道的結果（以這個例子來說，就是臉孔）？神經網路的有效運作，取決於三個重要條件。第一是「數據」，通常是數量極為龐大的有標籤樣本（labeled examples）集合；在前述例子裡，就是標記為有或沒有包含臉孔的大量照片。第二是「運算」。神經網路通常在大型伺服器農場上執行。最後（而且，一如我們會論述的，也是最不重要的）是「管理者」，也就是建構神經網路結構的程式設計師，協助防止神經網路卡關，並運用各種技巧，確保它學習得又快又有效。

神經網路不是新的事物。至少遠自 1950 年代晚期開始，就一直陸續有研究人員對它們有興趣。不過，一直在大約十年前，神經網路仍然普遍被認為是無用之物：在 1995 年，ML 開創者之一的弗拉基米爾‧萬普尼克（Vladimir Vapnik）以一頓豪華晚餐

和人打賭，到 2005 年之前，「任何腦袋正常的人都不會用神經網路」。[14] 問題出在「淺層」神經網路，也就是層數少的神經網路，沒辦法成就什麼事。因為和這些簡單、淺薄的神經網路所能偵測的特質比起來，物體有趣的特質多半都更為抽象。另一方面，由於缺乏數據和運算能力，訓練深層神經網路的企圖多年來都告失敗。

沒有足夠數量的有標籤樣本，可能成像的空間會大到神經網路無法搜尋。最後它會對特定圖像不重要的細節「過度擬合」（overfitting），例如內含臉孔的所有圖像可能都有三個紅色像素。圖 5.3 的 xkcd 漫畫（部分重製），就是過度擬合問題的貼切寫照。如果我們要用一套複雜的規則預測總統選舉，符合這些複雜規則的樣本會太少，我們的規則容易選擇不重要的特徵做「過度擬合」，導致粗劣的預測。我們想要擬合的規則愈複雜（連結愈深入也愈完整的神經網路），我們就需要愈多的數據才能避免過度擬合。在解題時（例如臉孔辨識或藝術風格），要避免過度擬合所需的有標籤數據點數量，電腦科學家和統計學家稱之為問題的「樣本複雜度」（sample complexity）。[15]

不過，光是數據還不足以訓練神經網路。這些數據必須經過儲存和處理。更重要的是，實際訓練神經網路的過程，需要大量運算。如果沒有足夠的電腦執行所有這些運算，神經網路永遠找

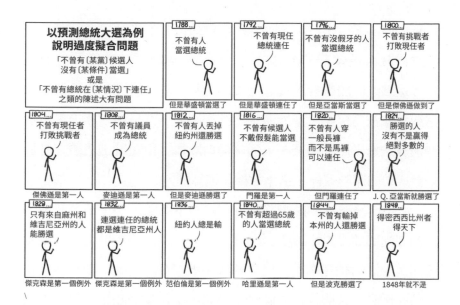

【圖 5.3】以預測總統大選為例，說明過度擬合問題。

資料來源：摘錄自 https://xkcd.com/1122/。

不到所觀察數據的適切解釋，不管有多少數據都是枉然。2000 年代晚期，雲端的運算與儲存能力突飛猛進，是訓練神經網路得以進行的關鍵。神經網路愈深層、愈複雜，訓練所需要的運算和儲存能力就愈強大。神經網路所需的運算和儲存條件稱之為「運算複雜度」（computational complexity）。

神經網路運作的最後一個要件是程式設計。程式設計人員目前在調整神經網路結構和訓練程序上肩負重責大任。可是，這些流程正在一項由微軟領導、名為「人工智慧民主化」

（democratizing AI）的運動下走向自動化。[16] 神經網路所需要的程式設計人員數量，不見得一定會隨著神經網路的複雜度而成長，這點不同於數據和運算能力的走勢。基礎研究、新的演算算法或訓練技巧提案，都能產生更多的影響，但是在實務上，由這些演算法進步而來的優勢，通常壽命短暫，很快就被複製。神經網路成功的關鍵要件，還是數據和運算能力。

簡單而淺層的神經網路可以解決基本問題，像是偵測一張照片的方向應該是水平或垂直，樣本和運算能力的複雜度低；較為複雜而深層的神經網路，可以解決深奧複雜的問題，像是個人化的臉孔辨識或為照片裡的動作下標題，而在數據和運算能力方面的要求也複雜得多。

這就是為什麼神經網路在 2000 年代前很少使用，卻大約從 2010 年才開始大爆發，成為當時恐怕是最熱門的科技。就是在那個時間前後，蒐集到的數據量，以及運算的速度與深度，足以支援能改變使用者生活的應用。當時，第一部由 ML 驅動的個人數位助理和語音控制服務問世；Siri、谷歌助理和 Cortana 走進日常生活。更具雄心壯志的應用也正在開發當中，包括虛擬與擴增實境、自駕車，還有按個鈕就送貨給消費者的無人機。

由於這些服務都具有高度的「樣本複雜度」，所以需要大量數據來訓練 ML 系統。因此，谷歌、臉書和其他在核心業務功能

之外做為副產品的服務所蒐集的大量資料組，就成為收入和競爭優勢的重要來源。起步時勉強成為免費服務提供者、摸索營收模式並化為廣告平台的這些公司，現在正在蛻變為數據蒐集者，用服務引誘使用者提供資訊，讓他們藉此以 ML 訓練 AI。

賽蓮女妖

藍尼爾稱這類平台為「賽蓮女妖服務業者」（注：「賽蓮」一名取自用歌聲迷惑水手的女妖）。他解釋，它們的誘惑力來自提供免費服務的組合，而他們之所以能提供這些，原因正是其規模以及高強的數據取得能力。然而，藍尼爾擔憂的是他們的商業模式所造成的社會和經濟影響。由於賽蓮女妖服務業者不會為數據付費給使用者，因此使用者沒有適當的誘因去提供最需要的數據。

例如，臉書目前每天都收到數億張由使用者發布的新照片。臉書正在開發可以自動標記、甚至解釋照片的 ML 系統，而這些照片可說是理想的訓練場。不過目前，臉書的需求與使用者發布照片的原因並不相符。使用者隨附給照片的資訊通常很少，因為他們預期朋友可以理解照片的背景。如此一來，臉書只能得到低品質的數據。臉書會引導使用者寫下照片的說明文字，或是為照

片標記情緒符號，藉此慫恿使用者提供有用的標籤。但是，臉書真正需要的是能夠向使用者詢問與照片相關的簡單問題，並得到使用者的回覆。

臉書缺乏這種直接的資料輸入，有時候會雇用「群眾勞動者」在事後為這些圖像上標籤。但是這些工作者很少能像原發布者那麼理解照片。如果臉書不對使用者隱瞞他們的 ML 演算法對數據的運用，反而讓使用者知道自己所扮演的角色，並獎勵雖然要勞煩他們但有價值的貢獻，ML 系統就能有更好的數據可以運作。在本章開頭故事所描繪的那個世界裡，他們就能提供更好的 AI 服務給他們的顧客和客戶。

另一個例子是 YouTube。根據 YouTube 的說法，每一分鐘上傳他們網站的影片多達 300 個小時。可是，這些內容的製作者所得到的報酬卻微不足道。儘管分析法有一點複雜，不過以一個典型的 YouTube 內容創作者來看，影片 1000 次的觀看次數大約可以得到 2 美元。以 YouTube 影片的平均長度大約是 4 分鐘來說，這表示每一分鐘的影片觀賞時間能帶給創作者的期望收入是 20 分之 1 美分。對照之下，網飛（Netflix）向一般使用者大約是每一分鐘觀賞時間收費 2 分之 1 美分，大約是 YouTube 的十倍。[17] 因此，網飛能製作出「勁爆女子監獄」（Orange Is the New Black）、「紙牌屋」（House of Cards）等備受好評的電視劇，而

YouTube 影片較少得到文化價值的褒揚，說來也就沒什麼好意外的。類似的計算也適用於傳統新聞機構和推特之間的比較。相較於使用者從觀賞所創造的價值，這些價格八成全都只是其中的一小部分。人們的時間不只值百分之幾的美分。不過，這個現象的廣泛程度超越了影片領域；從新聞到音樂，都有賽蓮女妖服務業者靠著壓低創意內容的價值而欣欣向榮，它們把其中的價值據為己有，而不是歸給創作者。[18]

藍尼爾也擔憂，數據與網路創作的無酬勞，對分配與社會造成的影響。很多人都擔心，AI 系統會取代許多人類工作者。一項廣為討論的工程學研究指出，美國將近有一半的工作都可能會在未來的數十年內自動化。[19] 雖然我們有理由對此存疑，但光是面對大量長期工作流失的可能性，我們就應該思索如何限制分配和社會的負面效應。自動化的經驗顯示，「機器人搶走工作」的群體所承受的打擊通常最為嚴重，受到損害的不只是所得方面，還有群體成員的目標感。[20]

工作流動率和人力替代向來是科技進步的不幸後果。新型態工作經常取代舊工作：工匠被工廠工人取代，計算人員被電子計算機取代，輕馬車伕被計程車司機取代。每一代都有生產現有產品的新技術，都會產生需要勞工的新型工作和新型產品。從這個觀點來看，獨有 AI 引發許多人的憂心，原因就在於它似乎不只

讓人類更有生產力，而是在包羅萬象的工作上有全面取代人類的可能性，但是卻沒有給人類工作的餘地。

從經濟數據來看，這些恐懼並非沒有道理。根據我們與他人合作（包括藍尼爾）、正在進行的一項專案，大型科技公司裡的勞工所得占比大約是 5% 到 10%，低於採礦業（如開採石油）以外的任何產業，也大幅低於服務部門企業，例如沃爾瑪的勞工所得占比大約是 80%。[21] 勞動經濟學家主張，擁有高買方獨占力的強權企業崛起，會壓低勞工的所得占比。[22] 他們的數據在保密限制下過於籠統，因此外人無法判斷這些變動確實的部門特質，但是高科技產業在其中扮演了重要角色，這點似應可信。假設這些由 AI 驅動的企業代表經濟體更多部門的未來，商業模式卻沒有根本的變動，我們可能正在邁向一個勞工占比大幅跌降的世界，從目前的 70% 左右，到接近 20% 至 30%。

這是一個很大膽的「假設」。預測科技的發展路線是出了名地困難。然而，藍尼爾的見解是，即使它真的發生，AI 其實也不會是像它看起來的那樣有如天外飛來，成為人力的替代品。人類數據是 AI 的訓練素材和學習資源。因此，就像農田或工廠一樣，AI 會為一般人力留一個重要角色，也就是數據的供應者，或是我們所說的「數據即勞務」。如果沒有體認到數據即勞務，就會產生藍尼爾所說的「偽失業」（fake unemployment），也就是工作流

失不是因為人類不再有用，而是他們供應的寶貴投入被視為娛樂的副產品，而不是有社會價值的工作成果。即使 AI 的炒作永遠沒有成真，「數據即勞務」這個概念也能為受到貧富不均擴大所影響的公民，帶來重要的補充所得機會以及社會貢獻感。然而，除非大眾改變他們對數據的態度，不然這一切都不會發生。

有待琢磨的鑽石

藍尼爾的觀點可能會讓有些讀者感到悲觀。在現存體制下，大眾是以揭露關於自身的大量數據，以換取網際網路提供的服務，如搜尋、定位、數位助理等等。大家應該要以數據換取金錢，而不是換取寶貴服務，這點為什麼重要？

這個觀點的頭號支持者是谷歌首席經濟學家哈爾‧范里安（Hal Varian）。他主張數據在今日無所不在，缺稀的是解讀這些數據的人才和運算力。哈里安認為，AI 服務要成功，唯一需要的是賽蓮女妖服務業者在「自然」蒐集數據時必須通暢無阻，還有讓有能力的工程師與深具洞察力的投資者，為他們在機械面和基礎設施的貢獻而得到豐厚獎酬。以這個觀點來看，數據比較像資金，而不是人力：它們是一種自然取得的資源，在公眾領域採集（可以自由取得），並只有在程式設計師、創業家和創投資本

家（因此他們值得擁有數據）的努力下，才能轉化成某種有用的東西。[23]

另一種思考這件事的方式，和亞當‧斯密經典的「鑽石與水」矛盾有關。亞當‧斯密發現一個矛盾：水的使用價值極高，但是交易價值極低；鑽石的使用者儘管非常有限，交易價值卻很高。這個鑽石與水的矛盾最後在十九世紀晚期的「邊際革命」裡化解：傑逢斯、瓦爾拉斯和孟格（你可能還記得，前兩位曾在第1章出現）主張，財貨的交易價值，取決於可得財貨最後一個單位的邊際價值，而不是從消費得到的平均價值。雖然水的平均價值很高，它的邊際價值卻因為量大而很低。哈里安的主張是，雖然數據可能蘊藏龐大的總價值或平均價值，但是任何單一個人數據的邊際價值卻不高。

如果我們著眼於數據在古典統計學、ML 之前統計學的傳統用途，哈里安的主張有其說服力。標準統計學的目標是評量某種目標參數；最簡單的例子是某個人口某事物的平均數（例如所得）。在一般假設下，多增加一個人的所得對你藉此衡量人口平均所得的邊際價值會迅速遞減，這是因為你看到的數據愈多，你對平均值的不確定就愈低。邊際不確定性會隨著人數的 1.5 次方而遞減；兩者的數學關係如圖 5.4 所描繪。

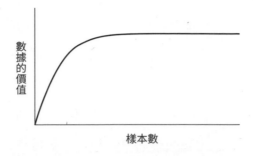

數據的價值

樣本數

【圖 5.4】在標準統計估計問題裡，數據的價值是觀察值數量的函數。邊際價值迅速遞減。作者在此感謝 Nicole Immorlica 提供這張圖。

　　例如，在被觀察者只有 100 個人時，如果多一個個人數據所減少的不確定性是 1 單位，當我們觀察到 100 萬個個人時，這個數值僅有 100 萬分之 1。此外，一個窮究到極度精準的數值，實用性非常低。約略知道一個數字多半就能滿足我們的目的。想要在某個地區開一家財富管理公司的創業家，應該知道當地的平均所得水準是 10 萬美元或 20 萬美元，但是不需要知道它其實是 20 萬 1 千美元，而不是 20 萬美元。一開始，蒐集到的資料不只能降低更多不確定性：一開始的降低（從極度不確定到在合理範圍裡猜測）比後來的微調更有價值。因此，在標準統計世界，數據的價值會迅速流失。以標準統計學來說，「大數據」多半沒有用。小數據足矣。

　　ML 的世界不同於標準統計學的世界，有兩個理由，而這兩個理由也與為什麼數據在古典統計學觀點裡價值如此低的原因相

呼應。第一，ML 和標準統計學的方法差異在於它們對複雜的解讀。還記得複雜程度的不同問題所需要的數據量不同。統計學的目標是解答單一、簡單的問題。在 ML，我們會隨著數據成長而教 AI 系統更複雜的新事物，以增加樣本複雜性來解決問題。

對任何單一、定義明確的學習任務，數據往往只有在有限範圍的數據規模裡才有邊際價值，也就是在接近問題所需樣本複雜度的規模水準。在可得數據遠低於樣本複雜度時，沒有足夠的數據可以啟動學習。超過規模時，大部分學習都已經發生，所以新增數據很快步入我們前面指出的遞減報酬。

數據價值的模式如圖 5.5 所示。每條垂直線都代表機器觀點下某個問題的樣本複雜度；愈右邊的問題愈複雜。請注意，曲線在樣本複雜度臨界點附近陡升之後，形狀就很貼近我們在古典統計裡看到的樣子，至少有一段區間是如此。一旦我們有足夠的數據可以進展到某個 ML 任務（例如辨識照片裡是否有人類），這個問題就變成古典統計學問題，額外的資料也會以類似的速度失去價值。在我們到達臨界點之前，數據要歷經很長的一段無用期，為的是能到時候發揮作用，接著又在非常短的範圍裡，因為可以教導系統需要知道的東西，而變得極度有用。

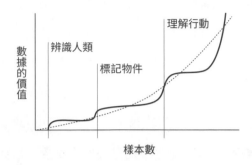

【圖 5.5】 在一個典型的 ML 領域（此處為機器視覺），數據價值與觀察值數量間的函數關係。每條垂直線代表特定問題的樣本複雜度臨界值。在此感謝 Nicole Immorlica 提供這張圖。

然而，雖然這個模式在 ML 系統想要學習的任何工作上都成立，系統的整體學習卻非常不同，一如圖中所示。儘管系統在任何時點只處於學習一件或少數幾件事物的數據範圍，但是在任何時點，它都很可能在學習某件事物。在圖中，有一套視覺系統根據所蒐集到數據（有標記的照片）的三分之一，已經精通於辨識是否有人類出現，而額外的有標記照片在這時價值寥寥。這套系統也還不到有足夠數據可以理解照片中行為本質的程度；這是一個太過複雜的問題。然而，在這兩種複雜度之間，它可以學習標記照片裡各項物件。因此，額外的資料現在對辨識和分析都沒有幫助，但是對於標記非常有用。從這個觀點來看，邊際價值的主要決定因素，並非特定 ML 問題的統計學，而是跨不同問題的複雜度分布。

一如古典統計學，決定數據邊際價值的第二個關鍵問題是：數據能讓 ML 解決的問題裡，各個問題的解決分別有多重要。如果簡單、早期的問題比後來、更複雜的問題具有更高的價值，數據的價值就會降低。不過，如果後來、較困難的問題比早先、較容易的問題更有價值，那麼數據的邊際價值可能會隨著可得數據的提高而增加。一個典型的例子是語言辨識。早期的語言辨識 ML 系統在準確度上比後來的系統更快取得進展。然而，一個什麼都有、就是沒極高準確度的語言辨識系統多半沒有用，因為使用者要花很多時間更正它犯的錯誤。這表示，最後幾個百分點的準確度對系統所附加的價值，可能大於前 90% 的準確度所產生的附加價值。邊際價值的成長幅度要足以填補最後的缺口。

　　為了理解這些動態，在此以經常遭濫用的人類學習類比為例。我們在此引用學習過程的類比，並不是要說 AI 很像人類。要學習任何技巧，研究多半先是沒有用，然後非常有用，接著又再度多半沒用。例如，除非你的程度已經進階到可以理解微積分，否則研究數學對於提升你對微積分的理解沒有或很少幫助；微積分在你眼中會有如天書。而一旦你對微積分有了起碼的精通度，額外的研習很外就會變得浪費或多餘。然而，在某段關鍵時期，這種研究對於學習微積分極有價值。

　　數學教育歷程中大部分的時點，你都會精通某項算是實用的

技巧（乘法、三角學、微積分、機率等），而研習對於習得該項技能有其價值，但是對於其他技巧沒有太多立即助益。學習數學整體的邊際報酬會增加或減少，取決於複雜技巧的價值比簡單技巧多或少。這又取決於許多因素，而其中的關係不一定有清楚的方向：乘法可能比幾何學更有用，但不如你要更晚才會學到的微積分。但是關於教育的勞動市場報酬，整體證據顯示，多上幾年學的價值不會迅速貶落：高等學位對基本教育程度者所增進的所得能力，高於基本教育對未受教育者所增進的所得能力。[24]

我們認為這在 ML 也有幾分類似。多增加的數據或許無法改良某些已經成熟的服務（像是挑選你喜歡的電影），同樣的數據卻可能改良還處於早期階段的服務（虛擬實境、語言翻譯）。在許多情況下，愈為複雜、高深的服務，愈有價值。圖 5.5 就顯現這點：自後期服務所得到的價值，大於由早期服務所得到的價值。如果這點屬實，那麼數據的報酬其實是增加、而非減少，因為有更多的數據就為更複雜而更有價值的問題找到解答。此外，由於人類文化總是會以新方式在發展，AI／ML 永遠需要更多數據才能趕上。即使 AI 最後真的「學會所有事情」，數據的報酬進入遞減，那一天也會是在遙遠的未來，要到我們讓 AI 系統不但能夠模仿個別人類智慧、也能模仿所有集體人類智慧之時。

科技封建制度

那麼，賽蓮女妖服務業者為什麼不主動支付使用者，以取得高品質數據，讓業者可以開發最佳服務？如果數據生產是一種勞務，為什麼沒有出現一個市場，把數據勞務納入更廣泛的勞動市場？

事實上，高品質、有標籤數據的市場已現端倪。許多研究人員和一些企業運用亞馬遜的外包接案市場「人端運算服務」（Mechanical Turk，mTurk），付錢請網路工作者進行數據組的標記和清理工作、參與社會科學實驗。這並不是全新的事物。尼爾森調查公司（Nielsen）仍然會進行電視收視率調查，它會付給家戶一小筆費用，記錄他們的收視狀況。

不過，這些環境裡數據的買家多半不是我們討論的賽蓮女妖服務業者，而是沒有管道取得數據的小型公司、學術研究人員和財務公司。這些企業大多都有亮麗的發展前景。例如，WorkFusion 就有一套精細的誘因設計，讓工作者協助訓練 AI，從事企業流程的自動化。AI 公司或許也可以雇用工作者標記地圖和路線圖，並把標記數據出售給生產自駕車的企業？

然而，相較於為賽蓮女妖服務業者生產數據以供其運用的使用者數量，這些市場的總規模仍然微乎其微。mTurk 的工作者是

數以萬計，但是谷歌和臉書所提供服務的使用者有數十億。[25] 谷歌、臉書、微軟等數據巨人，他們的數據大部分都不是付費取得。最重要的參與者，也就是擁有解決最複雜問題所需數據規模的參與者，幾乎都在這些市場缺席，它們仰賴的是從使用者群被動蒐集而來的「免費」數據。當然，這些數據不是真的免費；賽蓮女妖服務業者提供服務給使用者，以交換他們的數據。

使用者利用服務，企業坐收使用者所生產數據的全部利益，這樣的安排聽起來或許新潮，但它其實非常古老。在資本主義興起之前，封建制度的勞動安排，運作模式就與此相類似。地主讓農奴遠離市場波動，保障農奴的安全和傳統的土地使用權，並讓農奴可以保留足以維生的農作物。與此做為交換的是，地主取得農奴農產品的全部市場報酬。類似地，在今天，賽蓮女妖服務業者一方面提供實用、有趣的資訊服務，另一方面則取得我們生產數據的市場價值，以做為交換。因此，我們稱這個現代體系為「科技封建制度」。

這種安排根本談不上最適化。技能或知識高超、但對使用社群媒體興趣缺缺的使用者，對網路社交生活和 ML 系統敬而遠之，無從在其中貢獻價值。貧窮或處於社會邊緣的人也是如此。反過來說，在一個沒有付酬的數位世界，任何人都不可能成為擅長以數據創造附加價值的人：人不可能靠著臉書和谷歌提供的免

費服務過活。科技封建制度也會妨礙個人發展，就像封建制度妨礙教育或改良土地的投資。由於在這些環境無法得到收入，也就斬斷了根據數位貢獻發展技能或職涯的可能，因為科技奴工知道，他們所做的任何投資，都會被平台徵收。最好的情況是，在數位平台成為極度活躍的成員，能夠賺到名聲、徽章或肯定，當事人可望以此在實體世界從事某種隱約有關聯的工作。最糟的情況是，無論你有多少貢獻，你還是只會得到和其他人一樣的數位服務。

由於缺乏有效誘因，賽蓮女妖服務業者不得不在服務裡做手腳，讓使用者可以簡單又方便地供應數據。在一個純粹的封建體系裡，任何不方便的數據標記功能都不可行，也不可能從那些不想使用賽蓮女妖服務業者所提供服務的人取得數據供給。儘管互動環境可以透過設計鼓勵使用者提供有用的資訊（例如提供表情符號，讓使用者可以用相對應的表情符號標示互動），但是使用者在娛樂和消費時純粹為了好玩而提供的標籤，在細節和實用性上仍然有其限制。

這是個連賽蓮女妖服務業者也躲不掉的事實。大部分賽蓮女妖服務業者都有自己的群眾外包平台，為它們從其他管道蒐集到的龐大數據組做標記，以提升這些數據的價值、可靠度和實用性。賽蓮女妖服務業者大費周章地隱藏人類數據勞務在製造「神

奇」服務所扮演的角色，這種處心積慮甚至在網路工作者的積極份子之間掀起揭發數據勞務的社會運動，[26] 一如人類學家瑪麗．葛瑞（Mary Gray）和電腦科學家悉達什．蘇里（Siddharth Suri）在他們出版的《幽靈工作》（Ghost Work）一書裡所描述的。[27] 例如，谷歌不動聲色地發包工作給超過 1 萬名評等人員，為搜尋結果的品質給予反饋，以補自然生成的使用者反饋之不足，然而這項做法卻是在調查報告裡才曝光。[28] 因此，儘管賽蓮女妖服務業者顯然需要一般使用者的協助，卻費事地扭曲自己，繞過最自然的管道（向那些與服務自然互動的人徵詢反饋），轉而以微薄工資請外部工作者協助，向大眾隱藏這項做法和它的重要性。同時，這些公司又以其在資訊策展和資助政策研究的角色，取得對媒體和政策討論施展影響力的地位。[29]

湯姆刷籬笆故事（數位版）

在與藍尼爾、其他合作者進行中的工作，我們當中一人想要解釋為什麼賽蓮女妖服務業者會容忍這種浪費狀態。在馬克吐溫（Mark Twain）的《湯姆歷險記》（Tom Sawyer），湯姆想辦法要把粉刷籬笆的工作推給朋友，這段情節可以做為類比。他的第一個方法是付錢給朋友，但是失敗了。他很快就了解到，如果他假

裝樂在工作，朋友不但會願意為他工作，甚至會為了得到工作的特權而付錢給他。心理學有廣泛的文獻指出，在適當的社會背景脈絡下，勞動會成為休閒；工作會變成娛樂。[30]

賽蓮女妖服務業者跟隨湯姆的腳步。他們開始在正常營運活動裡蒐集使用者數據，結果發現使用者樂意在娛樂裡為他們下金蛋。社群網路用戶免費提供珍貴的有標記照片，以經營交友關係。谷歌藉 YouTube 趣味影片強化它的 ML 影片分析。從自己的貢獻得到優渥酬勞的使用者人數非常少，而能夠賣廣告和愈來愈常是賣 AI 服務的賽蓮女妖服務業者，因而能夠享有豐厚的利潤。

賽蓮女妖服務業者不太可能為了改善數據的品質或數量而自動自發地為數據付費，尤其是數據蒐集的龍頭（臉書和谷歌）。基本問題在於為使用者數據競爭的賽蓮女妖服務業者只有寥寥幾家。每家都知道，如果它開始為某些數據付費，服務之間的競爭會很快迫使它們為現在免費取得的數據付費。付費給使用者，即使是在相當有限、有價值的架構裡，都可能會損及賽蓮女妖服務業者利用免費數據的商業模式，原因有幾個。

第一個、也是最基本的原因是，有鑑於賽蓮女妖服務業者的市場力量（經濟學家所稱的買方獨占力或買方寡占力），任何導致使用者為他們的數據而得到付款的市場變動，都會增加賽蓮女妖服務業者的成本。

葛瑞、蘇里以及經濟學家莎拉・京士禮（Sara Kingsley）共同發表的一篇論文最早點出數據勞務市場中買方獨占力的重要性。[31] 自那篇論文問世之後，蘇里和合作者的實證分析證實，從對接案者完成工作的時間和工作類型的明確度要求來看，mTurk 的發包案有相當高的買方獨占力，即使他們在市場裡不是非常大的參與者。[32]

賽蓮女妖服務業者的買方獨占力遠遠強大得多。這種形式的潛在工作，有很高的比例都是由他們提供。儘管難以量化，但是所有有價值的網上數據、可能還有全部的數位數據，絕大多數很可能都是由臉書和谷歌所蒐集；在 2015 年，谷歌（上網瀏覽人部分的起點）在網路搜尋市場的占有率是 64%，而臉書的 15 億用戶每天大約花 50 分鐘在臉書網站或 app 上。[33] 這些巨頭企業掌控了比例龐大的市場，這表示目前免費的數據如果要提高價格，其中大部分的衝擊都要由他們來承擔。

有鑑於大部分有生產力的工作都不是工作者表明尋求的「群眾外包」個案，而是在網上娛樂互動的過程中進行，相互競爭的公司在能夠向使用者徵得寶貴數據並用於有生產力的用途之前，必須先打造品質和使用者投入程度相當的服務。有幾家新創事業採用了這個模式，致力於吸引使用者加入另一個社群網路（例如 empowr），或是數據管理服務（例如 Datacoup）。然而，他們只

吸引到少數認同這個構想的使用者。大部分使用者還是偏好多數朋友都在用、服務品質更高的社群網路。

一家成功地從使用者得到有用數據的新創事業是 reCAPTCHA，它是大部分網路使用者都感到熟悉的謎題，通常用來證明使用者不是機器人，你要在解題後才能使用網路服務。reCAPTCHA 請使用者破解的 CAPTCHA 題目，雖然是用於安全目的，但是它們的設計是做為文字數位化的數據來源，而且是訓練文字自動辨識和其他以 ML 為基礎的系統愈來愈重要的數據來源。不過，值得注意的是，reCAPTCHA 之所以成功，正是因為它與現有的賽蓮女妖服務業者合作，與賽蓮女妖的產品結合，而且從來沒有支付金錢。谷歌在 2009 年據傳以 3 千萬美元收購 reCAPTCHA 後，有位麻州使用者依據 reCAPTCHA 是未支酬勞務為由，控告谷歌違反勞工法，但沒有成功。[34]

想要與賽蓮女妖服務業者在數據勞動市場競爭的潛在競爭者，運用數據的生產力大部分都遠遠落後於賽蓮女妖服務業者。一如我們前文強調的，最高端的 AI 服務必須要有大量的運算能力和數據能力才可行。只有少數幾家數位巨人才擁有這樣的實力。當然，新創事業可以蒐集數據，指望把它賣給賽蓮女妖服務業者，但是它們一樣有規避為數據付費的強烈動機。簡單說，賽蓮女妖服務業者已經占據「數位共有財」的黃金核心地段，那裡

只能容納幾個參與者，至於付錢給現在自願犁地的科技奴工，此舉違背他們的利益。

除了市場結構與 AI 科技的特質，社群媒體的特點也讓這些網站面對競爭時特別刀槍不入。大部分使用者想要加入所有朋友都在裡頭的社群網路。這些網絡效應讓競爭者難以進入市場，除非他們有足夠的財務後援，能補助使用者多年，而關於金錢不易手的原則甚至讓這項策略更加窒礙難行。許多社會科學家認為，賽蓮女妖服務業者運用類似賭場的伎倆，打造會讓人上癮的內容。[35] 這些特質提升了賽蓮女妖服務業者的力量，可以把使用者鎖定在可能不符合他們長期利益的模式。

第二，經濟學家羅宏・貝納保（Roland Bénabou）與諾貝爾經濟學家尚・提洛爾（Jean Tirole）在 2003 年和 2006 年針對像湯姆粉刷問題這樣的情況進行了深入分析，他們在分析裡指出，為某項活動支付金錢通常會減損內在動機（例如娛樂和社會壓力）。[36] 為取得網路數據而付費，可能會對使用者傳遞一種訊息，那就是他們現在視為娛樂的活動，其實是對賽蓮女妖服務業者有利益的勞務，而他們應該要求付費，如此則減損了活動的娛樂價值。付款也會傷害社會合作和參與動機，而這些合作和參與能夠讓使用者因「成為網路社群的一份子」而得到社會獎勵。在黑暗面來看，付款也會傷害內容的黏著度，因為經濟關係的本質一旦

清楚點明之後，網路娛樂的魅力也將會「破功」。

第三，儘管媒體大肆報導數據經濟，大部分使用者對於企業從他們的數據所收穫的價值仍然渾然不覺。[37] 如果要付費給使用者，以讓他們供應最有價值的數據給賽蓮女妖服務業者，服務業者就必須明白提出標記、留言和其他使用者輸入的要求。如果使用者意識到目前情況令人「毛骨悚然」，他們對網路互動的態度很可能會改變，而且這種變化對賽蓮女妖服務業者成本高昂又具破壞性，同時也不可預測。臉書對使用者動態消息情緒渲染力所做的實驗，在曝光之後引發大眾反彈，而研究顯示，當使用者意識到科技令人「毛骨悚然」的監視，往往會變得不信任數位服務，或是使用服務的方式會減損他們數據的價值。[38]

最後，要實現藍尼爾的「數據即勞務」願景，需要打造各種精細複雜的科技系統。許多數位系統的架構都必須調整，記錄數據的來源和所屬使用者，這樣使用者才能得到獎酬，金額至少達到他們的數據所創造的平均價值，但理想上是或多或少等同於他們的數據最終在偶然間產生的獨特價值。[39] ML 系統在設計上也必須能夠決定哪些數據對它們特別有價值；它們對數據的要求必須傳到在第一線面對消費者的產品；最後，這些產品也必須能夠以最不唐突侵擾的方式，向使用者徵詢額外的數據。

這個問題的另一個層面是定期在網路上交易會讓使用者有負

擔。我們假設臉書願意付潔拉 15 美元，占用她幾分鐘時間，但是如果潔拉所提供資訊的實際價值是 15 美分或千分之 15 美分呢？個人顧問系統的建構，必須是引導使用者選擇，只有在處理所有付款事項時偶爾接受使用者反饋。即使是這樣的系統，使用者對網路互動的認知與對其的社交態度，也必須有基本的轉變。

反過來說，賽蓮女妖服務業者也必須要有個更有效的方法，可以確保它們所收到數據的品質和價值。幾年前，微軟曾進行實驗，付費給使用者，取得他們的數據，結果冒出大量網路機器人剝削系統，撈了大把金錢卻沒有提供價值給微軟。少了追蹤使用者記錄的方法（勢必進一步加重使用者本身的負擔），為數據付費很容易淪為冤大頭。

以上點出的三個因素，是把數據做為勞務最可能遭遇社會阻力的主要原因。我們相信，這些因素的重要性將在中期不敵其中的利益。然而，當這些因素與賽蓮女妖服務業者的買方獨占力、網絡效應和操縱使用者心理的利益結合起來時，賽蓮女妖服務業者尚未展開這充滿抱負的轉變，也就沒什麼好意外的。

另一方面，數據較為貧乏的賽蓮女妖服務業者，如亞馬遜、蘋果和微軟，可能同時具備可以容允競爭的規模，以及打破這種生產力低落的買方獨占誘因。在網路一面倒地關注「免費」之時，創造另一種思維，就能夠打破對手的主流商業模式，打開競

爭機會。然而，另一個合理的推論是，由於產業結構使然，任何私人主體都自動自發轉變為更有生產力的模式恐怕不太可能。社會與法規壓力，可能是觸發變革的必要條件。

勞工的奮鬥

我們所講述的故事，有許多層面都是當前以網際網路為中心而發展的科技和規範所獨有。然而，科技結合有力的規模經濟所產生的買方獨占力，會導致勞工薪酬過低，因而妨礙經濟發展和平等，這個觀念卻不是新的。這是經濟史的經典主題，也是最知名的經濟歷史學家馬克思的核心思想。

馬克思 1867 年的《資本論》第一卷中最重要的思想，目標就是解釋在封建制度結束之後，十九世紀無產階級的財富和福祉為什麼只有如此微幅的改善。[40] 馬克思指出，資本家必然會傾向壓低工資，低於勞工所創造價值的水準，藉此「剝削」勞工。馬克思主張，這些勞動措施造成他的合作者恩格斯（Friedrich Engels）所說的「勞工後備軍」（也就是失業階級），而失業者所身處的醜惡境況，會讓勞工竭盡一切所能保住工作。[41]

經濟學家約翰‧羅默（John Roemer）就指出，馬克思的結論極度不可能成為普遍現象。[42] 然而，在資本家彼此勾結或是有單

邊權力可以壓制工資的世界，這些結論正是我們預期會成真的狀況。十九世紀晚期的英國激進派夫妻檔畢雅翠與西德尼‧韋伯（Beatrice and Sydney Webb）倡議勞工進行集體談判，主張此舉能藉由提高工資至高於讓勞工退出勞動力的水準，以提升生產效率。[43] 二十世紀中期的美國經濟學家高伯瑞（我們在第 2 章見過他）推崇工會是必要的「抗衡力量」形式，是平衡買方獨占力所必要的。[44]

後繼經濟學家的研究部分證實這個觀點。經濟歷史學家羅勃‧艾倫（Rober C. Allen）指出，在工業化的早期，儘管科技進步，但在工會出現之前，英國工資幾乎沒有提升。[45] 一旦工會成功地制衡英國工業家的買方獨占力，不只工資迅速攀升，整體生產力提升的步調也大幅加速。經濟學家大衛‧奧托（David Autor）、戴倫‧艾塞默魯（Daron Acemoglu）與蘇瑞胥‧奈度（Suresh Naidu）相信，透過工會、政府勞工法規、最低工資和其他改革，以打破買方獨占力，是生產力進一步加速的關鍵助力。[46] 工會除了集體協商的角色，還有其他功能可以支撐二十世紀所盛行以裝配線為基礎的「福特主義式」生產模式：工會可以篩選、保證勞工的工作品質，幫助勞工在快速變動的工作環境裡習得必要技能。

沒錯，同一時間還發生許多其他事情，因此後人難以清楚爬

梳歷史因果關係。工會也產生許多無效率與僵固性、引發罷工，許多工會自身也累積了舉足輕重的市場力量。工會引來的敵意，加上它們自身變得無彈性而過時，造成它們在過去數十年間的沒落。

然而，即使工會沒落，我們前述的狀況當中，有些與促進工會成長與利益的條件有重大相似點。我們主張，賽蓮女妖服務業者的買方獨占力會把數據勞動者的工資壓到 0（更精確來說，是等同於這些勞動者從使用數位服務所得到服務和娛樂的價值）。這可能會壓低數據的品質與數量，也會加劇 AI 科技的利得分配惡化，因此減損數位經濟的生產力。個別的數據勞工缺乏議價能力，即使他主張如果臉書或谷歌不給付合理的報酬，他就要撤除他的資料，也無法構成具信服力的威脅。

此外，為了實現從數據勞務而來的利得，數據勞工需要某個審查組織，確保他們提供有品質的數據，幫助他們摸索數位系統的複雜，無須為此過度耗費他們的時間。這三重角色（集體協商、品質認證和職涯發展）正是工會在工業化時期所扮演的角色。

或許，「全世界的數位勞工大團結」，滙聚成一場「數據勞工運動」的時候到了。[47] 數據勞動市場的一個突出特質就是它是一個國際市場，幾乎完全不受國界和政府法規影響。一旦群眾覺

醒，意識到自己的數據勞動者角色（「階級意識」覺醒——你要這麼說也可以），組織（多少像是工會）可能就會出現，提供數據勞動者加入集體行動的方法。比方說，想像有一個數據勞動工會打出訴求，保證勞工可以從他們的數據勞務得到更高的酬勞，以此招攬會員。一旦工會的規模達到關鍵多數，就能接洽臉書與谷歌，以「罷工」為威脅（也能有效進行杯葛，因為數據勞工同時也是臉書和谷歌的消費者）。雖然其中涉及複雜的技術細節，但是我們可以想像得到各式各樣可能的方法。

如果企業不協商，工會也可以逕行號召會員，停止使用臉書或谷歌一天。一個更複雜的方法涉及以由工會建立的平台做為數據勞務的傳輸路徑，如此一來，另一端的網路公司拒絕支付合理工資時，工會就能切斷數據供給。臉書使用者要透過工會的平台使用臉書帳號，這樣工會就能在罷工期間藉由關閉帳號，或是實施帳號的有限存取，強制執行集體行動。目前，這種行動可以由一家網路服務業者來統籌，不過它必須採用像工會一樣的組織結構，以避免反托拉斯的控訴。

在我們看來，這些工會能有效發揮作用。有別於傳統工會，它們結合了勞工的停工和消費者的杯葛，一如已經指出的，這是因為數據勞工同時也是消費者。在罷工期間，臉書不只無法取用數據（在勞工端），也無法取得廣告收入（在消費者端）。這就

好像汽車工人不只可以停止生產，還可以拒購汽車，藉此對通用或福特施壓。此外，不同於傳統工會在罷工期間必須費勁維持團結，數據工會可以以電子化方式強制落實「警戒線」。進一步說，讓數位獨占之所以能夠牢不可破的網絡效應，也可以在這個情境下反過來以其人之道還治其人之身：如果你所有的朋友都在同一天罷工抵制臉書，而你違反罷工的話，你會覺得自己很不合群。

最後，數據勞動工會或許可以藉由打破少數最強勢賽蓮女妖服務業者的數據箝制，進而增強數位競爭。工會或許認為，數據在許多不同數位企業間分享才是最適，而不是讓數據累積在同一個地方。當然，數據工會也有它的缺點，例如或許也會像傳統工會一樣濫用它們的職權。然而，我們相信，目前由於數據勞動缺乏任何市場，無論是激進市場或其他，因此數據工會是利大於弊。

一毛錢買你的想法

然而，這件事要有任何一絲一毫的可能之前，必要的第一步就是以量化方式掌握數據的價值。無法測量的事物就無法訂價，而事物一旦無法精準訂價，通常就會開始任價格自然形成。個

人、企業、汽車等等的碳足跡測量系統在過去十年間發展。即使缺乏法定的碳稅賦，也有愈來愈多經濟機構開始透過自願抵銷計算這些碳成本，或是運用它們做為公司規畫的指導原則——部分是因為社會和消費者的壓力，部分是因為對潛在未來法規的顧慮。本於同樣的精神，我們相信要評價個人對數據經濟的貢獻，第一步就是測量邊際貢獻。[48] 電腦科學裡的「主動學習」（active learning）領域思考的是如何讓數據搜尋達成最適化（可能有一些成木），並以豐富的構想解答這些問題。

第二，必須建構適當的科技系統，以追蹤並記錄個別使用者創造的價值。這些系統必須在各種相爭互斥的考量間求取平衡。另一方面，系統也應該嘗試衡量個別使用者與數據貢獻之間的對應關係，尤其是在這些貢獻特別高，以及／或是那些個人如果沒有這些金錢誘因，就不太可能提供、投資於產生這些特殊貢獻的獨特數據時。高價值娛樂的創作者、能協助電腦翻譯器的艱深語言專家、能教導電腦專業地在多人電玩遊戲中扮演夥伴的大師級玩家、能幫助訓練電腦鼻的愛酒人：這些都是值得額外獎酬的獨特能力。另一方面，嘗試記錄一則臉書貼文正常使用的所有細節多此一舉，某些數據類別應該商品化，並以達成整體品質標準時的「平均價格」付款，一方面減少系統負擔，一方面讓使用者不必承擔因數據是否有價值而產生的不必要風險。

第三，使用者並不想針對每一次網上互動的金錢價值與繁瑣成本進行成本效益分析。使用者應該對於他們所做貢獻要有所知覺並得到認可，他們所使用服務的成本也不應該對他們隱瞞，儘管這些都很重要，但是要大部分使用者對每個數位選擇的財務價值都深思熟慮，並不務實。相反地，大部分使用者會向智能數位顧問尋求指導，這些顧問會過濾、建議相對厚利、不費事的機會，也就是那些值得使用者去做的服務。這個系統會過濾對使用沒有意義的「垃圾」，並為使用者提出有意義的機會。使用者可以提供反饋、做個人體驗評等，更可能的是就系統的詢問給予評論或回覆，幫助系統了解使用者偏好。

　　最後，一個公平的數位勞動市場需要一套新的法規基礎架構，能因應這個市場做調適。在一個工作彈性靈活的世界，使用者以各式各樣的小規模貢獻，補貼主要收入，而最低工資法和相關的員工保護法規對此都無法有效調適而因應。政府必須確保個別數據勞工對他們的數據有明確的所有權，而歐盟的「一般資料保護規範」（General Data Proteciton Regulations）就是朝此邁進的一步；政府也必須保障個別數據勞工有權利自由組成數據勞工工會。我們必須對使用者賦權培力，讓他們不只對自己的數據有所知覺，也有能力主張數據的利益，而要做到這點，就需要讓受信任的機構取用格式適當的數據。關於數據勞務的，以及數位時代

相關的彈性工作（例如叫車服務的駕駛或分享住家服務的屋主），應該有怎麼樣的法規才適當，這種科技素養能力和創意思考仍處於萌芽時期。但是，只要法規能為競爭與反制的團結力量留一個彈性空間，讓它們能夠推動一個更有生產力、更公平的數位勞務市場，它們就有成功的一天。[49]

數據勞務的激進市場

假設網際網路開始為你的數據付費給你。此舉會帶來什麼樣的改變？第一件要了解的事就是，這不是群眾致富的捷徑。即使讓美國公民均分谷歌和臉書的全部市值，每個人也只會得到區區數千美元。若是由全世界人均分市值，這個金額甚至更少。沒錯，我們提議的制度會提升數位經濟的效率，因此讓每個人都能從中爭取到更多價值。但是，在頭幾年，一般的使用者大概只能賺到幾百美元、或是幾千美元的外快。

在頭幾年之後，數據勞務做為所得來源的重要性有多高，取決於 AI 最後的重要性幾何。有些評論家相信，AI 會把大部分的經濟活動都自動化。如果這是真的，在未來，數據勞動會成為所得與財富的重要來源，重要性勝於今日，而事實上，數位企業的市場，多半繫於這個可能性。要是這個可能性實現了，數據勞動

可能會成長，成為許多人的重要所得。然而，另一個可能是 AI 的應用有限，這時數據勞動就會是小額的補貼所得，僅止於此。

為了大致估計預期利得，我們假設在未來的二十年，在沒有我們的提案下，不支付數據提供者的 AI 占經濟體的 10%。我們進一步假設，在付費情況下，勞務在 AI 部門的真實占比是三分之二，一如在經濟體裡的其他部門；而公平支付勞工讓這個部門的產出擴張 30%，根據二十世紀早期伴隨著勞工措施更公平而來的生產力增加情況來看，這個數字看起來相當合理。那麼，我們的提案能讓經濟體擴增 3%，並把 9% 的經濟從資本家轉移給勞工。關於這種移轉的效應，按照與第 4 章同樣的邏輯，這會讓最富 1% 者的所得占比下降大約 3%。和整個經濟體比起來，這個比例聽來或許微小，但卻能大幅提升四口之家的中位數所得，大約增加超過 2 萬美元，相當於戰後三十年間的增幅。

然而，即使數據勞務確實成為許多人所得的重要來源，也不保證果實能平均分配。有的人可能具備獨特的文化知識或能力，對於 ML 特別有價值；有的人則太平凡，以致於他們的數據沒有太多邊際價值。有些數據勞動者可能在各式各樣的 ML 流程都有一點貢獻；有些人則是在單一領域貢獻卓著（例如語言學習或文化意識），但是在其他領域就很少或沒有貢獻。我們希望，這樣一個世界所提供包羅萬象的機會，讓個人能跨利基專精化，範圍

比現在的更廣，有些人選擇多元化和更娛樂化的工作體驗，有些人則把焦點放在於專精的興趣。然而，貧富不均完全有可能出現，而必須由未來的改革來規範。

除了對所得的直接意涵，為數據支付酬勞也會改變社會對數位經濟的理解。使用者不再感覺自己是網際網路服務的被動消費者，可能還會視自己是價值創造主動的生產者和參與者。我們猜測，AI 這個詞彙會逐漸退位，由更能精準理解數位系統價值來源的名稱所取代，例如「集體智慧」。使用者不會再把 Siri 和 Alexa 的實用意見視為機器人的建議，而是人類貢獻的結晶，一如他們對於百科全書或是臉書動態頁面高見的理解。

從心理層面來看，這個觀點看起來並非不可能。相較於生活在專制體制下的人，民主體制下的人民對於政治有更強的權能感，也更活躍，即使一個人的選票對於政策結果的影響力非常微小。我們購車時選擇「買美國貨」，因為我們自認是在購買同胞勞工的產品，即使任何一個美國人對於這類產品的生產，充其量只是扮演非常不起眼的小角色。

然而，從很多方面來說，這種對消費者的認知改變，可能還不如對數據勞動者本身的認知改變來得重要。為一個人所提供的數據支付當事人酬勞，會讓當事人覺得自己是社會裡更有用的一份子。近年來，經濟學家開始思索，當一個經濟體把大部分價值

都放在需要高等教育的科技工作，是否會有一大部分的人口無法找到工作。最近的研究顯示，電玩的興起是年輕人勞動力參與率衰退的重要成因。[50] 有鑑於當前看待這類活動的態度，這個結論似乎有其道理，因為這些年輕人（有些是網路酸民或惡霸）與更廣大社會的關係可能不夠健康。

大部分人都能從對社會有所貢獻而產生自我價值感。社會如果能對個人的數位貢獻有適當的評價，在這樣的世界裡，許多電玩青年就可以把他們對電玩的喜愛轉化為有生產力的技能。在許多生產工作都走向「遊戲化」的趨勢下，我們不難以想像，如果數據被視為勞務，這些年輕人在遊戲玩家生涯裡練就的能力，或許能幫助他們謀生。專業電玩玩家還未開發利用的能力，值得得到比現在更多的尊重，也更值得我們試圖去善用它，造福社會。這樣能鼓勵玩家以更符合社會價值的方式發展自己的能力，同時產生個人尊嚴感和政治責任感。

願意捐不等於願意賣

林仲生／撰文

　　相信很多人都會覺得數據即勞務是五章激進提案中最不激進的一章，畢竟「你用我的數據就要給我錢」遠比「自己可以評定要交多少稅」或是「投票要用的點數是投的票數的平方」要來得容易理解、也更人性化，也比「規範跨企業控股」要貼近大眾生活；但在實務上數據即勞務遇到的難點是十分獨特的。

　　前面幾章提案的其中一個難處，在於向大家把規則解釋清楚，比如說 QV 就算真的有作者羅列的種種好處，執行的政府官員也會說：「我千辛萬苦才能讓大眾明白一人一票投票的過程（然後一定還是會有人說因為指示不清楚而投錯），你要我如何解釋清楚什麼是每人都有一堆點數、可以分給不同的候選提案，然後

如果一個候選提案要多投幾票，我還要算一下平方。還有沒有用的點數可以留到下一次⋯⋯這是做不到的。」

　　當然你可以怪這個官員不想改變不想工作，但他說的也不無道理。仔細想想，愈複雜的系統就愈要時間解釋，QV 的初衷並非只想鼓勵數學好的人行使公民權利。同樣的問題在 COST、在 VIP 中也會發生。這也是為什麼作者一而再再而三地重申，現在我們可以執行這種相對複雜的規則是因為我們的科技進步了，可以把本來複雜的流程簡化，但不要忘了群眾接受新科技也需要時間，正如我們要先熟識運用智能手機，才能享受到用智能手機 App 操作 QV 的方便。

　　所幸，處理這種問題的好處在於——時間，總是站在我們這一方。也許一開始大家對規則不是很熟悉，或是對自己選擇的結果不是很了解，抑或對於這些激進提案相關的技術（比如說作者多次提到的區塊鏈）不是很認識，但這些都會隨著時間愈來愈清楚。十年多前大家會覺得在《慾望城市》電影中不懂怎麼使用 iPhone 的凱莉很有趣，但現在同一個劇情可能大家會看得一頭霧水，覺得有人不懂用智慧型手機很奇怪。幾年前還不能確定，但現在英國人對公投和〈里斯本條約第五十條〉的規則和意義也應該有非常深入的了解了。無論如何，如果推行這些激進提案的阻力是來自大眾的了解與接受度，那只要幾年之後再試一次，說不

定問題就解決了。

可是數據即勞務不一樣，因為把數據即勞務解釋清楚，可以是實行數據即勞務的阻力。

▌金錢交易的侷限

作者引述虛擬實境先驅藍尼爾的說法，稱那些提供免費服務以誘惑使用者提供個數據的機構為「賽蓮女妖」，而賽蓮女妖「不會為數據付費給使用者，因為使用者沒有適當的誘因去提供最需要的數據」，因而平台得到的數據都是量大質低的，作者更指出「在一個沒有付酬的數位世界，任何人都不可能成為擅長以數據創造附加價值的人」，從而得出付費給使用者的重要性。

既然付費給使用者就可以得到高品質的數據，大家都會問，為什麼這些賽蓮女妖不付費給使用者呢？作者在「科技封建制度」一節也提出了這個問題，但沒有立刻回答，只是說付費取得高品質數據已經有人在做了，雖然是付費給工作人員而非使用者，而且規模很小。但我們還是可以把題目改一點點再繼續追問，為什麼這些賽蓮女妖寧可付費給工作人員也不付費給使用者呢？作者提出的三個解釋，除了獨占市場，其他兩個都和「金錢交易會影響事物本身的價值」有關。

首先，這問題並非數據市場獨有，金錢交易影響事物價值的

例子比比皆是，經濟學者李維特（Steven Levitt）和杜伯納（Stephen Dubner）在他們的著作《蘋果橘子經濟學》（*Freakonomics*）中提到，托兒所決定要對下課該來把孩子接走卻遲到的家長罰錢，結果反而遲到的家長變多了！原因是本來可能會遲到的家長會因為受到良心責備而盡量不常常遲到（雖然有時候還是遲到了），但有了罰款之後，家長們就覺得我給錢買一個方便就好了，反正我給了錢，托兒所要等我也是應該的，所以就常常遲到。另一個例子是，如果捐血站改為給金錢回報，捐血的人反而變少了，原理也是相近的，本來無償獻血是可以幫助別人的高尚行為，一旦變成有償，就變成了賣血，大家就覺得我寶貴的血液不值得拿去換一點點錢。

當然這些現象會受到我們願意給「多少錢」而影響（如果一包血可以換一千萬元，還是會有很多人去換），但最少我們知道，錢不可以亂給。給錢是增加人做事的金錢動機，但亦可以減少人的道德動機，所以我們也不能肯定給錢真的會提升誘因。用在數據市場的例子上，我們在社交平台上交流而標記了朋友的照片，大家可以理解為和朋友交流，但如果每一個標記我可以收到金錢回報，那就變成出賣朋友的隱私來換取回報了；更嚴重的是，你的朋友們也知道你可以收取回報，可以想像這種行為在道德動機的反效果是很大的。這種金錢回報的系統，說得愈明白，

問題就愈大。而在不明說的情況下，我們已看到現況，人人用他們的大拇指、眼神和腦力，每天在替社交平台進行免錢社交勞務而不自知，成了激進市場一派人所說的「社交勞工（Social Labour）」；更有甚者，一邊進行勞務還一邊覺得很好玩，系統用各種有趣的回應和內容「給付」勞工，成了「遊玩勞工」（Play Labour）。

> 臉書每年大約只撥公司市值的 1% 左右付薪給工作者（程式設計師），因為其他工作都是我們免費替它做的！對比之下，沃爾瑪的薪資支出占市值的 40%。

又例如，小孩子不願意看書，有些父母就用金錢獎勵。很明顯出現的問題就是小朋友草草看完每一本書就拿獎勵了，於是父母就要出一些考題來考他們，確保小孩子真的有看過那些書，但小孩子可能就是努力猜一下父母要考什麼，或是記了幾個重點就去拿獎勵，最終大家鬥智鬥力，卻沒有達到想讓小朋友真心好好看書這個目的。情況就像電商網站本來想記錄大家的瀏覽過程，從而了解大家有關網站購物相關的習慣（大家加什麼物品進購物車、滑鼠在哪一個圖片上停留、停留多久，都是很有用的資訊）；網站一旦提供金錢獎勵，大家就會為了獎勵有事沒事都去瀏　一下網站，即使網站把獎勵的規則定得很仔細，大家還是可

以很容易投機性地找到「不真的好好看網站，但又可以得到獎勵」的方法。在嚴重的情況下，也就是作者在書中提及在微軟的實驗，給錢獎勵引致大量網路機器人的出現，結果得到了一堆垃圾數據。但即使沒有惡意做假的狀況，我們也可以合理地說，一個人在知道自己可以瀏覽就得到獎勵的情況下，他們的瀏覽行為和沒有獎勵時會很不一樣，他們愈清楚獎勵規則，問題就愈嚴重，得出的數據參考價值就低。

▎有錢也買不起的價值

我們還可以說遠一點、觸及一些書中未有提及的部分。有些物品就本質上是很難買的。留意我說的不是有些物品因為很價錢很昂貴，很難有人買得起，我在說的是有些物品的價值會在交易中消滅掉，所以不論價格是多少都「很難買」。你可以花一筆錢，去找到一個奧運金牌得主把他的金牌買回來。但你買了一個金牌，不代表你就變成了一個奧運金牌得主，也不代表你擁有了奧運金牌得主的榮譽。同樣，你可以去工廠訂造一個金牌，和真的奧運金牌的物料成份構造一模一樣，但這仍然不會變成了一面真的的金牌。最重要的是，如果大家都可以這樣做，「手上拿著金牌」這動作就不能在代表任何有關「奧運金牌得主的榮譽」的資訊了。同樣，一個用戶在沒有金錢獎勵之下，還願意把私人資

訊託付在平台上，這個用戶行為本來就是一項重要資訊。如果大家都可以收錢的話，我們就無從得知這一項資訊（誰比較相信平台，或是誰在意或不在意揭露自己的私人資訊）。當然，這已經不是書中作者說的付費給使用者，有點說得太遠了。

▌我們還是需要時間

　　說了這麼多限制，我並不是想反對數據即勞務的建議；反而，作者在書中列出了那些賽蓮女妖不想付費給使用者的原因，足見他們明白要推動這提案的難度。正如前述，這些難點不會因為「真理愈辯愈明」而消失。大家不能接受使用者收費，不是因為大家不明白，而是因為大家明白使用者和賽蓮女妖的關係，愈明白，上述的反效果就愈明顯，如果什麼都不做，問題也不見得會在幾年後消失，搞得不好還有可能把本來做得很好的平台做壞了。一方面，給錢的量和方法都是要經過嚴密的考量，而作者說的「讓使用者知道自己所扮演的角色，並獎勵雖然要勞煩他們但有價值的貢獻」，雖然這是個絕好的建議，但並不是件突然有一天發個公布說明白了，就可完成的事，而是一個必須小心謹慎地設計，從大家根深柢固的低層觀念開始改變的一個轉變過程。

　　作者提及在 1990 年代因為用戶習慣了網上的資訊是不用付費的，所以要在網上平台收費很困難。到了二、三十年後的今

天，收費的平台日漸出現，也是經過一個緩慢的觀念改變的過程，不是說清楚當中的利害就解決了；君不見 YouTube 自 2005 年第一天推出以來就是免費的，直到最近提出了 YouTube Premium，總算開始向用戶收費，哪天 Gmail 要是開始加收額外功能的服務費用，既不是一件怪事，更不是一件壞事。要讓整個社會一同克服這個漫長的過程，或者要推動這提案，真的是要靠作者說的「這些因素的重要性將在中期不敵其中的利益」了。作者雖然沒有明示他這個想法的理據，但機器學習和大數據的應用發展一日千里，這想法非常合理，值得期待。

結論

自由放任開啟的世界

自由放任（完整的真義）為社會主義崇高夢想的實現開闢了道路。——亨利·喬治，《進步與貧困》，1879 年

丁圖妍（越南名，音譯）終於把她的嘟嘟車開到廢棄物處理業者那裡，這個時機剛好。在路上，車子拋錨了三次，每次她都得狠狠踢它一腳，才能讓它繼續前進。雖然每一腳都像是踢在她的肚子上。沒錯，她無論如何都得再買一輛車。沒錯，這座城市和網路充滿其他千百個機會。但是，那些車輪沿著河內街道顛簸而行的節奏，似乎完美地反映了她血管中血液的奔流節奏，在她之前，同樣的血曾在她父親的血管裡以同樣的節奏奔流。

但是她再也感受不到那個節奏。即使她的股利支票買得起一部汽車——該死的笨東西，就是它們摧毀了她的生活。它們的行駛無懈可擊，它們的外觀太過光鮮，讓她感受不到她那個失落世界的一點線索。那是一個她無法放手的世界。她知道還有成千上萬、甚至上百萬像她一樣不願忍受的人。他們會聽她大聲疾呼。世界會聽她大聲疾呼。

　　她找到了他們。在社群媒體，在廣場上。她在學校裡學的英文派上用場。在一場場的遊行裡，在虛擬實境咖啡館，在硬質鋪面街道上，她的人生充滿意義。來自亞洲某個角落小姑獨處的寂寞中年女子，很快成為拒絕機器人和 app、簽證文件和發言權積分之人的發聲者。她是故土之聲、象徵著一種失落了的生活。

　　然而，儘管得到了這麼多關注，圖妍對於她的運動所得到回應的狹隘、所遭受的奚落感到失望。那些人為什麼就是不明白？教電腦煮河粉，或是在某家韓國自駕車工廠監看機器人，這些都不是他們小時候夢想長大要做的工作，而他們長大後也不應該只能做這樣的工作。起初有些人回應，但是當美國市場開始打噴嚏，即使圖妍的鄰居也開始對她的抗議感到不安。她為什麼要拿他們全部的股利當賭注？

　　於是，圖妍開始在國內、全世界各地到處奔走，尋找一

群不願意出賣靈魂給數據與共有資本惡魔的人。她在網路上找到與她志同道合的人,從加拿大的溫尼伯到烏茲別克的塔什干,召集了上百場成功的在地集會。她的「捍衛我們的世界」(Defend our World,DoW)運動成為一幕矛盾的風景:激烈的本土自決主張,緊緊於鄉土與傳統,但是幾乎每場集合都仰賴自動翻譯和虛擬實境遙現(telepresence)科技。願意加入的公民寥寥可數,靠著少數幾群人的團結,也無法達到關鍵多數。不過,他們在許多小城鎮的地方議會贏得席次,還有一次,他們運氣好,剛好在新西伯利亞有足夠的成員,或是成員在新西伯利亞有足夠的人脈,甚至讓他們拿下市長寶座。

但是,當他們向外擴張,每一次總是有自由派人士(貧富都有)聞風而至,買下比 DoW 所能動員還多的選票。於是,DoW 變得比較像娛樂節目,像是個社群網路,又像是個空有高談闊論的聊天室,而不是有實踐力的政治運動。

儘管如此,圖妍發現她的生活起了變化。幾年後,她發現雖然自己從來不曾從事她厭惡的工作,但是她賺的錢卻比以前當司機時都多,而且大部分所得正是來自她發誓要閃避的來源。她已經是國際名人。她以虛擬形式對她自己與許多其他父執輩的世界所做的再創作,累積了數百次使用與數十

億越南盾（相當於數千萬美元）。由於她獨特的經驗，以及她的運動在全球的風靡（有時候是帶著病態的癡迷），只要是關於她的報導以及對她一舉一動的追蹤，價值都遠遠超過再創作所得的許多倍。很快地，她已經是全越南最富有的女性。

她也發現，從許多方面來說，她的新理念、她為了重回她的往日生活而做的奮鬥，賦予她的不只是比她理想化中的往昔更多的財富，還有更多的意義。圖妍開始思索，她還能從哪裡找到這種意義，還有 DoW 運動最終是否不會淪為某種自私自利的作戲。她開始覺得自己是偽君子，於是把自己累積的大部分財富都用來建立慈善機構，幫助被科技取代的越南人，並廢除了她的運動。

圖延把餘生都用來學習每一代的虛擬實境科技，並走遍全世界，幫助像她一樣的人，為失落的二十世紀初期生活創作紀念品。她很快就有能力雇用許多被取代的工作者，他們所懷抱的鮮活夢想現在已經站在復古風潮的風口浪尖上，而這部分要歸因於圖妍的政治聲望。她的運動是一場注定失敗的反叛，但是它的理念卻成功了，因為它不但拯救了如此多與她志同道合的人，也開創了二十一世紀晚期最卓越的品牌之一。

我們在前幾章的提案可以各自獨立，因此評估時也應該個別觀之。但是綜合思考這些提案能讓我們看到，它們如何反映出一個共同的視野，釐清本章卷首亨利・喬治的引言所提出的矛盾。自由放任通常用來指稱不受限制的市場競爭。至少在亨利・喬治的時代，社會主義瞄準的「崇高夢想」，是以高度的共有財產與共有財貨，取代私有財產與私有財貨的主宰地位，同時大幅消弭貧富差距。我們的分析指出這些思想並非如常見的討論所暗示的彼此對立，相反地，它們能夠彼此強化。在本結論　章，我們要鋪陳這個共同視野，根據經濟、政治、國際事務和社會這四個主題，整合我們的構想。我們也會本著大膽推論而且極度理想化的風格討論到，採納全套提案如何讓每個提案延伸到新領域。我們之所以這麼做，不是因為我們認為這種延伸在現今已屬合理，而是因為它們有助於揭露我們的方法所隱含的邏輯和限制，也是因為我們希望能刺激更深入的辯論。

經濟

對於富裕國家所面對經濟挑戰的擔憂，可分為兩個經常被視為對立的類別。一方面，「科技樂觀派」主張，以人工智慧和生物科技為基礎的科技進步會加速，並以空前加快的速率取代勞

工，造成社會大規模的紊亂。[1] 機器人會取代餐廳服務生，無人機將取代郵遞送件人員，機器人或許還能當情人，就像史派克・瓊斯（Spike Jonze）2013 年的電影「雲端情人」（Her）所描述的。但是，這表示勞工被迫離開工作崗位後卻無處可去。因此，儘管科技樂觀派對於生產力的成長感到樂觀，卻對就業抱持悲觀，他們預期就業率會衰退，成為社會衝突的重要源頭。

「科技悲觀派」秉持相反的觀點。[2] 他們預期生產力和經濟成長會持續衰退，生活水準會停滯。他們懷疑近來科技發展在娛樂與通訊領域之外是否有價值，他們也對人工智慧是否會大規模取代人類工作者多所質疑。他們認為，相較於電氣化所引發橫掃社會的變動，智慧型手機不過是增添了一點娛樂；相較於衛生設備與抗生素大幅延長人類壽命，幹細胞研究只是尚未實現的承諾；相較於裝配線在生產技術所掀起的根本變革，3D 列印的影響目前仍然有限。因此，儘管他們對成長悲觀，對於工作取代以及勞動市場的變動，卻沒有像科技樂觀派那麼擔憂。

這項論辯多半著眼於掌握在科學家與工程師手中的技術可行性和創意突破，一般人難以取得發言權。然而，我們在本書建構的觀點，在兩個極端觀點之外自成一格，形成對比。

我們摒棄這個辯論背後的假設，那就是生產力與就業無法兼得。市場力量是我們經濟觀點的根基，而市場力量同時也會妨礙

生產力，抑制就業。[3] 囤積財產，讓財產無法用於最有生產力的用途，不但會造成失業，也會損及經濟成長。無論是機構投資人所創造的買方獨占，或是數據經濟體的自然買方獨占，買方獨占力都會造成人為的失業、壓制工資，並貶抑工作的價值。把貧窮國家的勞工擋在富裕國家的機會門外，會降低全球生產力，可能也會因促進自動化而減少整體的工作機會。造成萎靡的就業率與低落的生產力成長的，是體制的失靈，而不是技術的變遷。

因此，我們認為經濟、政治和社會體制是左右經濟體行進路線的核心因素。終結農奴和奴役制度的自由改革，重要性不下於啟動工業革命的蒸汽引擎。二次世界大戰後，反托拉斯改革、勞工運動和福利國共同奠定了富裕國家開創具生產力、高就業時期的基礎。在過去三十年間，讓成長散播到貧窮國家的關鍵，不只是電腦科技的進步，新自由主義改革與全球化也居功厥偉。有了適當的體制變革，我們才能夠避開大規模失業與成長遲緩的風險；否則，這兩個問題都可能惡化。[4]

我們在第 1 章闡釋過，COST 能壓制獨占力，以改善經濟體的效率。由於財貨會加速移動至它們最有價值的用途，經濟成長也會加緊跟上腳步。資產價格下降，在對富人只造成輕微損失的同時幫助貧者，因此能縮小貧富差距。無論是融通能嘉惠大眾的公共財，或是支付社會紅利給沒有能力得到市場評價的人，採用

這套更能有效提升所得的方法，都能讓成本更低廉。對機構投資人的限制也會減輕市場力量在經濟體裡的角色。

QV 能夠放大這些正向效應。經濟體裡的無效率，最重要的根源之一就是選擇公共財所用的那套原始方法。在目前的制度下，從一般大眾徵募的收入，通常會流向特殊利益，或是以專為多數權利而設計的無效率形式循環。藉由政治制度的「行銷化」，QV 有助於確保公共財反映普遍大眾的偏好，而不是少數小眾的偏好。

我們對移民和視數據為勞務的提案，能大幅減緩低度就業的狀況。兩項提案都能擴張勞動市場，為勞工培力。移民提案能把富裕國家裡被動的消費者／勞動者轉變成創業家，視移民為經濟機會，而不是勞工的競爭。數據勞務的提案能讓數位經濟裡被動的消費者變成數位勞動者，為自己的服務要求酬勞。這兩項提案也能拓展勞動市場的規模，不但跨越國境，還納入數位世界。

我們的提案總合起來，力道足以因應停滯性不平等好一段時間。結合我們在各章的估計，我們的提案能降低最富 1% 者的國民所得占比至低於世紀中期的水準。提案也會終結財富的懸殊差距這個人際之間貧富不均的重要根源，因為財富的報酬大部分會透過 COST 而均等分配。在激進市場裡，只有因自然能力差異而來的不平等會持續存在。

為了一探究竟，我們來思考一下財富的 COST 制度和它所籌措的社會紅利如何回應科技的變遷。如果勞工愈來愈多被 AI 取代，人類在數據勞務的角色不再如我們所說的那麼重要，資本的所得占比會大幅成長。假設這個比例高達 90%：我們的 COST 所籌措的收入就會增加到國民所得的 60%（它在設計上就是可取得三分之二的資本占比），可以用來讓公民都能過寬裕的生活。例如，就算是以目前的國民所得水準來看，如果假設以這樣的稅賦取代美國所有的稅賦，這樣的政策能提供一個四口之家一年將近 9 萬美元的所得。但是如果勞工仍然重要，我們的社會紅利就會維持普普，足以讓大部分人還是想要工作、供應寶貴的數據給 AI，並提供移工食宿，以補貼他們的所得。這些活動的利益，分配得愈均等，一如我們之前提到的，就能確保均等繼續維持下去。

　　我們的提案也能打擊停滯問題。加總前述各章的估計，我們的提案總共能讓全球經濟體的規模增加三分之一。這個幅度足以讓一代的經濟成長回復到約等同於戰後時期的水準。除了縮減貧富差距，提案若經落實，還能讓中位數家計單位的生活水準提升至原來的兩倍，但是與此同時，所得排名前 1% 者的絕對福祉只會減少大約三分之一。中位數家計單位所得這樣的成長幅度，近似 1945 到 1975 年黃金時期的情況。當然，只有持續創新才能保

證維持進一步的成長，我們的構想若是彼此協調，共同落實，就可望達成這樣的進一步提升，同時促成科技進步，現在就說明如下。

假設我們把 COST 做非常激進的延伸應用，也就是應用於人力資本。人力資本指的是一個人的教育和訓練；它有一點像實體資本（土地、工廠等），因為它能讓持有者透過某種心力的投資獲得額外利潤。但是，兩者也從根本上有所差異，原因將會說明如後。

為了理解對人力資本實施 COST 可能的運作方式，我們假設個人要自評自己時間的價值，為自評價值付稅，並隨時準備為願意支付這個薪資的雇主工作。以一名外科醫生為例，假設他宣布膽囊手術的價金是 2 千美元，那麼他要根據這個金額支付稅額，而且必須對任何支付這個價金的人動手術。一方面，稅賦能扼止他對時間的評價灌水，需要手術的群體不至於無法借助於他的醫術；另一方面，由於他必須在自訂的工資水準下隨時待命，這樣就能避免他把工資設得太低。

原則上，人力資本的 COST 極有價值。確實，我們還沒討論到一項對平等和生產力的單一最大威脅，而 COST 可以做為對策，那項威脅就是能力最高強的人（頂尖的科學家、律師、會計師、演藝人員、財務專家）能夠保留他們的服務，直到達成獨占

價格為止。實體資本的 COST 就是無法處理這個問題，而這是貧富差距在過去半個世紀擴大的重要根源之一。一旦貧富差距的其他成因都被我們的其他提議解決，這就會成為社會衝突的頭號根源，尤其是在基因工程與仿生學重新定義了人力資本投資的概念之時。

此外，人力資本的 COST 制度能消除目前工作所遭遇的最大阻力之一：所得稅。COST 以能產生所得的潛在人力資本取代所得做為稅基，能鼓勵、而非扼阻工作。它也更公平、更具正當性。沒有高超能力的人仍然有潛在所得，只是低於能力最高強的人，而由於他們能得到高額的社會紅利（來自對有能力的人所課的稅），因此絕對不會有落入貧窮的風險。能力高超的人比能力平庸的人更有機會致富，但是一旦他們拒絕施展這些能力，就要承擔落入貧窮的風險（透過對他們的社會紅利課稅）。人力資本的 COST 最後或許會在政治上大受歡迎，因為它會懲處令人憎惡的受教育階層和各種怠惰者，同時獎勵一般工作者的勞務。

雖然人力資本的 COST 有這些潛在利益，但是目前還言之尚早。主要原因有二。第一，科技其實還沒有準備就緒。人力資本的 COST 必須考慮人們喜歡或不喜歡工作的種種情況。工作者在意的工作量、工作地點、共事者、工作條件，還有其他許多事項，沒有一項是人力資本 COST 能夠掌握到的，除非搭配其他衡

量這些因素的科技方法。可以想見，與以科技方式整合的勞務形式相關的人力資本，像是持續由電腦監控的數據輸入，應該可以實施 COST，但是這很難說。

第二，人力資本的 COST 制度可能會被視為是某種奴役制度，但在我們看來，這是不正確的認知，至少在設計得當的 COST 下是如此。不過，我們可以明白箇中問題所在。假設有位外科醫師有一天覺得自己的手術做夠了，於是在 COST 下，他會拉高自評水準，這樣就沒有人能夠購買他的服務，而他自己等於是支付一大筆稅額換取退休。但是，當事人可能會處於一種讓這種做法無法切實可行的情況，又或者他們就是不想再工作，不管他們過去做了什麼承諾。雖然設計上的調整可以避免這套制度的威迫成分，社會上的勞工觀念仍然尚未準備好接受這樣激進的做法。

可是，如果你認為目前的制度沒有脅迫性，那你就錯了。在我們目前的制度下，先天或後天能力極具市場性的高學歷菁英，以及經濟變遷的洪流所淘盡的人，兩者之間存在著鴻溝。有能力的人享有一種自由權，各種吸引人的工作任他們挑選。這些工作能讓他們迅速累積資本，做為他們年老時的依靠，如果他們不喜歡那些工作，也還有各種勞力程度不同的工作供他們揀選（兼差工作，或是在非營利部門有樂趣但低薪的工作等等）。具市場性

的技能較少的人，工作選擇就變得嚴苛：低薪而惡劣的勞動環境、挨餓，或是為了福利而忍受許多生活的屈辱。然而，有能力的人沒有發揮潛能所造成的社會資源浪費更大，因此如果他們未能加入工作的行列，理應受到更嚴格的懲罰。

有能力的人如果不想從事對社會最有效率的工作，人力資本的 COST 能夠要求他們付稅，藉此改善這種形式的自由權不對等。合理的稅賦不會讓他們挨餓或要靠福利救濟才能活下去，但是能讓他們有要為社會利益而工作的壓力，就像目前的窮人必須工作一樣，同時減輕在我們現今社會裡能力較差者所承受的壓力。一個社會或許要等到大眾熟悉財富的 COST 制度以及其他對市場力量的把關措施，加上有能力的人運用基因工程給子女明顯不公平的優勢之時，才會明白能力獨占的危害。電影「使女的故事」和「X 戰警」（X-Men）之類故事所表達的思想實驗顯示，對獨特人才管理不當的社會，無論是奴化他們（如前者），還是允許完全自主（如後者），最後可能會以悲慘的結局收場。

政治

COST 和 QV 都能打破公私生活的人為界域，從根本大幅轉化政治。COST 能讓每個人與企業的成功、他人管理的資產成為

利益相關的共同體。COST 賦予每個公民一部分的國家財富，藉此讓選民關注政策對一國財富的影響，並培養更講求跨越階層合作的精神。同時，VIP 能讓貧窮國家移工和富裕國家公民接待者的利益趨於一致，藉此緩和移民與全球化所引起的部分衝突：這是許多民粹運動的核心議題。

　　QV 能讓公領域對公眾需求具有更高的回應能力，藉此提升公眾對公家和集體機構的信任，以及對它們的依賴。QV 應該能減少政治的挫折和疏離，促進更豐富的政治對話、減少僵局，並提升公眾對民主的滿意度。目前，治理私有財的市場，雖然不平等，但是還算有效率；至於治理政治的一人一票規則，雖然還算平等，但是極度無效率。激進市場能同時在政治和經濟上創造平等和效率，讓這兩個領域更為和諧。

　　我們的反托拉斯提案也有重要的政治效應，有助於為我們更大膽的改革闢建一條坦途。除了常見的對貪腐和政治獻金的顧慮之外，金錢或是「資本」還能以許多方式敗壞政治。高度集中的產業可能會出現對抗主管機關的聯合陣線，讓改革者寸步難行。[5]在鍍金時代，獨占者就用許多方法介入政治；確實，進步主義者之所以推動謝爾曼反托拉斯法案以及其他改革，不只是著眼於獨占者的經濟成本，它們所造成的政治風險也是同樣重要的動機。二十世紀中葉，美國同一產業裡不同公司的遊說者，通常會為了

爭取利益而拚得你死我活，力氣通常彼此消耗，大家都徒勞一場。但是到了 1970 年代，企業聯合他們的影響力，同心協力降低稅賦、解除會限制他們獲利的法規，並增設能保護他們免於競爭的法規。這種聯合的影響力讓這些利益能更有效地影響政策，把消費者團體擋在門外。

由此受挫的士氣對政治的破壞，一如集中的經濟力量對經濟的傷害。藉由削弱集中化資本的力量，我們的反托拉斯提案應該有助於挽救造成公領域有如一灘死水的政治無力感，並掃除資本超乎常規的影響力，而這可能是阻擋我們較激進提案成功最頑強的障礙。

我們可以根據更大膽的推論，想像 QV 可以如何延伸應用，與 COST 連結。COST 以及它所產生的社會紅利，不會創造出一個完美的平等社會，但是會減少今日妨礙政治合作的龐大財富差距。在這樣的社會裡，以金錢而不是積分行使的 QV，能為大眾創造更多利得。

例如，想像有一個市鎮舉行投票，決定是否要建造公園。鎮民可以付 1 美元投 1 票（贊成或反對）、4 美元投 2 票、1 百萬美元投 1 千票，依此類推。這些收入可以挹注於 COST 融通的社會紅利資金。以我們在第 2 章描述的 QV 版本為起點，溫和邁向這套制度的第一步，就是容允富人以高價買進更多發言權積分，高

價的目的是要募集最多的收入，然後用於提高社會紅利。隨著COST讓社會愈來愈平等，額外購買投票積分的人就不再是富人，價格也會因此降低，低至大部分發言權積分都是從購買而來、而非發送的水準。

即使在一個平等的社會，QV 的貨幣化顯然會釋放更多的影響力給所得較高的人。當然，這非常符合我們現今社會的特質，一如我們之前指出的。QV 貨幣化也可以用於減少金錢對政治的影響力。我們可以按照由 QV 邏輯所衍生的法則，對小額政治獻金予以全額免稅，對大額獻金則予以課稅：按獻金金額的平方根比例撥付競選活動經費。[6]這樣的一套制度能減少財富對政治的影響力，同時保存表達的自由。[7]

QV 貨幣化的利益是讓大家都可以精準表達自己對公共財的偏好，因為他們要放棄把錢花在自己身上的能力，換取對公共決策的影響力。這樣的制度也會比我們在第 2 章建議的 QV 版本更公平，因為認為公共議題比私人議題更重要的公民，能夠充分表達自己，而不會受制於固定的發言權積分額度。在這套制度下，高所得者能獲得的權力，儘管多於在一個理想、不存在的平等制度裡，但是卻少於在現實世界的制度下。此外，在 QV 制度下，富人為取得政治影響力，要付錢的對象是窮人（因為金錢經過重分配），而不是給政治人物。

貨幣化版的 QV 制度會推翻許多禁忌，包括反對金錢進入政治的禁忌，此外，我們也承認，它在高度貧富不均的社會不受歡迎。[8] 但是這些禁忌反映的是在原始的一人一票制度以及高度貧富不均的社會所養成的直覺，但一人一票制度本身倚靠的是過時的技術，而我們其他的提案能幫助我們脫離貧富不均。貨幣化 QV 真正的貢獻是創造私有財與公共財的一統市場，在大眾生活的所有層面都帶來更好的成果。

全球化的舞台

　　在第 3 章，我們提到全球秩序出現的失衡。資本（或多或少包括人力資本）和私有財跨國境自由流動。但是，人部分工作者都居住於國家管轄地區內，而幾乎所有公共財也都在一國之內生產。國際貿易和資本流動的全球化，可能已經消耗掉從資本與財貨市場活動而來的大部分利益。

　　對比之下，移民與公共財供給的擴展，能夠進一步增進全世界的福利。我們先從公共財的供給談起。先進國家可以透過環境法規的強制執行，在國境內有效地生產公共財，例如乾淨的空氣和水。但是跨國境的公共財供給較為困難。這就是為什麼各國為氣候協議掙扎數十年。即使是較不艱鉅的技術挑戰，像是維護國

際水域的漁場，國際合作也經常落空。

　　問題在於不同國家的人口通常互不信任，或是不信任外國領導者，甚至不信任自己的領導者。加入國際合作的領導者通常會遭到民粹主義者指控為媚外的賣國賊。近年出現洶湧的反全球化浪潮。國際恐怖主義、金融風險蔓延、移民危機與貿易爭端，更為民粹團體在全球的崛起煽風點火。我們這個時代的一個大哉問就是，如何進一步受惠於國際合作，同時妥善因應跨國境活動內在的衝突。

　　VIP 有助於化解這個問題，成效甚至超越它的直接經濟利益，也優於它解決糾纏著許多國家的移民議題所引發政治衝突的能力。移民的增加能透過匯回款和技能的提升，增進貧窮國家的發展，藉此緩和富裕國家與發展中國家之間的緊張情勢。儘管勞工法規存在種種缺失，GCC 國家與對其輸出勞工的南亞政府之間的友好關係，正說明它的可行。綜合我們之前的計算，VIP（如果富裕國家全體採納）所能縮減的國際不平等，幅度大於自 1980 年代至 2000 年代的情況。[9] 隨著貧窮國家的發展，其國民的移民傾向也會降低，同時這些國家也會變得比較不受內亂之害，而內亂通常會有跨國境的效應。此外，透過移民，富裕國家能取得更多具競爭力的勞工，降低工作外包的壓力，甚至還可能為本地人創造薪資優渥的工作，因為雇主需要他們擔任管理外國低技術勞

工的職位，例如建築工班的工頭、餐廳經理等。[10]

　　全球的國際移工增多，新的國際治理挑戰也會隨之出現。於此，我們在貿易和投資方面已經是過來人。自由貿易不只是降低關稅就沒事了；它也需要仲裁者和其他治理機構，以解決國與國之間的爭端，比方說貌似中立的法規，在實質上是否有阻礙外國進行貿易之效，就像關稅一樣。同理，國際投資也需要仲裁機構化解糾紛，比方說一國實施衛生與安全法規，但投資人相信這是為了徵收他們的投資而設。同樣地，移工數量大幅增加的世界，也會產生相關爭端，例如移工應有的待遇，以及他們是否得到符合國際宣示的待遇。各國已經體認到這些問題，並簽訂雙邊勞工協議以求解決，但是這樣的法律建制仍然處於早期，還無法處理移工變得更普遍之後會出現的問題。

　　面對過去成敗參半的國際治理，QV 帶來了幾許希望。國際機構在設計上反覆出現的問題，是大國拒絕釋出影響力（通常還會要求否決權），而小國對於自己逐漸減弱的影響力感到忿怨不滿。為了打開這個死結，國際主體通常會把權力分配給「公正」的官僚菁英，但是這些菁英並非總是秉中持正，因此引發國家主義者的反彈。此外，否決權的存在（幾乎一向存在），國際機構很快就會陷入停擺。我們之前曾經解釋過，QV 能讓更多意見各自發聲，可望藉此防止僵局出現。大國需要與其權力呈比例的積

分，但是不能享有否決權。這是確保大國能夠行使與自身權力相稱的影響力，但是小國也能在對他們最具重要性的議題上握有影響力。[11]

QV 發言權積分成為共同貨幣的可能性因此增加，讓各國用以交換在不同法律制度的影響力，如貿易、投資、移民、環境等等。例如，假設各國能依照自身財富、人口和軍力的某個組合，取得比例對應的積分；當然，這表示富強的大國對於國際關係所能施展的影響力，高於其他國家，但這就是現今以及可預見未來的國際現實，而我們的提案必須立足於對現實狀況的評估。QV不會直接消除這些權力的不對稱（我們的其他提案或許能緩和這種不對稱性），但是能讓各國更容易在可能產生合作利益的議題領域合作。

大國 X 會繼續主宰 WTO、IMF、海權法和聯合國安全理事會大部分的政策。但是，如果小國 Y 對某項政策夠關注，假設是某個位於它鄰近海域的漁場，它也能動用它的積分，投下足夠的票數，以略微的差距影響政策。這項做法能夠取代當今各國合作時所採用的那套笨重繁瑣的方法──多半是透過雙邊協商，大費周章地串連不同領域的讓利（就是術語說的「扣合」），或者是透過多邊談判達成共識。

更廣泛來說，我們的提案在國內政治領域所創造的利益，許

多都能逐步外溢到國際界域。確實情況難以預測，但是我們現在推論出一些途徑如後：

QV。在移民歷經千辛萬苦、曠日廢時的程序以取得公民身分之前（而在許多國家，這幾乎是不可能的事，除非是極度富有或是幸運的人），大部分國家都只會賦予他們些許政治權力，即使是自由民主國家也一樣。不乏少數例外，例如外國居民或許可以在當地的學校董事會選舉中投票。許多人認為這種狀態令人遺憾，或許如此，但這可以理解：本地公民不想讓出政治影響力給可能對自己的母國比對剛好是自己工作所在國更忠誠的人。投票權是珍稀品，只能給證明自身價值（或是天生有資格）的人。

QV 的一個優點就是它把「投票」制度變成可供百家爭鳴的多言堂，讓參與者可以或多或少施展影響力。外國居民能得到少量積分，讓他們在居住地可以有邊際性而非決定性的影響力。這能讓他們運用政治發聲權，保護對他們自己最重要的利益，但不讓他們決定一個不是他們土生土長之地的特色。隨著移民變得更普遍，大家或許會開始視自己忠誠於多國，在這些國家都透過QV 行使部分影響力。例如，接待者和移民甚至可以交換各自國家的發言權積分。在這樣的世界，軍事衝突可能會面臨更大的反對壓力。對於地主國會影響移民的政治決策，如果 QV 能賦予移民更多控制力量，就能讓大家更樂於進行勞工移民，移工也會更

普遍，進一步提升勞工移民的經濟利益。

COST。資本的 COST 制度能大幅延展我們對移民的構想，這些構想在許多重要層面仍然著眼於進入限制。VIP 的一個主要目標是讓地主國能均霑來自移民而來的利益，而不是只有少數企業和富人受惠。然而，在一個實行 COST 的社會，企業和資本的利益會透過社會紅利自動流向廣大社會。在這樣的一個社會，每個公民都希望看到企業和土地的價值增長，而無限制的移民是達成這個目標非常有效的方法。因此，COST 或許能讓公民贊成增加在 VIP 下核發的簽證數量，這樣他們不只能獲得直接從擔任接待家庭得到的價值，也能受惠於資本利得。

此外，假設富裕國家之間以及與貧窮國家之間達成協議，以新計畫取代今日以援助金做為對貧窮國家提供外援的方法，新計畫的內容是所有國家都同意彼此分享部分的 COST 收入。在此一情境下，在任何時點，富裕國家都會對貧窮國家輸送援助金。然而，如果貧窮國家在發展中變得更富裕，這項轉移支付就會拉平，雙向支付會變得平等。因此，富裕國家的公民有開發貧窮國家的誘因，貧窮國家的公民對富裕國家的繁榮也有不會過分忿怨的理由。這兩個特質的加乘下，有助於讓富裕國家的意見轉向，傾向進一步開放移民，以援助貧窮國家的開發。

COST 或許也能重啟自國際貿易攫取更多重大利益的可能

性。COST 的結構藉由打破私人對資產的獨占力，深化市場的運作方式。如果可以達成國際協議，允許這些利益能夠跨國產生（給美國人有按照自評價值購買法國資產的權利，反之亦然），國際投資條約的利益或許可以復甦。

社會

過去兩個世紀的市場，儘管其中有種種限制，仍然是經濟進步的強大引擎。它們對社會的影響也同樣深遠，顛覆了傳統的社群與價值，同時促進充滿各種生活方式的大型城市成長。它們創造了國際性的消費者文化，充滿結合各種文明傳統的食物、時尚和音樂。

然而，資本主義所產生的文化影響，不全然是正面的。有些評論者相信，市場造就了自私的個人，他們對公益漠不關心。有個理論就認為市場把大部分社會交易降格為沒有人味的貨幣條件，因而傷害了傳統社群成員與親近的人之間的交流與日常互動。市場以對個人野心和利益的追求，取代了社群所立基的道德價值，往往削弱了社會的團結。[12]

此外，有些學者主張，市場鼓勵自私，因而破壞了市場要發揮功能所必要的信任。[13] 沒有人味的商品市場，成為議價、市場

力量以及犧牲市場裡的他人以掠奪優勢的商業競技場。[14] 市場的關注焦點在私有財，而非公共財，增強了對集體行動的敵意。

然而，與此同時，市場催生了更新形式的信任、團結與文化開放度。在市場裡，彼此之間沒有緊密關係的個人也可以進行交易。因此，市場成功運作時，每個人的繁榮都彼此利害相關，大家有理由信任他人，並以值得信任的言行舉止與他人相處。[15] 這種精神在運作良好的城市環境裡顯現得最為清楚，因為城市人要在許多陌生人與幾乎不熟的人當中生活。城市學家珍‧雅各（Jane Jacobs）描述到，城市居民為彼此盡「棉薄責任」，「即使他們彼此之間沒有關係」。珍‧雅各強調，當緊密交織的社區被市場取代，「輕」信任勝過深度人際關係的重大益處就在於容納更高的多元性，並讓「城市街道能夠接待陌生人」。[16] 市場的社會學精神就是城市的精神。

關於社會變遷，儘管充滿種種猜測，我們相信激進市場有潛力能大幅強化潛藏於市場的這些社會利益。[17]COST 能打破私有財產制度所衍生的障礙，藉此強化團結。COST 也讓大家能更容易取用他人手中目前所持有的每項資產，藉此淡化「我的」所有物和「他人的」所有物之間的分野。每個人都能受益於每個人的財富的擴張。個人間的交易會更常見，增進互利交流的感受，同時遏阻討價還價和誇大不實。[18] 我們的其他經濟提案，能藉由削弱

獨占力,減少大部分公民在經濟制度下所體驗到的剝削和被動感受。

QV將扮演特殊角色。QV能讓市場提供公共財的運作像私有財那樣有力,藉此減少市場與個人主義的關聯。市場不再被視為與公共行動對立,而是公共行動實踐所憑藉的機制。

激進市場也能提升社會包容力。市場能增進互惠的商業活動,一直是不同宗教、語言、性向或背景的人之間打破刻板印象或緩解衝突強而有力的力量。藉由促進競爭,市場有助於逐步消滅對有能力但受鄙視者的歧視。[19] 這些層面最大的進步發生在最活躍的市場社會,例如美國、英國和瑞典的大城市裡,這並非巧合。

然而,市場實現這種進步的步調非常緩慢。私有財產讓人們可以拒絕出售財貨給他們不喜歡的人,以遂其歧視行為。政府設下的重重法規,可以防堵情節嚴重的歧視形式,但是無法杜絕各種歧視,而法規本身的遵守成本通常很高,而引發相當程度的反感。對比之下,COST的結構已經內建不歧視的精神。一人一票原則容允多數壓迫不受歡迎的少數,QV是少數群體自我解放的有力工具。移民的限制留藏著最為悠久的偏見根源:跨國境的移民。我們一方面提升移民,一方面把接待者與移民的利益綁在一起,也能夠緩解這樣的偏見。

資本主義雖然打破了歷史早期普遍的社會和政治分歧，但是也衍生出新的歧異，而且多半是基於財富而來。激進市場能繼往開來，發揮助力，打破衍生自財富和經濟優勢而來的特權。

在我們的藍圖之外

在結論這章，我們讓我們的想像力狂馳，但是我們想要以一些警語做結。我們的提案立足於經濟理論與思想史，但是人性總是能本著頑強與偶爾的極度可塑性，突破最周嚴的籌謀。人類文化為因應新社會體制而做的調適，何時會成為那些體制的反噬或支柱，或是把烏托邦的設計轉成反烏托邦，要預測這些是出奇地困難。

一如我們在先前的章節所強調的，提案必須先以小規模實驗的方式實施，而不是逕行掀起一場廣及全社會的革命。QV 可以運用於進行集體決策的小型群體。COST 一開始可以應用於現存的行政財產制度，像是特定地理區的放牧權。移工擔保人制度則以 J-1 簽證的微幅延伸做為實施管道，在謹慎控管下，於經濟特區裡試行限量簽核。機構投資的限制可以從大型機構投資人需要撤資規模相對低的層面起步；如果對金融造成的擾動輕微，就可以進一步收緊規定。數據勞務的付款只需等待似乎已在進行中的

科技發展和社會組織到位。

哪裡可能出錯？一個可能是大家無法處理這些計畫對他們造成的額外負擔。它們全都以某種方式要求大眾深思他們目前視為理所當然或漠視的活動。這項負擔是市場擴展的自然結果，迥異於我們面臨政府或企業官僚組織的被動。自由伴隨著責任，這是一句老掉牙的話；我們的提案擴大了自由，也增加了個人的主體能動性與責任。

然而，我們不應該畏懼這種責任的負擔。畢竟，我們生活在電腦中介時代。一如我們在前述章節所闡釋過的，許多決策都可以自動化。機構本身可以在設計上加重或減輕使用者的認知負擔。我們從現行的市場和政府機構都很熟悉這個問題，它們都不斷地調整，以增加或減少認知負擔。比方說，社會安全制度的引入，讓許多人的生活輕鬆很多，不必再為計算退休儲蓄而憂煩。退休金確定提撥制的稅賦補助，效果正好相反，它讓大家必須做極為複雜的儲蓄和投資決策。這反過來刺激了各種富有想像力的改革，像是退出規定，就能減輕、但不致於完全消除認知負擔。[20]COST 和 QV（我們最重要的提案）在設計上都可以增加或減少複雜度。適當的複雜度水準是一個設計問題，只有從經驗裡找答案。

一個相反的問題是我們的提案會有高手嘗試來找碴，找出方

法破壞它們。至少在原則上，QV 禁不起各種精心策畫的串謀破壞，需要有法律制度和社會規範來禁止這些行為。手段高超的公民可以隱藏財富，藉此規避 COST。然而，我們務必理解，在現行的機構體制裡，那些玩弄制度的狡猾手法其實已是猖獗盛行。有人操縱股市，有人利用稅法投機套利，有人規避競選經費限制，選區畫分不公正。我們沒有理由相信 QV 和 COST 會比它們取代的機構或制度更容易遭到操縱，但是我們反而有許多理由相信它們更不容易遭到操縱。

我們需要法律與社會規範杜絕策略行為。目前，社會規範鼓勵大家投票，而換票和其他形式的操縱行為甚至連在法律上也受到扼止。目前，法律賦予大家對銷售危險產品的公司提告的誘因；在 COST 下，自富人手中取得價格過低資產而獲利的誘因，會引來大批的私人稅務執法者。然而，這些提案的全部弱點，以及適當的社會反應，只能透過測試和實行來發現。

即使這些提案當中有部分最終在測試中證明不可行，我們希望我們思想背後的激進精神也能擴大扎根。在我們的討論之外，我們的社會充滿其他機會，可以打破既有特權，同時增進財富與平等。事實上，維克里有許多更中庸的構想已經被納入公共議程上多年，例如解除分區限制、在財務教育上鼓勵以股權取代舉債，以及交通壅塞稅等。當然，一定還有比我們的提案更有力的

構想還沒有誕生。我們本書的目標是點出，經濟與政治辯論的熟悉界線，是想像力貧乏、假設陳舊老套的人為產物。為了打造一個更美好的世界，我們必須超越自取滅亡的左派與右派之爭。

義政

新穎而激進的提案會遭遇疑質，甚至嘲諷。然而，所有我們現今習以為常的體制，如自由市場、民主制度、律法等等，都曾經是激進的提案。在「停滯性不平等」的時代，面對惡性的貧富差距、經濟停滯和政治動盪，陳舊思想無法帶來一絲保障，停滯不前是最大的風險。如果我們有志於追求繁榮與進步，就必須願意質疑古老的真理，願意對事追根究柢，願意實驗新思想。這就是我們嘗試在做的事情。

後市場時代？

> 市場程序⋯⋯可視為電子時代之前的運算裝置。──奧斯
> 卡・蘭格（Oskar Lange），〈電腦與市場〉（The Computer
> And The Market），1967 年

我們在全書中申張激進市場的轉化力量。但是市場究竟為什麼如此強而有力？在本書尾聲中，我們要反過來問這個問題。我們要問；市場的限制何在？這個問題能讓我們揣想，一個市場可能被某種更有效率的經濟籌畫方法所取代的時代。

市場就是奇蹟

我們曾在第 1 章述及，有許多忠於市場經濟的經濟學家也自

認是「社會主義者」。然而在二十世紀初期，由於馬克思主義與法國大革命在蘇聯的經濟政策發揮了啟發與辯護之效，社會主義與中央計畫制度就變得如影隨形。第一次世界大戰也拉抬了中央計畫制度的聲勢，為了戰時的生產活動而將經濟交由國家控管，成效好得超乎倡議自由放任者的想像。中央計畫制度是否應該也用於和平時期的熱烈辯論於是點燃。

在世人的想像裡，中央計畫制度之所以無法成功，是因為它沒有賦予個人工作的誘因。讓大家早起的動力是致富（或至少是領到薪水）。然而在蘇聯，誘因卻相當強烈，而且在許多方面都勝過在資本主義國家。雖然在共產主義下，致富的機會渺茫，但隨便哪個古拉格的囚犯都知道「裝病」的人會有什麼樣的命運。

另一個反對中央計畫的普遍主張，是諾貝爾桂冠經濟學家海耶克在 1945 年所宣揚的論點。海耶克主張，沒有一個中央計畫者能取得關於大眾品味和生產力的資訊，而這些是達成資源配置效率的必要條件。[1] 市場的高明之處，就是價格制度能夠以分散的方式向所有人搜集這項資訊，並提供給需要知道的人，不必政府計畫委員會插手。

幾十年前，出現這個主張的一個相關版本，雖然知名度不如海耶克的主張，但其實更有說服力。聰慧的經濟學家米塞斯認為，社會主義面臨的根本問題，不在於抽象的誘因或知識，而在

於溝通和運算。[2] 要明白米塞斯的意思，我們可以思索一下倫納德・里德（Leonard Read）在 1958 年的文章〈我這枝鉛筆〉（I, Pencil）提出的生動寓言。[3]

里德講述了一枝鉛筆「一生的故事」。這麼簡單的東西，有人起初會這麼想。然而，如果你開始深思，你會發現要從無到有製造一枝鉛筆，需要層層疊疊、極其繁複的思考和規畫。木頭要經過砍伐、切割、成形、拋光和磨細。石墨要經過開採、挖鑿和塑形。連接筆身和橡皮擦的接環是數十種金屬的合金，這些金屬也都必須經過開採、熔化、化合和改良。諸如此類。

然而，鉛筆最了不起的不是它的複雜，而是每一個參與鉛筆製造的人，對於過程中的這些步驟都沒有通盤的理解。伐木工只知道他的木材有市場，得知價格後願意去購買所需的工具，砍伐樹木，並把木材賣到生產線。伐木工可能連木材是用於鉛筆都不知道。鉛筆工廠老闆只知道要去哪裡買所需的中間原物料，以及如何操作組裝原物料的生產線。製造鉛筆的知識和規畫，是在市場關係形成的過程中自然而然出現。

現在假設我們想要以中央計畫委員會複製市場關係。委員會要決定木材的砍伐量以及砍伐時機、各個生產階段的工人雇用量，以及生產、出貨與建置正確的地點及時間。然而，要有效地做到這些，委員會必須了解許多事情。它必須向這一群個個術有

專精的生產者請教，學習他們得以在自身專業領域維生所憑恃的獨特知識，例如木材用於其他經濟部門，例如建造房屋、船隻或兒童玩具，價值是否會勝過做為鉛筆的一種原物料。要吸收所有這些資訊，還要不斷接收、消化必要的最新訊息，以掌握過程中各步驟的狀況變化，即使是最能幹的管理者，可能都會吃不消。

即使委員具備無極限的資訊吸收能力，在資料的汪洋裡，仍然無法克服行動困難的問題。價格、供給與需求、市場裡的生產關係，這些都衍生自個人之間的複雜互動，而這些個人分別都有助於廣大社會過程裡的一小部分達成最適化。如果以單一委員會取而代之，來規畫這一整支市場之舞，那麼這一小撮人就不得不深思這一連串無止境的選擇與規畫。這種精細繁複的計算，即使是一群最高超的工程師，都力有未逮。

在米塞斯著述的數十年前，電腦科學和資訊理論還沒有出現，他沒有任何方法可以把這些直覺構想付諸正式的表述。米塞斯的許多主張都受到主流經濟學家的排拒，而這些經濟學家用於這個領域愈見狹隘的數學方法，也為米塞斯所鄙視。米塞斯的批評者，包括蘭格、佛瑞德‧泰勒（Fred Taylor）與阿巴‧勒那（Abba Lerner），主張市場機制只不過是籌畫經濟的許多方法中的一個，而且遠遠稱不上是最有效率的一個。他們從純數學觀點來看經濟，而不是以運算觀點，而且認為那套與各種財貨、資源

與服務供需相關的方程式系統（非常龐大），在原則上，解題沒有困難。

在簡化的經濟藍圖裡，一般人同時扮演生產者（勞動者、資本供應者等等）和消費者的角色。身為消費者，人們對各種財貨和服務有不同的偏好。有些人喜歡巧克力，有些人喜歡香草。身為生產者，他們具備不同的天賦與能力。有些人擅長數學，有些人對安撫顧客很有一套。原則上，我們唯一需要做的事，就是找出大家的偏好和能力，把工作指派給最能勝任的人，同時分配從生產大家真正想要的財貨與服務所創造出來的價值。我們也必須制定獎勵和懲罰，讓大家有顯現偏好和能力的誘因，並確保他們展現他們理應有的行為。所有這些都可以用數學呈現和解決。那就是為什麼社會主義經濟學家把經濟體看成一道數學題，只要一部電腦就可以解題。

然而，運算與溝通複雜性理論後來的發展，證實米塞斯的高見。運算科學家後來體認到，即使管理經濟這個問題，「只是」解一套規模龐大的方程式系統，但要解出答案，遠不是社會主義經濟學家想得那麼簡單。統計學家與電腦科學家科斯瑪·夏立齊（Cosma Shalizi）在一項鞭辟入裡的中央計畫運算分析裡證明，現代經濟根本不可能由一個中央計畫委員會來「解題」。夏立齊在他的論文〈在蘇聯，最適化問題要解決的就是你〉（In the

Soviet Union, Opitimization Problem Solves You）裡指出，要解答一個經濟分配問題所需要的電腦運算能力，與經濟體系內的商品數量，兩者之間並非單純的線性正比關係。[4] 以實務上來說，這表示任何大型經濟體，要用一部電腦執行中央計畫是不可能的事。

為了讓這些抽象的數學關係變得具體，夏立齊採用了蘇維埃計畫者的估計值做模擬，也就是在蘇維埃經濟力量如日中天的1950年代，大約有1千2百萬項商品納在蘇維埃經濟計畫的追蹤記錄裡。更糟糕的是，這個數字甚至沒有考慮到，一根在莫斯科的熟香蕉，不同於一根在列寧格勒的熟香蕉，而把它從一地搬運到另一地也必須納入計畫。但即使「只有」1千2百萬項商品，用已知最有效率的最適化演算法，在今日效率最高的電腦上執行，這樣的一個問題大概也要花上一千年才能解開。我們甚至可以證明，一部現代的電腦甚至連合理程度的「概似」解都無法做到，而當然，和1950年代蘇聯相比，這個問題在今天要納入的財貨、服務、運輸選擇以及其他因素又遠遠來得多。然而，市場卻不知怎麼地，奇蹟般地突圍這個運算的惡夢。

市場就是平行處理器

所有這些都讓我們想要問：如果一個問題這麼難解，市場怎

麼可能解決？我們來想想本章卷首所引用的蘭格之言。[5] 市場不過是政府設定的一套規則，和電腦演算法並沒有太大的差異，雖然是一部極其複雜的電腦。確實，市場不是任何單一個人所發明的。然而，大家都很熟悉市場規則，而經濟學家也不斷要大家按規則做事。假設今天有一個全新的國家誕生，新國家的領袖們向西方世界的經濟學家請教建構經濟體的最佳方法。經濟學家會指點他們如何建構一個市場，例如契約規則和財產法。（沒錯，經濟學家數十年來在開發中國家政府的殿堂以及新創事業的現場，做的就是這些事。）經濟學家不就是在供應某種電腦程式給那些領導者，而他們的執行不也是某種中央計畫嗎？

要理解市場如何解「極其龐大的方程式系統」，我們必須知道分散式運算和平行處理等重要觀念。在這些系統裡，一部電腦做不來的複雜運算，會分切成許多較小的部分，由分散在不同地點的許多部電腦同時並進（平行）執行。分散式運算和平行處理程序最知名的應用就是發展「雲端運算」，但是它們最重要的應用卻沒有人注意到，那就是市場經濟本身。

儘管人腦的構造與電腦不同，運算科學家估計，人類單一個人心智的運算能力，約略比寫作此時最強大的單一超級電腦還強十倍。[6] 因此人類全體心智加起來的能力，高出現今最強大的電腦數百億倍。因此，就某個意義來看，所謂的「市場」就是一部

巨大的電腦，是由這些較小型但仍然非常強大的電腦所組成。如果它能有效地分配資源，就能藉此利用、結合它們個別的能力。

採取這樣的觀點，我們必須問道，市場具有什麼樣的「程式設計」，才能達成這樣的成果。經濟由位於各地的各種資源和人類能力所組成，還有一套傳輸系統，用於在個人之間傳遞關於這些資源的數據。平行處理的一個標準方法就是取得某個地點的在地資訊，比方說一張照片或一道謎題，把它分派給某個處理器，並透過層級結構，把這些輸入資訊送到其他處理器上做整合。現在把這幅圖像套用於經濟體。在每個地方，我們都有一部電腦（人肉電腦）可用，指派它蒐集關於該地點的需求和資源相關資訊，並把所有數據做成某種「壓縮」摘要，彙報給其他電腦。例如，電腦或許有一種層級排列，各電腦都負責最基層的特定地點，並向整合地方區域的更高「層級」彙報，然後再由此往上彙報。

在此舉一例說明。假設有個人在農場工作，負責確保農場發揮生產力、家人過得幸福快樂。這個人把關於農場和家人的資訊傳遞給管區（資訊沒有完整的豐富度和複雜度，而只是概述）。有個管區是農場運作所需資源的專家，如種子、肥料等，還有個管區熟悉住在農場要過得幸福快樂所需的資源，包括食物和衣物。接著，這些管區彙總這些數據，再傳遞給下一個層級，或許

是全國小麥經銷商，或是農場用品的區域供應商。這條連鎖鏈的每個層級，都必須為平行處理所需而裁掉一些資訊，以保持平行和可追蹤：農場管區無法一一詳述，說道路要怎麼樣鋪得更好一點，有利於把貨物運送到市場，或是水要怎麼樣再乾淨一點，能保護農作物。但至少他提報最大而最重要的需求，並希望資訊的流失只會略微減損後續解決方案的效率。

這種安排帶有幾許中央計畫的色彩，但又與市場經濟相像。大家專精於生產鏈裡的某個環節，而且是在有限資訊下運作，但卻因為資訊以某個形式呈現，而能協調彼此的行為。雖然人是在地情況的專家，對他處的經濟情況卻所知甚少。他們知道穀物價格漲了，曳引機價格跌了，但卻不知道為什麼會這樣。他們買曳引機或賣穀物時，並不會告訴供應商或採購商他們的生活經歷、農場上的所有狀況等諸如此類的事。他們只會下訂單或以現行市價供應穀物。

因此，「價格制度」大幅簡化經濟體裡不同地方之間的溝通。事實上，經濟學家已經指出，價格是農人有效規畫營運所需的最低資訊。只要農場能受惠於外界或自外界取得資源的各個重要層面都有一個價格，這就是農人做經濟決策需要的所有資訊。從純粹的經濟效率觀點來看，任何多於這個門檻的資訊都是浪費，雖然有時候培養個人關係可能有一番意趣。反過來說，如果

農人無法得知這些價格，也就無從知道是引進新曳引機值得，還是換成雇用更多工人比較划算，也無法掌握下一季的播種量。沒有這種價格資訊的農人，可能很容易就會生產太少，或把用於勞工、種子、甚至消費會更好的資源浪費在曳引機上。

如此看來，價格是任何理性經濟決策所需要的「最低」資訊。[7] 沒有其他分散化運算系統能夠以更低的溝通量達到相同的生產力。

市場以簡練的方式利用分散化的人類運算能力。藉此，市場對資源的分配，當今沒有一部電腦可以與之匹敵。米塞斯的想法沒有錯，由一群專家執掌的中央計畫，無法取代市場制度。但是他的論述卻被誤解成指的是「自然」市場，而不是為了管理經濟資源而由人為創造的計畫。事實上，市場體制沒有任何自然之處。市場是由人類所創造，人類經常以法官、立法者、行政人員或甚至是私人企業家的能力，設置能創造並管理市場的組織。

市場是強大的電腦，但是市場能否產出最佳的財貨，取決於市場的規劃設計。我們倡議「激進市場」，原因在於我們相信，以現階段的科技與經濟發展，由於合作規模太過龐大，無法以道德經濟來管理，而市場正是適合為最多數人達成最高福祉的電腦。從這樣的觀點來看，我們可以修正市場編碼的瑕疵，讓市場能夠產生更多分配更公平的財富。

前述的運算類能讓我們更清晰地理解市場的角色和價值，藉此清楚表達我們的主張，也就是我們本於拓展市場涵蓋範圍而提議的解決方案。在財富上實行 COST 可以革新市場，讓個人負擔更多責任，清楚闡述他們的價值，並賦予個人更多能力，可以他們對自己高度重視的事物主張權利。QV 則在政治領域發揮同樣的作用。我們對移民的構想，能在個人決定生活和工作的最佳途徑時，擴大他們的選擇範疇。我們的反托拉斯以及數據評價提案，可以打破中央集權，賦予個人和小公司更多的責任，從事競爭、創新、做理性的經濟選擇，以容允分散化運算達成最適的經濟配置。但是，所有這些提案都會產生一個問題：如果市場只是運用個人智識力量的電腦程式，隨著電腦的能力增長，市場還有其必要嗎？

市場是過時陳舊的電腦？

為了回應海耶克，蘭格說道：「我們把（治理市場的）聯立方程式放進電腦，不用一眨眼的時間就能得到解答。」[8] 1965 年，就在蘭格辭世前六個月，科技企業家高登・摩爾（Gordon Moore）點明了這句話裡所蘊藏的真義。

摩爾觀察到，某個成本水準可以達到的微晶片密度與運算能

力，每 18 個月都翻為兩倍。儘管這條「摩爾定律」是大膽的推測，而不是論據周延的法則，但是它在大半數情況裡都得到應驗。由於這種運算能力的迅速發展，一個能達成人類心智般複雜度的電腦網，不再是遙不可及的夢想。大部分工程師都相信，在不久的未來，可能是 2050 年代，數位電腦的總合能力將超過人類心智的總合能力。

等到這個時點來臨，針對蘭格而提出的運算層面批評，就再也站不住腳。原則上，矽晶片可以複製市場，取代我們所熟悉的分散化、平行運作的真人系統。電腦會告訴大家要生產什麼（分配獎酬，並在必要時祭出懲治），並把產品按個人應有的消費做分配。總合資訊的科技問題可以獲得解決。大眾的關注目前都放在機器人的興起上（機器人勞工、機器人侍僕和機器人情人），而且一面倒地著眼於個體層面，也就是可能造成身體或情緒傷害的人機互動。但是如果機器人可以開車，他們也可以訂購貨品、收取貨運物、研判消費者的心情、規畫經濟運作，並在經濟體的層面協調這項活動。說也奇怪，在這個總體層面，人工智慧在改造社會組織所扮演的角色，居然沒有得到太多關注。無論是這樣一套體系是否會如願發揮功效，還是它的中央集權會遭到可怕的濫用，這些都遠比機器人駕駛程式設定是否要以犧牲一個乘客挽救兩個行人這個熱門話題重大得多。

與此同時，資訊科技幕後的資訊在商業規劃上的角色也愈來愈吃重。儘管各個市場之間的交互作用仍然是我們經濟體的主要驅動力，有愈來愈多企業以自動化的方式編排後勤支援、生產排程、配銷通路和供應鏈。這些成功的大企業所從事科技運算類型，正是蘭格預見中央計畫者要擔任的工作，只不過規模較小。沃爾瑪透過它在自動化後勤作業和訂價上的精通，成長為全世界最有價值的企業之一，然而很快又被亞馬遜更精深的自動化和集中規劃趕過去。優步在許多大城市瓜分了很大一部分的交通運輸服務。簡單說，大型企業有如市場經濟汪洋裡的中央計畫之島，利用運算能力，創造了龐大的經濟價值。

電腦也能為你計畫嗎？

　　蘇聯儘管在冷戰裡最終落敗，但卻成功締造了許多他國難以望其項背的輝煌功績。從二戰結束到 1970 年代初期，蘇聯經濟以令人驚嘆的高速度成長。[9]

　　尼克森與克魯雪夫在 1957 年那場著名的「廚房辯論」裡，副總統尼克森承認，美國在火箭與科學等重要領域落後於蘇聯，但是許多觀察者卻認為，尼克森說明了資本主義制度提供的多元選擇，與對消費者偏好的回應能力，以此勝過一籌。另一方面，

蘇聯體制卻以汽車、房屋、食物和娛樂單調乏味的同質性，蔚為傳奇。

中央計畫者的問題在於，就算它知道大部分人想要汽車、房屋、食物和娛樂，也可以供應這些給他們，卻無法估算人們超過基本水準的需要。瑪麗想要一部可以飆速的車，喬依想要車子安全，曼紐在意操控性，娜歐米需要儲存空間放她的運動器材。中央計畫者無法區分這些以及其他數千種偏好，於是給大家一模一樣的車，結果讓幾乎每個人都大失所望。同樣的問題也出現在工作上：人對於工作條件以及工作類型有許多不同的偏好。中央計畫者不知道這些偏好，只能合理設想幾乎人人都會想要的東西，據此提供同樣的基本設施，而傷害了士氣，增加了生產成本。許多經濟學家相信，就是因為對消費者（及勞工）欲望沒有能力回應、供給和創新，蘇聯體制才無以為繼。

然而，我們在第 5 章裡討論到的演算法與運算力近來的發展，挑戰了這些假設。今日，機器自人類行為的統計模式學習，或許自己也能夠運用這項資訊分配財貨（和工作）。我們離那個境界還遠得很，但是我們可以看到可能會歷經的路線概貌。我們就先從我們愈來愈熟悉的現象說起：參考現有市場行為的機器學習導向推薦系統。網飛怎麼猜測你會喜歡哪些電影？大致上，它先找到和你類似的人，也就是很多你看過的電影他們也都看過、

而且給的評等也和你類似的那些人；然後，你的隱藏版同好者已經看過而且給予高評價、但你還沒看過的電影，系統就推論你也會喜歡。Pandora 和 Spotify 也採取類似的方法推薦音樂。臉書和蘋果的新聞服務也運用類似的方法，以利引導消費者接觸他們想要吸收的資訊。谷歌採用相關的演算法，不只根據你的搜尋字串、也會參照它所知關於你的其他事物來判斷，哪些是適當的資訊以及產品廣告。亞馬遜用三角測量分析消費者偏好，推薦額外的購買品項。

中央計畫機器顯然不能仰賴市場行為，因為按照假設，市場已經不見了！但是，它可以從人的行為以及人的身體和心理特質（只要觀察得到）取得資訊，而它要怎麼做到這點，方法可能類似網飛或亞馬遜今天的做法。

我們先從一個比較平常的例子來看個究竟。在大部分先進國家的醫療制度下，即使是美國也一樣，市場裡根本沒有選擇，或是選擇被大幅削減。在全國健康醫療制度裡，例如英國的制度，大家不是想要什麼醫療就會得到什麼醫療，而是必須說服政府的代理人（也就是醫生），他們患有必須得到這種治療的病狀。醫生要採用高度侵入性、生理面（通常還有心理面）的檢查，以確認病訴。在美國，大部分人都使用健康維護組織（health maintenance organization，HMO）和其他保險制度。儘管他們在

這些制度裡還是有市場選擇，但是實務上來說，他們的處境其實和英國病患沒有兩樣，因為美國人如果要靠保險給付醫療（大部分人都必須要），就必須說服醫生相信他們的病訴。

可以預見，在不久的未來，所有例行性的醫療功能多半會由機器判斷。目前的執業醫師，大部分都會被醫療助理所取代，而這些助理的角色是病患和機器之間的行政管理介面。診斷會是導自病患的身體和行為相關數據的統計估計，也就是說，人們對醫療的「偏好」是導自數據，而不是市場環境裡做的選擇。它潛在的假設是大家想要「健康」，而規畫者會在醫療技術的限度內讓他們得到健康；在任何傳統意義上的病患「選擇」，不再重要；當然，除非世人可以拒絕他們不想要的治療。

結合網飛／亞馬遜的例子以及英國的全國醫療服務（National Health Service，NHS），我們可以想像，計畫者在其他經濟部門可能會如何行動。有些人想要高速的車、有些人想要安全的車，還有些人想要儲存空間大的車（或是，我們預期，有些人想要的是汽車服務，而不是實際的車）。在舊式蘇聯體制下，計畫者或許只知道少數幾件事，例如有人需要住在一個遠離工作、沒有公共交通運輸的地區。在一個較能存續的制度裡，計畫者需要知道消費者對速度、顏色、操控性、儲存空間、車輛大小等等的偏好，以及這些偏好如何與時變化、因地而異。計畫者要如何估算

一個人在這些面向上的偏好？

就像網飛或亞馬遜，它需要參考人在這個世界留下的數據跡證，根據已經產出類似數據跡證的人在類似的情況下採取什麼樣的行動，以導出偏好的估計值。這屬於機器學習的領域。如果人們的手機資訊顯示他們好動、常打電話給父母，熱愛拍照；而他們的網飛帳號顯示他們喜歡動畫電影和浪漫喜劇；加上他們的搜尋記錄顯示對氣候法規和其他自由理念有興趣，那麼 Prius 可能會是適合他們的車，而他們甚至自己都不知道這點。Prius 出現在他們家門前時，他們會很慶幸不必像幾代前的老祖宗一樣，不需要拖到讀過《消費者報告》、試駕過十四款車、與朋友辯論過車尾鰭的優點之後才買車。大家不做選擇，只是接受由電腦程式送到他們眼前的貨物和服務。

或是以娛樂為例。Spotify 和 Pandora 已經讓使用者可以索要他們會喜歡的音樂串流，讓視情況做選擇變得沒有必要。大家喜歡這些服務是因為買音樂的傳統決策方法實在累贅繁瑣，要聽很多你不喜歡的東西、讀樂評、和唱片行店員聊聊，還要從事其他消耗時間還不一定有趣的活動。但是如果和消費的未來比起來，Spotify 還只能算是黑暗時期。假設演算法有可能可以根據某個觀眾眼球移動的追蹤記錄，判斷這個觀眾受到電影的哪個部分所吸引；像這樣的科技其實已經用於行銷目的。[10] 再進一步假設，演

算法有可能可以根據這個觀眾和其他觀眾的眼球移動追蹤記錄進行交叉參照，判斷他還會對哪些電影有興趣。最後再假設，這些推論非常可靠而精準，這個觀眾儘管一開始存疑，但後來卻毫無保留地依賴它，幾乎總是選人工智慧系統推薦給他的第一支影片來看。

在這個情境下，我們可以說這個觀眾「選擇」他未來的消費時，是根據他在觀看電影時如何選擇目光的移動，還有透過他人的目光移動來建議他可能會喜歡的內容。但是，「選擇」在這裡似乎更像是個比喻，而不是相關行為極為精確的描述。眼球移動多半是下意識行為，主觀感覺上很少像是選擇。特定電影之所以會送到某個人面前，是根據其他人的觀看活動路徑而來，但是每個人都猜不透這個路徑的箇中究竟。數位運算與分散式的人類感官認知在融合後創造出集體智慧，而自動化流程會從中建構一種消費模式。在某個時點，「市場」看起來可能不再是經濟組織籌畫方式的適當詞彙，雖然中央計畫或許也不是。

這樣的流程能做為該買哪間房子、讓從事哪一行等重要生活決策的指引嗎？它們能用來指引政治決斷以及談戀愛嗎？你我會被釋放而獲得自由，活出更有意義的生活，還是會被剝奪這樣的能力？

就像大部分關於未來的長期預測，這些問題的解答，超過科

學分析的能力範圍。當然，即使我們有一套出於自願（或可能是合法授權）的持續監視系統，可以供應廣大的電腦能力與大數據，但在這樣的一個世界，反烏托邦的風險也清晰可見。沒有個人或一小群人可以受到信任，以擔任這套系統的指揮，因為濫用的誘惑會強烈到令人無法招架。但是，它的治理方法是否可能是某種（激進）民主方式、某種可稽核的演算法，或是依從分散式運算的準去中心化形式，現在要斷定，還言之過早。此外，科技是否會進展到電腦勝過人類心智的地步，或是人類心智本身是否會加速提升，以維持現在的均衡，有利於市場的沿用，這些情勢也尚未明朗。

在我們把這些問題留給科幻小說家去猜測之時，我們仍然可以有信心地說，至少在未來幾個世代，市場（說的就是激進市場）仍然會是大規模社會籌畫的上上之策。

後記

　　本書得到的迴響，讓我們深為感激。它觸動了各種群體之間的辯論和合作，包括在意識型態取向上迥異的人。然而，這些迴響並不尋常，值得深思箇中原由。

　　由於我們所提出種種具有激發力的構想，本書得到的評論中，真正屬負面或貶棄性質的評論非常少。[1]在大部分的評論裡，即使是懷疑者也能領略本書的精神，並用他們自己的主張回應我們的構想。許多評論者說，我們所提出的構想，沒有一項能實現，或是我們的計畫對參與者來說過於複雜。但是，當中似乎沒有人斷言這些障礙無法克服，也幾乎沒有評論者對我們的核心論述表示異議，也就是在各種專精但重要的應用裡，例如 COST 的範疇或用於民調的平方投票法，這些構想可以做為明智改革的基礎。

反觀許多在主流出版品執筆的讀者，反而不知道如何定位這本書。它不屬於常見的學術研究類別，因為那些著作通常意在診斷問題、提出專家政治路線的改革，或是為現行的意識形態辯護。本書卻是提出一套激進但具體的方案，重新設計基礎的社會體制，與現有的政治陣營或派系鮮有關連。或許這樣的方案看似難以對現有思想信念造成威脅，同時複雜得無法真正落實於大眾機構。

但是在不為人注意之處，本書在對思想和政治有興趣的人士當中吸引了一群追隨者，他們多半位於主流智識和學術圈外。這個社群大致上以 RadicalxChange 自稱。這個社群賴以凝聚的成員特質，是他們通常是經濟與政治思想的愛智者，對激進創新開放接納、行動導向，而且抱持反威權或自由主義觀點。除了威權主義右派與中央集權左派（他們斥之為陳腐舊套，並與當今政治情況脫節），大部分的政治經濟著述也讓他們感到灰心。

最耐人尋味的迴響來自區塊鏈社群。我們寫作本書之時，兩人都對比特幣這個區塊鏈最著名的應用存有疑慮，也就沒有把區塊鏈的廣泛辯論太放在心上。因此，當以太坊創辦人暨本書本版導讀共同作者維塔利克・布特林寫了一篇文章描述本書在區塊鏈可能的應用，並以更寬廣的視野評估書中的構想，讓我們不禁感到意外。[2] 布特林的文章在區塊鏈圈的其他地方激發了興趣，本

書構想在區塊鏈的應用今日已成為活躍的研究領域，而區塊鏈社群的許多成員現在是 RadicalxChange 團體的中堅份子。

　　區塊鏈是維護公共資料庫的技術，就好像一座市鎮有全部的出生記錄，而這類資料庫通常是由某個主管機關來維護，例如，資料庫可能由市政府管理，在某段時期是以卷宗登錄，放在市政廳裡；更晚近時，地方政府可能會把資料上傳到市政廳裡的伺服器上；而再到後來，政府官員可能會把它搬上「雲端」，儲存於亞馬遜或微軟的伺服器。所有的這些做法，市鎮（以及它的納稅人）必須付款以維護資料庫；付款給保管記錄的人、伺服器管理者或雲端服務業者。

　　區塊鏈的獨特點是分散式資料庫，也就是資料庫的多個複本會放在不同的地方，就好像許多市鎮公民都保留記錄的一個複本，因此即使個人的記錄遭到破壞，也能確保資料庫的完整。於是，「正確」版記錄並不是任何一個管理者說了算，而是來自公民的「共識」，是多數公民同意的記錄（或是類似的事物，要看特定計畫而定）。

　　那麼，公民為什麼要大費周章地保管這些記錄？如果保管記錄的成本高昂，他們可能是因為收受某種酬勞才這麼做。還有一個辦法是一個月一次隨機挑選一個保管記錄者，給予他獎酬（可能是增加銀行存款的權利），獎酬的頻率要高到足以補償他們為

保管記錄而耗費的成本。

　　要是有公民造假，宣稱讓自己有兩個公民身分，好讓自己中獎的機率加倍，那怎麼辦？原則上，這套制度可以仰賴官方身分證明，但是如果你要用這套系統儲存政府的全民國民身分記錄，它很快會變得遲緩或迂迴。於是，你或許要換成使用某種顯示你已經儲存資料庫（例如保險庫）的跡證，用此做為身分識別，並讓公民持此跡證參加一次抽獎。這大概就是大部分區塊鏈的現行做法，它們會運用可以自動查核這些簽署有無的編碼。

　　請注意，這個結構和許多我們在本書提出的構想如出一轍：運用正式規則或「機制」以協調行為，而不用高度依賴一個中央主管機關的計畫或管理。普羅大眾對區塊鏈最熟悉的，莫過於它是比特幣和其他加密貨幣背後的科技。但是，這種加密貨幣真正的潛力卻雄厚得多。原則上，比特幣（更廣泛來說，是透過機制維護的資料庫）可以做為一大群人以匿名（部分）彼此合作的管道，而無需仰賴一個中央的權威，例如政府或私人公司。

　　以貨幣為例。儘管歷史上有一些通貨是在沒有政府參與的情況下自發演進而成，但在政府執行某些功能時，通貨的運作狀況會最好，那些功能包括發行相關的輔幣；維持適當的輔幣供給量（也就是在它們耗損時予以替換，也可能是因應總體經濟的波動而增加或減少流通量）；化解輔幣所有權的爭端；諸如此類。因

此，通貨的集中控管取代了自發生成的分散化通貨。但是，許多政府也會濫用它們的通貨控制權，例如增加貨幣供給以融通政府營運，但是在過程中引發毀滅性的通貨膨脹。

比特幣原來的目的是要成為自給自足的「私人」通貨，用以在沒有政府涉入下發揮真實貨幣的功能。由於它不受任何政府掌控，也就沒有政府可以讓比特幣通貨膨脹。比特幣是由個人運作，而面對內建於編碼的誘因，這些個人的回應屬各自獨立。

比特幣吸引了高度關注，因為這樣的事情居然有可能成真，許多人都驚異不已。多年來，比特幣用於安全支付系統時，似乎多半都能「奏效」，而且避免了災難性的攻擊。儘管如此，許多人還是相信，比特幣和其他早期的加密貨幣（例如以太幣），在它們的協議裡有根深柢固的缺陷；他們（還有我們）認為，儘管加密貨幣是有趣的第一波實驗，以目前的形式來說，卻會無以為繼。

這些平台所面臨最嚴重的問題當中，有些牽涉擴張規模、隱私、投機價值波動和治理機制等相互關聯的議題。加密協議難以擴張規模，因為它仰賴大量受維護資料庫的複本（藉此避免被入侵），包括個人證明自己儲存資料庫的憑證細節（這個更令人傷腦筋），因此造成大量的資源浪費。由於平台會創造一個公用分類帳，必須仰賴極致程度的匿名或化名以保護隱私，因此不方便

為其他目的所使用，而且本身也極度沒有效能，因為任何有通貨的「錢包」，交易記錄永遠是公開的。而加密貨幣供給僵固的稀有性，加上它們的持有屬於絕對私有財，因而產生投機泡沫，大幅減損了它們的通貨角色。

不過，最深的問題還是治理問題。比特幣必須因應環境變動，這點與其他體制並沒有差異；例如，記錄交易的原始「區塊」規模會開始變得不足以應付各種目的，但是擴張這些區塊，或許會讓它更加笨重，不方便「小」參與者儲存它們。實務上，這表示會出現編碼專家以及「礦工」之間的合作和經常的衝突〔包括各種歧異，稱之為「分叉」（fork）〕。編碼專家投入時間，致力於理解軟體；「礦工」則儲存資料庫，他們（通常）是富有的個人、企業和聯盟，願意投資於專業人員、伺服器和（最重要的）電力。比特幣發源於一些愛好者（至少有一些是），像是某種自由主義者烏托邦，人人都可以根據一套定義明確、人人一律平待適用的規則，享有最大的自由，但是它最後成為一種混合式的技術專家寡占。

不過，即使是那些懷疑現行制度能否克服這些問題的人也認為，目前的有限穩定度，正是分散式、機制導向的資料庫具有潛力的證明。（對分散式資料庫技術抱持懷疑的人，遠更為罕見。）讓分散化擁護者為之振奮的，是規則導向系統排除政府涉入而容

允公共合作的前景。這些熱情擁護者目前從加密貨幣得到的課題，是那些規則必須經過深思熟慮，這樣創造出來的系統才不會造成浪費、具侵入性、易受到泡沫之害，或是被意識形態派系或財富所壓制，而是能為所有參與者創造公益，並達成公平分配。現在正有許多人在這個領域投入大量心力，以求達成這個目標。

對於政治史或政治理論有一絲興趣的人，這些努力聽起來都很熟悉。只要是希望建立一個可以持續合作的環境以因應新挑戰的政治群體，都會遇到像區塊鏈所面臨的那些問題。我們可以大致區分出兩種基本方法：第一種是以權利為基礎的方法，也就是嘗試設立一種「規約」（法律和憲章等級的準則），讓人們能夠以自由平等的方式合作，並追求自利，而政府除了執法之外，幾乎什麼都不做；第二種是傾向自主裁量權的方法，設立政府並賦予其可以盡其所能增進公益的權力。

兩種方法各有其重大的缺點。權利可能會變得僵化，容易被有心人操弄，獲取不當的權力；至於自主裁量權，濫用空間更是大得多。由此觀之，兩者的極致形式都會導致權力的高度集中，雖然成因稍有不同。因此，成功的國家大部分是混合兩種方法，一方面承受強烈的政治挫折，因為權利似乎不斷干擾必要的政府行動；另一方面承受自主裁量權存在時經常出現的濫用。過去數十年的政策失靈，包括金融危機、戰爭、停滯的成長，以及加劇

的不平等，反映了政府採用傳統混合方法的功能不彰。

同時，嘗試介入的公司也摔了一大跤，臉書就是最明顯的例子。臉書提供一個平台，連結了數百萬個認為它對於彼此的溝通很實用的人。但是它是一個由中央統籌、運作的機構，一個虛擬的專制體制。市場力量無力約束它。臉書對用戶隱私的大量濫用，摧毀了大眾對科技企業世界的信心，就好像過去十年的政策失靈嚴重破壞大眾對政府的信心。

政府和傳統公司仰賴會出錯的人類制定並執行規則，這是區塊鏈可以提供另一種選擇之處，至少在有限幾個領域是如此。一旦規則建立，並廣泛被接受，就會自動強制執行，可能是採取直接方式（以某種演算法），也可能是間接方式（賦予人類解決問題的誘因）。至少在理論上，人類不再有裁量權可以控制系統或濫用規則。如果系統允許人類貢獻於輸入端，例如依據情況變動而決定政策，那麼（理想上）自主裁量權就能平分。

我們在這裡看到政治、科技和本書觀念的滙流。左派與右派一個普遍的感想就是政治制度無法發揮作用，年輕世代尤其做如是想。新科技（最重要的是區塊鏈）能處理造成我們當前不滿的成因之一，也就是自主裁量權的濫用（或是給大眾的觀感是如此）。現在的問題是區塊鏈能否制定一套規則，容允一個社群或甚至社會的重要部分（例如通貨）的治理達成公平、效率、人

性。這個最終是程度上和實務上的問題，沒有絕對的解答。任何人構思的規則制度，沒有一套能解決所有相關情況，或是在變動劇烈的環境下還能照樣沿用。然而，建構一套新穎但簡單的規則，讓它在演進與廣泛溝通中日益趨向穩健與透明，似乎是克服這個根本兩難困境的唯一方法。[3]

　　本書的提案以及從中衍生的討論，有許多都能做為這些問題的思考路徑。平方投票法提供一種演算法的治理形式，原則上能夠用於區塊鏈，但能產生優於一人一票制的結果。不過，它需要新方法進行身分的追蹤記錄，這點可能有助於同時處理規模可擴張性和隱私的問題。COST 可以做為一種財產權形式，有助於限制投機利益以及投機泡沫。我們相信，COST 於此的潛力，加上引起大眾意識到這些問題的加密貨幣市場崩盤，是觸發這些社群對本書興趣的原因。我們期待看到他們後續的發展，也希望他們學到的課題能讓此時落入危機的自由民主體制引為借鑑，以克服更寬廣但平行的設計挑戰。

謝辭

　　經濟生產與經濟發展基本上是社會進程,而不是個人進程,
或者說,這是我們貫徹全書的主張。而像本書一樣的智識成果,
於此也沒有不同。我們身在其中發展的社會環境,以及我們所屬
的各種社群,都會塑造我們的思想,而本書若能發揮我們想要追
求的影響力,無疑地,時代精神(zeitgeit)是遠比我們在智識上
的努力還重要的條件。然而,在眾多力量當中,有許多人對本書
特別有貢獻。

　　雖然我們在全書中會指出許多對我們最重要的智識影響來
源,但我們兩人各自都有未在正文裡提及、但值得我們致謝的個
人思想導師。Gary Becker,還有特別是 José Scheinkman,是格倫
(Glen Weyl)在面臨個人專業地位要付出的代價以及出版本書的

困難時，仍然鼓勵他追求最大膽構想的關鍵人物。在格倫視機制設計為社會轉變力量的觀點之形成上，Jerry Green、Amartya Sen，以及特別是 Jean Tirole，是位居核心的塑造力量。格倫在微軟的主管 Jennifer Chayes，給他專業的空間、科際整合的環境，以及個人的鼓舞，這些都是他需要的信念，也是追求這項計畫所需。艾瑞克（Eric Posner）要感謝他在芝加哥大學（University of Chicago）以及羅素貝克獎學金（Russell Baker Scholarship Fund）的財務贊助。格倫要感謝史隆基金會（Alfred P. Sloan Foundation）給他獎學金，提供資金支持。

我們要特別感謝 Soumaya Keynes，她對融合我們各種構想的興趣和熱衷，讓我們起心動念寫作本書。

對於我們在本書的視野有所貢獻的專案計畫，它們的許多共同作者和合作者都散見於本書，但是有幾位值得在此特別指名：Anthony Lee Zhang 與格倫一起開拓共同所有權自評稅的觀念；Steve Lalley 與格倫共同證明平方投票法的基本定理；而 Nick Stephanopoulos 與艾瑞克合作建構了以平方投票法為基礎的實務版平等選舉法；Fiona Scott Morton 與我們設定了機構投資人的 1% 原則；而格倫在「數據即勞務」的探索，每一步都有 Jaron Lanier 同行。

我們的編輯 Joe Jackson，以及他在普林斯頓大學出版社

（Princeton University Press）的同事們，讓本書的出版成真。Susan Jean Miller 幫助我們磨練我們的文筆，表現出色。我們也要感謝能力出眾的研究助理團隊：Graham Haviland、Eliot Levmore、Stella Shannon、Han-ah Sumner 與 Jill Rogowski，他們提供了寶貴的協助。

耶魯大學（Yale University）的考爾斯基金會（Cowles Foundation）為我們的書稿舉辦了一場研討會，有助於塑造我們的思考，而這場研討會也得到基金會主任 Larry Samuelson 的熱烈支持。七位與談人向我們提出了重要反饋，他們是 Ian Ayres、Dirk Bergemann、Jacob Hacker、Nicole Immorlica、Branko Milanovic、Tim Shenk 與 Matt Weinzierl。在我們建構對相關思想史的理解方面，Tim 尤其助益良多。我們也從許多朋友與同事得到評論，他們是 Anna Blender、Charlotte Cavaille、Patrick Collison、Adam Cox、Richard Eskow、Marion Fourcade、Alex Peysakovich、Greg Shaw、Itai Sher、Steve Swig、Tommaso Valetti 和 Steve Weyl。Steph Dick 與 Chris Muller 提出了發人深省的回應，是我們修稿時的重要參考。Bill Vickrey 的檔案管理員 Richard Arnott 幫助我們理解 Bill Vickrey 的思想和信念。Dionisio Gonzalez、Tod Lippy 與 Laura Weyl 以其對本書美感的周全思慮襄助我們。我們也要感謝在微軟的「激進經濟學」（Radical

Economics）與「數據的社會生活」（Social Life of Data）這兩個讀書會的成員，謝謝他們的合作，特別是 Nicky Couldry、Dan Greene、Jessy Hwang、Moira Weigel 與 James Wright。

來自微軟的企業界領導者 Satya Nadella 和 Kevin Scott，以及來自學術界的 Atif Mian 和 Ken Rogoff，他們的鼓勵對於本書的發展也很重要。

格倫最感謝的是他的妻子 Alisha Holland，本書從開始到結束都有她在；但願她能體會，本書也是另一種情書。帶格倫去里約、讓他思考貧民窟相關議題的人是她；鼓勵他建構尾聲一章所述觀念的人也是她。城市的精神與移民，還有改善兩者命運的那股熱情，讓本書大半篇章充滿活力，而這都要拜她所賜。格倫與 Alisha 的雙人寫作小組，改造了我們大部分的寫作。格倫所面臨的事業風險以及破除舊事之舉，如果沒有 Alisha 的支援，他就不可能勇於寫作此書；若沒有她教導他的同理心和對美的領略，他絕對不會有寫作本書的眼光。每一天，對於他們兩人的思想和情感如何交織而密不可分，格倫都有更多發現。要建立這段始於孤單書呆子的青少年時期的關係，並不總是輕鬆而安然。但是就像一個社會，一段伴侶關係如果在危機當頭時出現劇烈變革，因而變得更為深厚，而不是成為平等、成長和合作的限制，那就是一段值得長長久久的伴侶關係。

注釋

前言

1. 參閱 Mason Gaffney, Warm Memories of Bill Vickrey (1996), http://www.wealthandwant.com/auth/Vickrey. html：Gaffney 認為上帝會如此回答：「維克里，這是我們在這裡一貫的做法；但還是謝謝你對世人的呼籲，讓我的旨意行在地上、如同行在天上。」

2. Juan Camilo Castillo, Daniel T. Knoepfle, & E. Glen Weyl, Surge Pricing Solves the Wild Goose Chase (2017), https://www.microsoft.com/en-us/research/wp-content/uploads/2017/06/ECabstract.pdf.

3. Janny Scott, After Three Days in the Spotlight, Nobel Prize Winner Is Dead, New York Times, October 12, 1996.

導論

1. Francis Fukuyama, The End of History and the Last Man (Free Press, 1992).

2. Marion Fourcade-Gourinchas & Sarah L. Babb, The Rebirth of the Liberal Creed: Paths to Neoliberalism in Four Countries, 108 American Journal of Sociology 533 (2002); Fourcade et al., The Superiority of Economists, 29 Journal of Economic Perspectives 89 (2015).

3. Marion Fourcade, Economists and Societies: Discipline and Profession in the United States, Britain, and France, 1890s to 1990s (Princeton University Press, 2010).

4. Thomas Piketty, Emmanuel Saez, and Gabriel Zucman, Distributional Na- tional Accounts: Methods and Estimates for the United States, Quarterly Journal of Economics (Forthcoming).

5. Thomas Piketty & Gabriel Zucman, Capital Is Back: Wealth-Income Ratios in Rich Countries 1700–2010,

129 Quarterly Journal of Economics 1255 (2014).

6. Council of Economic Advisers, Benefits of Competition and Indicators of Market Power (April 2016), https://obamawhitehouse.archives.gov/sites/default/files /page/files/20160414_cea_competition_issue_ brief.pdf; The Economist, In the Sha- dow of Giants (February 17, 2011), http://www.economist.com/ node/18182262.

7. Simcha Barkai, Declining Labor and Capital Shares (2017), http://home.uchicago.edu/~barkai/doc/ BarkaiDecliningLaborCapital.pdf.

8. Jan de Loecker & Jan Eeckhout, The Rise of Market Power and Macroeconomic Implications (2017), http://www.janeeckhout.com/wp-content/uploads /RMP.pdf.

9. Chad Syverson, Challenges to Mismeasurement Explanations for the US Pro- ductivity Slowdown, 34, Journal of Economic Perspectives 165 (2017).

10. OECD, The Future of Productivity (2015), https://www.oecd.org/eco /OECD-2015-The-future-of-productivity-book.pdf.

11. Christine Lagarde, Reinvigorating Productivity Growth (April 3, 2017), https://www.imf.org/en/News/ Articles/2017/04/03/sp040317-reinvigorating -productivity-growth.

12. Stephen Nickell, Luca Nunziata, & Wolfgang Ochel, Unemployment in the OECD since the 1960s. What Do We Know?, 115 Economic Journal 1 (2005).

13. Chad Syverson, What Determines Productivity?, 49 Journal of Economic Lit- erature 326 (2011).

14. Chang-TaiHsieh&PeterJ.Klenow,MisallocationandManufacturingTFPin China and India, 124 Quarterly Journal of Economics 1403 (2009).

15. Raj Chetty et al., The Fading American Dream: Trends in Absolute Income Mobility Since 1940 (April 24, 2017), http://science.sciencemag.org/content/early /2017/04/21/science.aal4617/tab-pdf.

16. 以現在只能勉強名列富裕國家的希臘來說，在 2015 年，屬於左派民粹主義路線的激進左翼聯盟（Syriza）雖然在希臘財政危機期間當權，但是後來也調整了它的政策。

17. Zachary Crockett, Donald Trump Is the Only US President Ever with No Po- litical or Military Experience (updated January 23, 2017), https://www.vox.com /policy-and-politics/2016/11/11/13587532/ donald-trump-no-experience.

18. MattGolder,FarRightPartiesinEurope,19AnnualReviewofPoliticalScience 477 (2016); Katherine Cramer Walsh, Putting Inequality in Its Place: Rural Conscious- ness and the Power of Perspective, 106 American Political Science Review 517 (2013); David Autor, David Dorn, Gordon Hanson, & Kaveh Majlesi, A Note on the Effect of Rising Trade Exposure on the 2016 Presidential Election (2017), https://gps.ucsd .edu/_files/faculty/hanson/hanson_research_TrumpVote-032017.pdf.

19. Matthew Gentzkow, Jesse M. Shapiro, & Matt Taddy, Measuring Polarization in High-Dimensional Data: Method and Application to Congressional Speech (Na- tional Bureau of Economic Research, Working Paper No. 22423, 2016); David Autor, David Dorn, Gordon Hanson, & Kaveh Majlesi, Importing Political Polarization? The Electoral Consequences of Rising Trade Exposure (National Bureau of Economic Re- search, Working Paper No. 22637, 2016).

20. 例如，PRRI 以及《大西洋報》（The Atlantic）在選後進行的民調顯示，有三分之二的川普選民把他的當選描述為「阻止美國衰退的最後機會」，請參考 https://www.prri.org/research/prri-atlantic-

poll-post-election-white-work ing-class/；此外，調查公司艾希克羅勛爵（Lord Ashcroft）所做的民調顯示，對脫歐案投贊成票的選民有 16% 相信英國現在的生活比三十年前差，然而，投下「維持現狀」票的選民，持相反觀點的有 46%，請參考 http://lordash croftpolls.com/2016/06/how-the-united-kingdom-voted-and-why/。

21. Arlie Hochschild, Strangers in Their Own Land: Anger and Mourning on the American Right (New Press, 2016).

22. Adam Smith, The Wealth of Nations, Part I, 56 (Collier, 1902).

23. 我們所勾勒的差異與卓越社會學家 Émile Durkheim 在 1983 年的知名著作有關：The Division of Labour in Society (Simon & Schuster, 1997).

24. 關於當代對道德經濟的辯護，請參閱：Michael J. Sandel, Michael J. Sandel, What Money Can't Buy: The Moral Limits of Markets (Farrar, Straus and Giroux, 2012); Samuel Bowles, The Moral Economy: Why Good Incentives Are No Substitute for Good Citizens (Yale University Press, 2016).

25. 參閱 Gareth Stedman Jones, Karl Marx: Greatness and Illusion (Harvard University Press, 2016)：一如該書所指出的，馬克思本人在接近臨終的晚年時期，其實擯棄了這些理想，因此我們在此把這些觀念描述為「馬克思主義」，而不是馬克思本人的觀點。

26. John Stuart Mill, On Liberty (John W. Parker and Sons, 1859).

27. Adam Smith, Theory of Moral Sentiments,296(WellsandLilly, 1817) (empha- sis added).

28. Smith, Wealth of Nations, 137.

29. 與政策制定者互動的應用經濟學家多半都接受這個假設，反倒是通常更遠離實務政策討論的理論經濟學家，不斷質疑這個觀點。相關討論可參閱 Anthony B. Atkinson, The Mirr- lees Review and the State of Public Economics, 50 Journal of Economic Literature 770 (2012).

30. Joan Robinson, The Economics of Imperfect Competition (PalgraveMacmillan, 1932).

31. William Cronon, Nature's Metropolis: Chicago and the Great West (W. W. Nor- ton, 1992).

第 1 章

1. Hyperloop Tests Magnetic Levitation At 192 mph, NPR Morning Edition, Au- gust 4, 2017, available at http://www.npr.org/2017/08/04/541538743/hyperloop-tests -magnetic-levitation-at-192-mph.

2. William J. Bernstein, A Splendid Exchange (Grove Press, 2008).

3. Robert C. Allen, Engels' Pause: Technical Change, Capital Accumulation, and Inequality in the British Industrial Revolution, 46 Explorations in Economic History 418 (2009).

4. Henry George, Progress and Poverty 1–5 (Robert Schalkenbach Foundation, 1997).

5. Alexander Gray, The Socialist Tradition: Moses to Lenin (Longmans, Green, 1947).

6. Philip T. Hoffman, Institutions and Agriculture in Old Regime France, 16 Policy & Society 241 (1988) of the publishers

7. 這個數字是由經濟學家查德 · 斯弗森（Chad Syverson）所提出。斯弗森發現，資源嚴重錯置，流

入低度生產力的企業，會造成年度產出減損高達 25%。請參考 Chad Syverson, Market Structure and Productivity: A Concrete Example, 112 Journal of Political Economy 1181 (2004); Syverson, Product Substitutability and Productivity Dispersion, 86 Review of Economics and Statistics 534 (2004); Syverson, What Determines Productivity, 49 Journal of Economic Literature 326 (2011)。這種資源錯置並非全部來自形式最簡單的獨占問題。不過，我們會在後文討論到，許多造成資源錯置的其他問題（逆向選擇、稟賦效應和信貸壁壘），也都能夠透過部分共有財產來因應。因此，我們相信，這種資源錯置多半可以藉助共同所有權自評稅制（common ownership self-assessed tax，COST）與相關改革方案而化解。

8. Gareth Stedman Jones, Karl Marx—Greatness and Illusion (Belknap Press, 2016).

9. Michael Kremer, The O-Ring Theory of Economic Development, 108 Quarterly Journal of Economics 551 (1993), provides a definitive account of how large-scale enterprises typically must overcome monopoly problems.

10. R. H. Coase, The Nature of the Firm, 4 Economica 386 (1937).

11. W. Stanley Jevons, The Theory of Political Economy xlvi (Macmillan and Company, 5th ed., 1957).

12. Léon Walras, Studies in Social Economics 224–225 (Jan van Daal & Donald A. Walker, trans., Routledge, 2010).

13. 「社會紅利」一詞似乎是由奧斯卡・蘭格（Oskar Lange）所創（參閱 Oskar Lange, The Economic Theory of Socialism, 4 Review of Economic Studies 1 (1936)），不過他把這個概念歸功於瓦爾拉斯。我們會在後文更詳細檢視蘭格的思想。

14. Walras, Studies in Social Economics, 234.

15. George, Progress and Poverty, 223.

16. George, Progress and Poverty, 244.

17. http://landlordsgame.info/.

18. George R. Geiger, The Philosophy of Henry George. Introduction by John Dewey xxii (MacMillan Co., 1933).

19. Garrett Hardin, The Tragedy of the Commons, 162 Science 1243 (1968).

20. Harold Schiffrin, Sun Yat-sen's Early Land Policy: The Origin and Meaning of "Equalization of Land Rights," 16 Journal of Asian Studies 549, 555 (1957).

21. Joseph A. Schumpeter, Capitalism, Socialism and Democracy (Harper & Brothers, 1942).

22. Oskar Lange & Fred M. Taylor, On the Economic Theory of Socialism (Benjamin E. Lippincott, ed., 1938); Abba P. Lerner, The Economics of Control: Principles of Welfare Economics (Macmillan, 1944).

23. 參閱 Ludwig von Mises, Economic Calculation in the Socialist Commonwealth (S. Alder trans., Ludwig von Mises Institute, 2012); Frederich A. Hayek, The Use of Knowledge in Society, 35 American Economic Review 519 (1945)。另外，關於世紀中期辯論的討論，請參閱 Samuel Bowles, Microeconomics: Behavior, Institutions and Evolution 475–476 (Princeton University Press, 2006)。我們會在尾聲一章回頭探究這些辯論。

24. 這些批判最終導致現代社會主義思想家擁護各種混合型經濟關係，例如員工合作社（把生產活動置於更高的民主控制權）；更強的經濟權利（降低工作者對雇主的依賴）。請參閱 Samuel Bowles & Herbert Gintis, Democracy and Capitalism: Property, Community, and the Contradictions of Modern

Social Thought (Basic Books, 1986); Alec Nove, The Economics of Feasible Socialism Revisited (Routledge, 2d ed., 1991)。

25. Friedrich Hayek, The Road to Serfdom (Routledge, 1944).

26. 有些有限的實證研究證實律師的共識：協商確實極度困難，尤其是在寇斯偏好的那些例子裡。參閱 Hoyt Bleakley & Joseph Ferrie, Land Openings on the Georgia Frontier and the Coase Theorem in the Short and Long-Run (2014) at http://wwwpersonal.umich.edu /~hoytb/ Bleakley_Ferrie_Farmsize.pdf and Ward Farnsworth, Do Parties to Nui-sance Cases Bargain after Judgment? A Glimpse Inside the Cathedral, 66 University of Chicago Law Review 373 (1999)。即使在高度競爭的環境裡，經濟證據也印證這些發現。參閱 Even in highly competitive environments, economic evidence corroborates these findings. See Bradley Larsen, The Efficiency of Real- World Bargaining: Evidence from Wholesale Used-Auto Auctions, NBER Working Paper 20431 (2014)。

27. 寇斯原本想要證明，約束看似引發問題的人，不一定都是最好的做法（以此例來說，就是音樂老師）；讓各方當事人達成協議或許更為明智。

28. 法學與經濟學的三部重要教科書裡都看得到這種主張。三本都把投資問題做為私有財產合理化的重要原因：如果私有財產不存在，那麼人就不會為了改良財產而投資，因為他們無法確定自己能否受益於投資報酬。參閱 Steven Shavell, Foundations of Economic Analysis of Law 11–19 (Harvard University Press, 2004); Robert Cooter & Thomas Ulen, Law & Economics 76–80 (Pearson, 6th ed., 2012); Richard A. Posner, Economic Analysis of Law 40–42 (Aspen Publishers, 9th ed., 2014)。這些教科書對獨占問題只是輕描淡寫帶過。儘管它們承認，釘子戶問題以及策略行為相關問題可能會干擾財產移轉，但它們多半認為這些問題只侷限於財產使用影響許多人的情況，就像工廠污染問題。

29. See Benjamin Edelman, Michael Ostrovsky, & Michael Schwarz, Internet Advertising and the Generalized Second-Price Auction: Selling Billions of Dollars' Worth of Keywords, 97 American Economic Review 242 (2007); Hal R. Varian, Position Auctions, 25 International Journal of Industrial Organization 1163 (2007).

30. R. H. Coase, The Federal Communications Commission, 2 Journal of Law and Economics 1 (1959); Thomas W. Hazlett, Assigning Property Rights to Radio Spectrum Users: Why Did FCC License Auctions Take 67 Years?, 41 Journal of Law and Economics 1 (1959).

31. Paul Milgrom, Putting Auction Theory to Work, 108 Journal of Political Economy 245 (2000).

32. Roger B. Myerson & Mark Sattherwaite, Efficient Mechanisms for Bilateral Trading, 29 Journal of Economic Theory 265 (1983).

33. Peter Crampton, Robert Gibbons, & Paul Klemperer, Dissolving a Partner- ship Efficiently, 55 Econometrica 61 (1987); Ilya Segal & Michael D. Whinston, A Simple Status Quo that Ensures Participation (with Application to Efficient Bargaining), 6 Theoretical Economics 109 (2011).

34. 一般人或許會認為這個例子自然而然，如果兩名合夥人的持股比例是按照他們對計畫投入的工作來分配，接手的最佳人選應該是為公司投入最多心力的人。然而，如果合夥人的持份反映的不只是心力（「血汗股權」），還有財務投資（「現金股權」），或是對公司投入的心力隨著時間而有所轉變，情況就不是如此。

35. E. Glen Weyl & Anthony Lee Zhang, Depreciating Licenses (2017), https:// ssrn.com/abstract=2744810.

36. Demosthenes, Against Phaenippus (c. BCE 359), discussed in George C. Bitros & Anastasios D. Karayiannis, Creative Crisis in Democracy and Economy 20 (Springer, 2013).

37. Christopher D. Hall, Market Enforced Information Asymmetry: A Study of Claiming Races, 44 Economic Inquiry 271 (1986).

38. Antonio Cabrales, Antoni Calvó-Armengol, & Matthew O. Jackson, La Crema: A Case Study of Mutual Fire Insurance, 111 Journal of Political Economics 425 (2003).

39. Emerson Niou & Guofu Tan, An Analysis of Dr. Sun Yat-sen's Self-Assessment Scheme for Land Taxation, 78 Public Choice 103 (1994).

40. Yun-Chien Chang, Self-Assessment of Takings Compensation: An Empirical Study, 28 Journal of Law, Economics, and Organizations 265 (2012).

41. Arnold C. Harberger, Issues of Tax Reform for Latin America, in Fiscal Policy for Economic Growth in Latin America (Johns Hopkins University Press, 1965).

42. 參閱 Maurice Allais, L'Impôt sur le Capital et la Réforme Monétaire (Hermann, 1988)。在法學教授索爾‧列夫摩爾（Saul Levmore）的推波助瀾下，學術界人士又重燃對它的興趣。參閱 Saul Levmore, Self-Assessed Valuation Systems for Tort and Other Law, 68 Virginia Law Review 771 (1982)。

43. 這個事實有助於緩解對 COST 的兩項潛在反對意見：一是持有人或許會想要「破壞」他們的財貨對他人的吸引力，以閃避他人取得財貨的興趣，二是掠奪性質的外來者可能會不遺餘力地取得財貨，只為了傷害持有人。請注意，如果持有人所設定的價格一直保持高於自己願意接受的最低價格，前述兩件事就不可能發生，因為在這樣的價格設定下，持有人也會樂見他人取得所有物：持有人仍然享有獲利，只是獲利不如設定獨占價格時那麼豐厚。因此，持有人巴不得「掠奪」行為出現，因為他人的「掠奪」能讓你從你的住家天外得來一筆橫財，你絕對不會想要破壞你的所有物，因為這會減少這種特別機遇出現的機率。只有那些謊報極低價值、嚴重破壞自身財貨的人，才會讓掠奪者有機可乘。

44. Weyl & Zhang, Depreciating Licenses.

45. Thomas W. Merrill, Property and the Right to Exclude, 77 Nebraska Law Review 730 (1998).

46. 當然，在常見的財產稅，以及許多其他針對私有財產使用的法規限制上，這點也都成立。

47. 為了敘述的生動活潑，我們有些討論會以個人擁有的財產為例，諸如住家和車子，但是讀者應該記住，大部分資產都是由企業所擁有，因此 COST 的參與和受惠，多半都是以企業資產為對象。

48. 更多詳情，請參閱 Eric A. Posner & E. Glen Weyl, Property Is Another Name for Monopoly, 9 Journal of Legal Analysis 51 (2017).

49. 請注意，這樣會創造出一個高度流動的住屋轉貸市場。

50. 尼克希爾‧奈克（Nikhil Naik）領導的一支研究團隊已經在運用影像分析進行不動產的自動化財產評估，因此這個構想並不像乍聽之下那麼難以置信。

51. George A. Akerlof, The Market for "Lemons" : Quality, Uncertainty and the Market Mechanism, 84 Quarterly Journal of Economics 488 (1970); Michael Spence, Job Market Signaling, 87 Quarterly Journal of Economics 355 (1973).

52. Richard Thaler, Toward a Positive Theory of Consumer Choice, 1 Journal of Economics, Behavior, and Organizations 39 (1980).

53. John A. List, Neoclassical Theory versus Prospect Theory: Evidence from the Marketplace, 72 Econometrica 615 (2004); Coren L. Apicella, Eduardo M. Azevedo, Nicholas A. Christakis, & James H.

Fowler, Evolutionary Origins of the Endowment Effect: Evidence from Hunter-Gatherers, 104 American Economic Review 1793 (2014).

54. 以負債為基礎的經濟體有許多不良效應，尤其是從總體經濟的觀點，欲知更多詳情，可參閱 Atif Mian & Amir Sufi, House of Debt: How They (and You) Caused the Great Recession and How We Can Stop It from Happening Again (University of Chicago Press, 2014)。

55. J. R. Hicks, Annual Survey of Economic Theory: The Theory of Monopoly, 3 Econometrica 1, 8 (1935).

56. Weyl & Zhang, Depreciating Licenses.

57. Chad Syverson, What Determines Productivity?, 49 Journal of Economic Literature 326 (2011).

58. Milgrom, Putting Auction Theory to Work.

59. Paul Milgrom, E. Glen Weyl, & Anthony Lee Zhang, Redesigning Spectrum Licenses, 40 Regulation (2017).

60. Jacqueline D. Lipton, Beyond Cybersquatting: Taking Domain Name Dis- putes Past Trademark Policy, 40 Wake Forest Law Review 1361 (2005).

61. Hope King, Owner of ClintonKaine.com wants $90,000, CNN Money (July 27, 2016), http://money.cnn.com/2016/07/27/technology/clinton-kaine-website /index.html.

62. Lauren Cohen, Umit G. Gurun, & Scott Duke Kominers, The Growing Prob- lem of Patent Trolling, 352 Science 521 (2016).

63. 愈來愈多人把這種「全民可退抵減稅額」（universal refundable tax credit，URTC）稱做「全民基本收入」（universal basic income，UBI）。我們排拒這個描述，因為 UBI 通常被描繪成一種與維持起碼生活所需所得掛鉤的概念，而我們認為這個概念定義粗糙，無論如何都不是我們提案的目標。我們所說的社會紅利會與一國的自評總財富按比例聯動，而不是繫於某種基本需求的概念。

64. David P. Hariton, Sorting Out the Tangle of Economic Substance, 52 Tax Lawyer 235 (1999); David A. Weisbach, Ten Truths about Tax Shelters (John M. Olin Program in Law and Economics Working Paper No. 122, 2001).

65. 注意，名目本金不會降低；降低的是根據這個本金所申報的價值。

66. Piketty et al., Distributional National Accounts.

67. Tyler Cowen, The Complacent Class: The Self-Defeating Quest for the American Dream (St. Martin's Press, 2017).

68. Leaf Van Boven and Thomas Gilovich, To Do or to Have? That Is the Ques- tion, 85 Journal of Personality and Social Psychology 1193 (2003).

69. 這個觀點更晚近的倡議者，例如以下文獻：Robert H. Frank, Choosing the Right Pond: Human Behavior and the Quest for Status (Oxford University Press, 1987)；以及 uliet B. Schor, The Overspent America: Why We Want What We Don't Need (Harper Perennial, 1999)。

70. Saumitra Jha, Financial Asset Holdings and Political Attitudes: Evidence from Revolutionary England, 130 Quarterly Journal of Economics 1485 (2015); Markku Kaustia, Samuli Knüpfer, & Sami Torstila, Stock Ownership and Political Behavior: Evidence from Demutualizations, 62 Management Science 945 (2015).

71. Francis Fukuyama, Trust (Free Press, 1995); Paola Sapienza, Anna Toldra-Simats, & Luigi Zingales,

Understanding Trust, 123 Economic Journal 1313 (2013).

第 2 章

1. Mogens Herman Hansen, The Athenian Democracy in the Age of Demosthenes: Structure, Principles, and Ideology 6 (J. A. Crook, trans., Basil Blackwell, 1999).

2. Xenophon, Hellenicabk.1, ch. 7, §§ 1–35(CarltonBrownsontrans., 1921) and Hansen, Athenian Democracy.

3. Andrew Lintott, The Constitution of the Roman Republic (Oxford University Press, 1999).

4. See Goronwy Edwards, Presidential Address, The Emergence of Majority Rule in the Procedure of the House of Commons, 15 Transactions of the Royal Historical Society 165 (1965).

5. John Gilbert Heinberg, Theories of Majority Rule, 26 American Political Sci- ence Review 452, 456 (1932).

6. Melissa Schwartzberg, Counting the Many: The Origins and Limits of Superma- jority Rule 52–58 (Cambridge University Press, 2013); Heinberg, Theories of Majority Rule, at 456.

7. Thomas Hobbes, Leviathan (Penguin Classics, 1986) (originally published in 1651).

8. US Declaration of Independence, para. 3 (1776).

9. The Federalist No. 51, at 323 (James Madison) (Clinton Rossiter, ed., 1961).

10. US Constitution, article II, § 2.

11. US Constitution, article I, § 7.

12. US Constitution, article V.

13. See Robert A. Dahl, How Democratic Is the American Constitution?, 12–18 (Yale University Press, 2d ed., 2003).

14. 事實上,因為這類法律而成為受害者的少數群體,他們的維權人士有許多都體認到這種司法介入正當性的限制,因而呼籲在犯罪議題的投票上,那些直接受到影響的人應該得到更高的發言權。William J. Stuntz, The Collapse of American Criminal Justice (Harvard University Press, 2011);以及 Lisa L. Miller, The Perils of Federalism: Race, Poverty, and the Politics of Crime Control (Oxford University Press, 2010)。

15. 在十三世紀時,西班牙數學家、哲學家雷蒙·呂爾(Ramon Llull)已經預見康多瑟後來的許多思想,但是他的手稿於他在世時遺失,一直到新千禧年初期復見,因此他對於投票相關觀念的後續發展,影響微小。

16. Kenneth Arrow, Social Choice and Individual Values (Yale University Press, 1970) (originally published in 1951).

17. 例如,最近有一項針對經濟學家做的意見調查,在問到理想的投票制度是否存在時,這個定理在受訪者間就被頻繁提及。參閱 IGM Forum, Primary Voting (March 7, 2016), http://www.igmchicago.org/surveys/primary-voting.。然而,這個觀點多少有誤導。艾羅的定理也適用於市場分配,而反過來說,關於市場的正向結果也適用於集體決策(因為有平方投票法)。集體決策在私有財方面的表現之所以遜色於市場機制,與現存體制的特質比較有關係(我們會在後文探討),而不是艾羅

定理涵蓋了這各種廣泛的可能性。

18. "Sur les assemblées provinciales" in Oeuvres de Condorcet, 8:214–216, 268– 271, "Ésquisse" in Oeuvres de Condorcet, 6:176–177.

19. See Gary W. Cox, Making Votes Count: Strategic Coordination in the World's Electoral Systems (Cambridge University Press, 1997).

20. 策略投票最著名的這套路數，就是所謂的「杜瓦傑定理」（Duverger's law）。請參閱：Maurice Duverger, Political Parties: Their Organization and Activity in Modern States (Wiley, 1954)。

21. Richard J. Evans, The Coming of the Third Reich (Penguin, 2004).

22. Ivan Ermakoff, Ruling Oneself Out: A Theory of Collective Abdications (Duke University Press, 2008).

23. See Richard D. McKelvey, Intransitivities in Multidimensional Voting Models and Some Implications for Agenda Control, 12 Journal of Economic Theory 472 (1976) .

24. Martin Niemöller, "First They Came" (c. 1945), American Holocaust Memo- rial Museum, https://www.ushmm.org/wlc/en/article.php?ModuleId=10007392.

25. Élie Harlévy, A History of the English People in the Nineteenth Century: The Triumph of Reform: 1830– 1841 (E. I. Watkin, trans., Barnes & Noble, 1961).

26. Jeremy Bentham, Article on Utilitarianism, in The Collected Works of Jeremy Bentham: Deontology Together with a Table of the Springs of Action and Article on Util- itarianism (Amnon Goldworth ed., Oxford University Press, 1983; originally pub- lished in 1829).

27. John Stuart Mill, Considerations on Representative Government (Parker, Son, and Bourn, 1861).

28. Paul A. Samuelson, The Pure Theory of Public Expenditure, 36 Review of Economics and Statistics 387 (1954).

29. Mancur Olson, The Logic of Collective Action: Public Goods and the Theory of Groups (Harvard University Press, rev. ed., 1971).

30. See William Vickrey, Counterspeculation, Auctions and Competitive Sealed Tenders, 16 Journal of Finance 8 (1961); William Vickrey, Automobile Accidents, Tort Law, Externalities, and Insurance: An Economist's Critique, 33 Law and Contempo- rary Problems 464 (1968).

31. See Edward H. Clarke, Multipart Pricing of Public Goods, 11 Public Choice 17 (1971); Theodore Groves, Incentives in Teams, 41 Econometrica 617 (1973).

32. Theodore Groves & John Ledyard, Optimal Allocation of Public Goods: A Solution to the "Free Rider" Problem, 45 Econometrica 783 (1977); Aanund Hylland & Richard Zeckhauser, A Mechanism for Selecting Public Goods When Preferences Must Be Elicited (Kennedy School of Government, Harvard University, Discussion Paper 51, 1980).

33. 關於這張圖表分析更詳細的闡述，請參閱：Nicolaus Tide- man & Florenz Plassmann, Efficient Bilateral Taxation of Externalities, 172 Public Choice 109 (2017)。

34. 在 2012 年，本書作者韋爾在網路上發表他的第一版論文〈平方投票採購〉（Quadratic Voting Buying），在此僅僅幾個月之後，經濟學家雅各布‧戈瑞（Jacob Goeree）與張晶晶（Jingjing Zhang，中文名為音譯）獨立探索這個觀念更具體的版本。他們的論文發表於 2017 年。請參閱 Jacob Goeree & Jingjing Zhang, One Man, One Bid, 101 Games & Economic Be- havior 151 (2017)。

35. 這是人為設計下的離散化數值的一個例子，並不是模型固有的特質。從投票得到的邊際利益乘以投票數（MB*V）是選民的獲益，投票數的平方（V^2）是成本。邊際利益與邊際成本相等，也就是 V*=MB/2。由此得知，一個選民所投的票數會與邊際利益成比例。之所以會有這個結果，是因為平方關係的導數屬線性。

36. 韋爾和其他共同作者所做的數學研究顯示，在各式各樣的情況下，大部分個人「成為關鍵選民的機會」相當近似，尤其是選民人數眾多時，這表示近似值相當準確。事實上，在探究了各式各樣的案例後，這些分析當中並沒有 QV 失去超過 5% 潛在福利的例子；然而，在多數人的小利壓制少數人的重要利益時，1p1v 可能輕易失去失去 100% 的潛在福利。這並不表示 QV 已臻至完美，更勝我們在前一章要因應的不完全競爭市場。未來的創新者一定會進一步改良 QV，一如我們在前一章裡改良資本主義市場的嘗試。然而，QV 是邁向有效運作的集體決策市場的重大一步。請參見 Steven P. Lalley & E. Glen Weyl, Quadratic Voting: How Mechanism Design Can Radicalize Democracy, American Eco- nomic Association Papers and Proceedings (Forthcoming); Steven P. Lalley & E. Glen Weyl, Nash Equilibria for Quadratic Voting (2017) at https://arxiv.org/abs /1409.0264; Bharat K. Chandar & E. Glen Weyl, Quadratic Voting in Finite Popula- tions (May 21, 2017) at https://ssrn.com/ abstract=2571026; E. Glen Weyl, The Ro- bustness of Quadratic Voting, 172 Public Choice 75 (2017)。

37. Louis Kaplow & Scott Duke Kominers, Who Will Vote Quadratically? Voter Turnout and Votes Cast Under Quadratic Voting, 172 Public Choice 125 (2017).

38. E. Glen Weyl, The Robustness of Quadratic Voting, 172 Public Choice 125 (2017).

39. 平等發言權這個觀念的定義有一些重要的細膩之處，因為可以付諸投票的議題，其定義以及相對成本，可能對某些公民有利或不利。請參閱 Daniel Benjamin, Ori Heffetz, Miles Kimball, & Derek Lougee, The Relationship Between the Normalized Gradient Addition Mechanism and Quadratic Voting, 172 Public Choice 233 (2017)。我們正在與其他幾位學者合作，更深入地探究這些問題。

40. 像是羅納德‧德沃金（Ronald Dworkin）等哲學家曾經主張，資源分配理想上的公正模型，是以均等所得為起點的競爭均衡，請參閱 Ronald Dworkin, What Is Equality? Part II: Equality of Re- sources, 10 Philosophy & Public Affairs 283 (1981); Ronald Dworkin, Sovereign Virtue: The Theory and Practice of Equality (Harvard University Press, 2000)。

41. Rensis Likert, A Technique for the Measurement of Attitudes, in Archives of Philosophy No. 140, 5–55 (R. S. Woodworth, ed., 1932).

42. SendhilMullainathan&EldarShafir,Scarcity:TheNewScienceofHavingLess and How It Defines Our Lives (Picador, 2014).

43. DavidQuarfoot,DouglasvonKohorn,KevinSlavin,RorySutherland,David Goldstein, & Ellen Konar, Quadratic Voting in the Wild: Real People, Real Votes, 172 Public Choice 283 (2017).

44. QV 分配仍然存在一個異常狀況：在 0 票處出現陡降。它的成因是 weDesign 軟體的一個缺點：我們只容允議題的得票數為「非負整數」。一旦你已經在你熱衷的議題上投了幾票，或許就不可能再擠出多一點點票給這個議題，因為你可能只剩幾個積分。大部分參與者很認真地想要用完所有積分，於是最後會把原本為 0 票的議題改為 1 票，或是把 1 票的改為 0 票，如此挪來移去，以用掉僅剩的積分。雖然這能進一步顯示參與者的投入程度，我們還是希望在改良軟體時能修正這個「瑕疵」。

45. Alisha Holland, Square Miles: The Spatial Politics of Mass Infrastructure, American Political Science Association Working Paper, 2017.

46. Liran Einav, Chiara Farronato, & Jonathan Levin, Peer-to-Peer Markets, 8 Annual Review of Economics 615 (2016).

47. Chris Nosko & Steven Tadelis, The Limits of Reputation in Platform Markets: An Empirical Analysis and Field Experiment (National Bureau of Economic Research, Working Paper No. 20830, 2015).

48. Andrew Quentson, Can Ethereum-Based Akasha Revolutionize Social Net- works? Cryptocoins News, January 29, 2017, https://www.cryptocoinsnews.com/can -ethereum-based-akasha-revolutionize-social-networks/.

49. See Eric A. Posner & E. Glen Weyl, Quadratic Voting as Efficient Corporate Governance, 81 University of Chicago Law Review 251 (2014), for more on the applica- tion to corporate governance.

50. 關於這些概念的詳細闡述，請參閱 Eric A. Posner & E. Glen Weyl, Voting Squared: Quadratic Voting in Democratic Politics, 68 Vanderbilt Law Review 441 (2015); Eric A. Posner & Nicholas Stephanopoulos, Quadratic Election Law, 172 Public Choice 265 (2017)。

51. 請注意，有些多少更近似 1p1v 的制度卻能夠避免這個現象，例如康多瑟設計的規則、史提芬‧布拉姆斯（Steven Brams）在 1970 年代晚期提出的同意投票制（Approval Voting System），還有華倫‧史密斯（Warren Smith）的計分投票制（Range Voting）。參見 Steven J. Brams & Peter C. Fishburn, Approval Voting (Birkhauser, 2d ed., 2007); Warren D. Smith, Range Voting (unpublished manuscript, November 28, 2000). Available at http://rangevoting.org/WarrenSmithPages/homepage/rangevote.pdf.。可惜的是，這些制度沒有 QV 的其他利益，尤其是二元公投採取多數決原則時。

52. 我們當中一人在與電腦科學家妮可‧伊摩莉卡（Nicole Immorlica）與卡特琳娜‧里吉特（Katrina Ligett）合作的研究裡，嘗試正式證明這個邏輯意味著，在合理的條件下，根據我們前述討論的意義，QV 選出的候選人，一定會達成最多數人最大的福祉。

53. 請參閱 Michel Balinski & Rida Laraki, Majority Judgment vs Majority Rule, Working Paper (2016)。我們取用一份他們以利克特的方法為基礎的調查，假設量表上的每個點都對應於特定的票數。有鑑於我們在第 2 章裡討論過的剔除極端值的做法，這樣的處理可能會低估 QV 所產生結果的強度。在這個方法下，凱西克（John Kasich）是唯一平均淨得分為正數的候選人（0.12），其後分別是桑德斯（-0.11）、克魯茲（-0.22）、柯林頓（-0.32）和川普（-0.69）。

54. Daron Acemoglu, Suresh Naidu, Pascual Restrepo, & James A. Robinson, Democracy Does Cause Growth, Journal of Political Economy (Forthcoming).

55. QV 可以為公民表達自身政治信念提供一種豐富、昂貴但匿名的方法，因此可能有助於打破「政治正確」與無成本的網路言論攻擊的雙重枷鎖。

56. John Kenneth Galbraith, The Affluent Society 187 (Mariner Books, 1958).

第 3 章

1. 關於貿易長期歷史的精采論述，請參閱：WilliamJ.Bernstein,ASplendid Exchange: How Trade Shaped the World (Grove Press, 2009)。

2. Edgar S. Furniss, The Position of the Laborer in a System of Nationalism. AStudy in the Labor Theories of the Late English Mercantilists (Houghton Mifflin Company, 1920).

3. 我們從與克雷門斯的討論得到很多收穫，他與我們分享了他的一些沒有發表的研究。另請參考：

Michael Clemens, Economics and Emigration: Trillion Dollar Bills on the Sidewalk?, 25 Journal of Economic Perspectives 3 (2011)

4. Barry Baysinger, Robert B. Eckelund, Jr., & Robert D. Tollison, Mercantilism as a Rent-Seeking Society, in Roger D. Congleton, Arye L. Hillman, & Kai A. Konrad, eds., 40 Years of Research on Rent-Seeking 2: Applications: Rent-Seeking in Practice (Springer, 2008).

5. Furniss, Position of the Laborer in a System of Nationalism.

6. François Bourguignon & Christian Morrisson, Inequality Among World Citizens: 1820–1992, 92 American Economic Review 727 (2002).

7. 定義上來說，這個衡量指標只是近似值，實際的衡量指標所採用的是連續複合率的增長，因此這個詮釋只有在變動相對緩和時才準確。正式的衡量指標是平均所得自然對數與所得自然對數平均值的差。

8. 由於平均對數差（MLD）採用連續複合率，這項計算不是非常正確。在這個情況裡，MLD 其實是 2.76 對數點。不過，對於較不劇烈的所得變化，這個近似值適於思考 MLD 所相對應的意義為何。

9. 想要了解對此思考縝密的評論，請參閱 Branko Milanovic, Global Inequality: A New Approach for the Age of Globalization (Belknap Press, 2016)。

10. Richard J. Evans, The Pursuit of Power: Europe 1815–1914 (Penguin, 2016).

11. Letter from Karl Marx to Sigfrid Meyer & August Vogt (April 9, 1870).

12. Matthew Annis, Henry George, John Stuart Mill, and Solving the "Knotty Labor Question" (October 26, 2011), https://thechinesequestion.wordpress.com/tag /john-stuart-mill/; Edward Alsworth Ross, The Old World in the New (Century Com- pany, 1914).

13. Migration Policy Institute, U.S. Immigrant Population and Share over Time, 1850–Present, http://www. migrationpolicy.org/programs/data-hub/charts/immi grant-population-over-time.

14. Steven Best, The Global Industrial Complex: Systems of Domination, ix (Lex- ington Books, 2011).

15. Niels Boel, Eduardo Galeano: The Open Veins of McWorld, 54 UNESCOCourier 4 (2001).

16. 16. Pierre-Olivier Gourinchas & Olivier Jeanne, The Elusive Gains from Interna- tional Financial Integration, 73 Review of Economic Studies 715 (2006).

17. 17. Jonathan D. Ostry, Prakash Loungani, & Davide Furceri, Neoliberalism: Oversold?, 53 IMF Finance and Development 38 (2016).

18. 18. John Gibson & David McKenzie, Eight Questions about Brain Drain, 25 Jour- nal of Economic Perspectives 107 (2011), and Frédéric Docquier & Hillel Rapoport, Globalization, Brain Drain, and Development, 50 Journal of Economic Literature 681 (2012).

19. 這些計算顯然過度粗糙，而且忽略了許多因素，比方說如此龐大規模的移民對移工薪資所造成的變動。然而，經濟學家最嚴謹的研究幾乎一致發現，全球福利自移民充分自由化而來的增長在 50% 到 150% 之譜。因此，按照文獻的標準來看，20% 的增長其實相當保守。參閱 Clemens, Economics and Emigration。

20. Wolfgang F. Stolper & Paul A. Samuelson, Protection and Real Wages, 9 Re- view of Economic Studies 58 (1941).

21. George J. Borjas, The Labor Demand Curve Is Downward Sloping: Reexam- ining the Impact of Immigration on the Labor Market, 118 Quarterly Journal of Eco- nomics 1335 (2003).

22. 22. George J. Borjas, Issues in the Economics of Immigration (Princeton University Press, 2001).

23. David Card, Is the New Immigration Really So Bad?, 115 Economic Journal F300 (2005); Gianmarco I. P. Ottaviano & Giovanni Peri, Rethinking the Effect of Migration on Wages, 10 Journal of the European Economic Association 152 (2012).

24. National Academy of Sciences, Engineering, and Medicine, The Economic and Fiscal Consequences of Immigration (National Academies Press, 2016).

25. Dane Stangler & Jason Wiens, The Economic Case for Welcoming Immigrant Entrepreneurs (2015). http://www.kauffman.org/what-we-do/resources/entrepre neurship-policy-digest/the-economic-case-for-welcoming-immigrant-entrepreneurs.

26. National Academy, Economic and Fiscal Consequences of Immigration.

27. Christian Dustmann & Tommaso Frattini, The Fiscal Effects of Immigration to the UK (2014), 24 Economic Journal F565 (2016).

28. Joel S. Fetzer, Public Attitudes Toward Immigration in the United States, France and Germany (Cambridge University Press, 2000).

29. 關於以非強制執法做為政策工具的系統化研究，請參閱 Alisha Holland, Forbearance as Redistribution: The Politics of Informal Welfare in Latin America (Cambridge University Press, 2017)。

30. Gary S. Becker, The Challenge of Immigration: A Radical Solution (Instituteof Economic Affairs, 2011).

31. See The Economist, Immigration Systems: What's the Point?, July 7th, 2016, for a review.

32. 有少數根據傳聞而為的研究，確實記錄了虐待事件，但是問題在於現行計畫並非以外勞計畫而建構。 參閱 Janie A. Chuang, The U.S. Au Pair Program: Labor Exploitation and the Myth of Cultural Exchange, 36 Harvard Journal of Law and Gender 269 (2013); Daniel Costa, Guestworker Diplomacy, Economic Policy Institute Briefing Paper No. 317 (July 14, 2011), http://www.epi.org/files/2011/BriefingPaper317.pdf。相反地，這些計畫都打造成文化交流計畫，然後為雇主與安排移民的私人中介機構所把持。虐待事件衍生自不適當的媒合；結構適當的外勞計畫會有更多的保護措施。

33. E. Glen Weyl, The Openness-Equality Trade-Off in Global Redistribution, Economic Journal (Forthcoming), https://papers.ssrn.com/sol3/papers.cfm?abstract _id=2755304. The rest of the material in this section is based on empirical results from this paper.

34. Michael Clemens, The Walls of Nations (Columbia University Press, forthcoming).

35. Douglas S. Massey, Jorge Durand, & Nolan J. Malone, Beyond Smoke and Mirrors: Mexican Immigration in an Era of Economic Integration (Russell Sage Foun- dation, 2002).

第 4 章

1. Aristotle, Aristotle's Politics (Carnes Lord, ed. & trans., University of Chicago Press, 2d ed., 2013) (350 BCE).

2. Claude Menard, Three Forms of Resistance to Statistics: Say, Cournot, Walras, 12 History of Political Economy 524 (1980).

3. Léon Walras, Studies in Social Economics 157 (Jan van Daal & Donald A. Walker, trans., Routledge, 2d ed., 2010) (1896).

4. 15 U.S.C. § § 1–7 (1890).

5. Ransom E. Noble, Jr., Henry George and the Progressive Movement, 8 American Journal of Economics & Society 3 (1949).

6. Renato Crillo, Léon Walras and Social Justice, 43 American Journal of Economics & Society 1 (1984).

7. Standard Oil Co. of N.J. v. United States, 221 U.S. 1 (1911).

8. 欲知這段發展的簡短歷史，請參閱 William E. Kovacic & Carl Shapiro, Antitrust Policy: A Century of Economic and Legal Thinking, 14 Journal of Economic Perspectives 43 (2000)。

9. Einer Elhauge, Horizontal Shareholding, 109 Harvard Law Review 1267 (2016).

10. Lewis Carroll, Through the Looking-Glass 50 (Henry Altemus, 1897).

11. 15 U.S.C. § 18 (amend. 1950).

12. David Gerber, Law and Competition in Twentieth-Century Europe: Protecting Prometheus (Clarendon Press, 2001).

13. See Peter L. Bernstein, Capital Ideas: The Improbable Origins of Modern Wall Street (Wiley, 1992), for a history.

14. 關於這個理論的一個經典陳述，請參閱 Burton G. Malkiel, A Random Walk Down Wall Street: The Time-Tested Strategy for Successful Investing (W.W. Norton & Com- pany, 10th ed., 2012)。

15. Robert J. Shiller, Irrational Exuberance (Princeton University Press, 3d ed., 2015).

16. 截至 2010 年，機構投資人持有的普通股價值為 11.5 兆美元。同年，指數基金持有大約 1.4 兆美元。請參閱 Marshall E. Blume & Donald B. Keim, Institutional Investors and Stock Market Liquidity: Trends and Relationships, 5 (working paper, Wharton School, University of Pennsylvania, 2012), http:// finance .wharton.upenn.edu/~keim/research/ChangingInstitutionPreferences_21Aug2012 .pdf。

17. Business Insider's Global Macro Monitor, Q3 2012; http://www.business insider.com/who-owns-the-us-equity-market-2013-1.

18. Joseph A. McCahery, Zacharias Sautner, & Laura T. Starks, Behind the Scenes: The Corporate Governance Preferences of Institutional Investors, 71 Journal of Finance 2905 (2016).

19. OECD Institutional Investor Statistics, 2008–2015. See also José Azar & Mar- tin C. Schmalz, Common Ownership of Competitors Raises Antitrust Concerns, 8 Journal of European Competition Law & Practice 329 (2017), for a more detailed dis- cussion of issues in Europe.

20. 這個觀點在 1990 年代廣為流傳，可參閱 Bernard S. Black, Agents Watching Agents: The Promise of Institutional Investor Voice, 39 UCLA Law Review 811 (1992); Mark J. Roe, A Political Theory of American Corporate Finance, 91 Colum- bia Law Review 10 (1991)。關於一些早期的批評，請參閱 Edward B. Rock, The Logic and (Uncertain) Significance of Institutional Shareholder Activism, 79 Georgetown Law Journal. 445 (1991); John C. Coffee, Jr., The SEC and the Institutional Investor: A Half-Time Report, 15 Cardozo Law Review 837 (1994)。

21. From José Azar, Sahil Raina, & Martin C. Schmalz, Ultimate Ownership and Bank Competition (unpublished manuscript, July 23, 2016), https://papers.ssrn.com /sol3/papers.cfm?abstract_id=2710252.

22. Jan Fichtner, Eelke M. Heemskerk, & Javier Garcia-Bernardo, Hidden Power of the Big Three? Passive Index Funds, Re-Concentration of Corporate Ownership, and New Financial Risk, 19 Business and Politics 298 (2017); José Azar, Portfolio Di- versification, Market Power, and the Theory of the Firm (IESE Business School, Working Paper No. 1170-E, 2017), https://papers.ssrn.com/sol3/papers.cfm ?abstract_id=2811221.

23. Jie He & Jiekun Huang, Product Market Competition in a World of Cross- Ownership: Evidence from Institutional Blockholdings, 30 Review of Financial Studies 2674 (2017).

24. 阿扎爾在他 2012 年的博士論文裡首次論述到這些議題，參閱 José Azar, A New Look at Oligopoly: Implicit Collusion Through Portfolio Diversification () (un- published PhD dissertation, Princeton University May 2012), http://www.princeton .edu/~smorris/pdfs/PhD/Azar.pdf。後來，他把這項研究以論文形式發表，包括 José Azar, Portfolio Diversification, Market Power, and the Theory of the Firm (IESE Business School, Working Paper No. 1170-E, 2017), https://papers.ssrn .com/sol3/papers. cfm?abstract_id=2811221，還有注 21 與 31 所引用的他的共同論文。

25. 大部分是根據克雷頓法案第 7 節的法律權威。

26. See U.S. Department of Justice & Federal Trade Commission, Horizontal Merger Guidelines (2010), https://www.ftc.gov/sites/default/files/attachments /merger-review/100819hmg.pdf; Sonia Jaffe & E. Glen Weyl, The First-Order Ap- proach to Merger Analysis, 5 American Economic Journal: Microeconomics 188 (2013).

27. 請 參 閱 Germ.n Guit.rrez & Thomas Philippon, Investment-less Growth: An Empirical Investigation (National Bureau of Economic Research, Working Paper No. 22897, 2016)。此外，史莫茲提到他與一位基金經理人的對話，對方向史莫茲坦承，他不會要求他的投資組合裡的公司加強彼此之間的競爭，因為市占率是零和賽局。請參閱 Martin Schmalz, Anti- Competitive Effects of Common Ownership (presentation at Columbia Law School, November 3, 2016)。

28. Miguel Antón, Florian Ederer, Mireia Giné, & Martin C. Schmalz, Common Ownership, Competition, and Top Management Incentives (Ross School of Business, Paper No. 1328, 2017).

29. Martin C. Schmalz, One Big Reason There's So Little Competition Among U.S. Banks, Harvard Business Review (June 13, 2016), https://hbr.org/2016/06/one -big-reason-theres-so-little-competition-among-u-s-banks.

30. 商業社會學家把這種轉變稱為「金融主導」（finance-dominated）或「後福特主義」（post-Fordist）的商業模式。這種轉變的早期歷史，相關評論請參閱 William Lazonick & Mary O'Sullivan, Maximizing Shareholder Value: A New Ideology for Corporate Governance, 29 Economics & So- ciety 13 (2000)。另 可 參 考 Engelbert Stock- hammer, Some Stylized Facts on the Finance-Dominated Accumulation Regime, 12 Competition & Change 184 (2008), for an update。

31. SeeJosé Azar, Martin C. Schmalz, & Isabel Tecu, Anti-Competitive Effects of Common Ownership, Journal of Finance (Forthcoming).

32. Azar, Ultimate Ownership and Bank Competition.

33. See Antón et al., Common Ownership.

34. David Autor, David Dorn, Lawrence F. Katz, Christina Patterson, & John Van Reenen, The Fall of the

Labor Share and the Rise of Superstar Firms (MIT Working Paper, 2017), https://economics.mit.edu/files/12979; and De Loecker & Eeckhout, The Rise of Market Power.

35. 35. Jacob S. Hacker & Paul Pierson, Winner-Take-All Politics: How Washington Made the Rich Richer—And Turned Its Back on the Middle Class (Simon and Schuster, 2011).

36. 36. Eric A. Posner, Fiona M. Scott Morton, & E. Glen Weyl, A Proposal to Limit the Anti-Competitive Power of Institutional Investors, 81 Antitrust Law Journal 669 (2017).

37. Posner et al., A Proposal to Limit the Anti-Competitive Power of Institutional Investors.

38. Ronald J. Gilson & Jeffrey N. Gordon, Agency Capitalism: Further Implica- tions of Equity Intermediation 7 (Columbia Law and Economics Working Paper No. 461, 2014). See also Ronald J. Gilson & Jeffrey N. Gordon, The Agency Costs of Agency Capitalism: Activist Investors and the Revaluation of Governance Rights, 113 Columbia Law Review 863 (2011).

39. 我們抱著戒慎的態度寫作本段。這是一個錯綜複雜、變化萬千而鮮為人所理解的產業。

40. See Ali Hortaçsu & Chad Syverson, Product Differentiation, Search Costs, and Competition in the Mutual Fund Industry: A Case Study of S&P 500 Index Funds, 119 Quarterly Journal of Economics 403 (2004); John C. Coates IV & R. Glenn Hubbard, Competition in the Mutual Fund Industry: Evidence and Implications for Policy, 33 Journal of Corporate Law 151 (2007).

41. John Y. Campbell et al., Have Individual Stocks Become More Volatile? An Empirical Exploration of Idiosyncratic Risk, 56 Journal of Finance 1 (2001).

42. Karen K. Lewis, Why Do Stocks and Consumption Imply Such Different Gains from International Risk Sharing?, 52 Journal of International Economics 1 (2000).

43. 15 U.S.C. § 18 (1996).

44. 15 U.S.C. § 18 (1996).

45. 353 U.S. 586 (1957).

46. 353 U.S. 586, 597–98 (1957).

47. See Elhauge, Horizontal Shareholding.

48. 因此，我們的論述不必以企業之間的刻意協調為前提，一如有些讀者所指出的。

49. Elhauge, Horizontal Shareholding, at 1305–1308.

50. 事實上，機構投資人挹資於至少一項出版品，學術研究提出質疑。參閱 Daniel P. O'Brien & Keith Waehrer, The Com- petitive Effects of Common Ownership: We Know Less than We Think (February 23, 2017), https://papers.ssrn.com/sol3/papers.cfm?abstract_id=2922677。作者在第一條注腳裡聲明，他們得到來自美國投資公司協會（Investment Company Institute）的資金，這是一個由投資公司組成的組織，從事遊說和相關活動。

51. Thomas Piketty, Emmanuel Saez, & Gabriel Zucman, Distributional National Accounts: Methods and Estimates for the United States (National Bureau of Economic Research, Working Paper No. 22945, 2016).

52. Posner et al., Proposal to Limit the Anti-Competitive Power of Institutional Investors.

53. Ibid.

54. Nathan Wilmers, Wage Stagnation and Buyer Power: How Buyer-Supplier Relations Affect U.S. Worker

Wages, 1978-2014, American Sociological Review (Forthcoming).

55. . Matthew Desmond, Evicted: Poverty and Profit in the American City (Broad- way Books, 2016).

56. Clayton M. Christensen, The Innovator's Dilemma: When New Technologies Cause Great Firms to Fail (Harvard Business Review Press, 2016).

57. Luis Cabral, Standing on the Shoulders of Dwarfs: Dominant Firms and Innovation Incentives (2017), http://luiscabral.net/economics/workingpapers/inno vation%202017%2007.pdf.

58. 這句話既不是出自派翠克‧亨利（Patrick Henry），也不是湯瑪士‧傑佛遜（Thomas Jefferson）。顯然是溫道爾‧菲利浦斯（Wendell Phillips）在 1853 年所說的。參見 http://www.bartleby.com/73/1073.html. 。

第 5 章

1. Jaron Lanier, Who Owns the Future? (Simon & Schuster, 2013).

2. 雖然藍尼爾的著作是我們研究的直接靈感，他提出的主題似乎與其他學術研究大約同時。例如，請參閱 Lilly C. Irani & M. Six Silberman, Turkopticon: Interrupting Worker Invisibility in Amazon Mechanical Turk, CHI'13 Proceedings of the SIGCHI Conference on Human Factors in Computing Systems (2013), and Trebor Scholz, ed., Digital Labor: The Internet as Play- ground and Factory (Routledge, 2013)。

3. Imanol Arrieta-Ibarra, Leonard Goff, Diego Jim.nez-Hern.ndez, Jaron Lanier & E. Glen Weyl, Should We Treat Data as Labor? Moving Beyond "Free," American Economic Association Papers and Proceedings (Forthcoming).

4. 關於女性勞務和數據勞務之間的關聯，一個有趣而具藝術性（就算是誇大）的嘗試，請參考：http://wagesforfacebook.com/。關於這個類比偏向學術的分析，請參閱 Kylie Jarrett, The Relevance of "Women's Work"：Social Reproduction and Immaterial Labor in Digital Media, 15 Television & New Media 14 (2014)。

5. Marc Anthony Neal, Whatthe Music Said: Black Popular Music and Black Public Culture (Routledge, 1999).

6. Lanier, Who Owns the Future?.

7. Julien Mailland & Kevin Driscoll, Minitel: Welcome to the Internet (MIT Press, 2017).

8. Franklin Foer, The World Without Mind: The Existential Threat of Big Tech (Penguin, 2017).

9. Richard J. Gilbert & Michael L. Katz, An Economist's Guideto U.S. v. Microsoft, 15 Journal of Economic Perspectives 25 (2001).

10. Sergey Brin & Lawrence Page, The Anatomy of a Large-Scale Hypertextual Web Search Engine, 30 Computer Network & ISDN Systems 107 (1998).

11. Richard Thaler, Toward a Positive Theory of Consumer Choice, 1 Journal of Economic Behavior & Organization 39 (1980).

12. Chris Anderson, Free: The Future of a Radical Price (Hyperion, 2009).

13. Jakob Nielsen, The Case for Micropayments, Nielsen Norman Group (January 25, 1998), https://www.

nngroup.com/articles/the-case-for-micropayments/.

14. Daniela Hernandez, Facebook's Quest to Build an Artificial Brain Depends on this Guy, Wired (2014), https://www.wired.com/2014/08/deep-learning-yann-lecun/.

15. 「複雜性」做為學術用語時，通常指的是問題在最糟情況下的難度。這些最糟情況的範疇通常非常「保守」，因為它們劇烈誇大了一個典型的真實世界應用的條件要求。我們在此稍微濫用一下命名法，用「複雜性」指稱一個問題在典型或「平均」的實務情況下的條件要求，而不是在最糟情況下可以驗證的條件要求。

16. https://news.microsoft.com/features/democratizing-ai/.

17. 網飛的月費是 10 美元，而根據網飛公開發布的統計資料，在 2015 年，一般訂閱者每天觀賞 1.5 個小時。

18. Foer, World Without Mind.

19. Carl Benedikt Frey & Michael A. Osborne, The Future of Employment: How Susceptible Are Jobs to Computerisation?, 114 Technological Forecasting & Social Change 254 (2017).

20. Daron Acemoglu & Pascual Restrepo, Robots and Jobs: Evidence from US Labor Markets (National Bureau of Economic Research, Working Paper No. 23285, 2017).

21. Arrieta-Ibarra et al., Should We Treat Data as Labor?

22. David Autor et al., The Fall of the Labor Share and the Rise of Superstar Firms (National Bureau of Economic Research, Working Paper No. 23396, 2017).

23. Julie E. Cohen, The Biopolitical Public Domain: The Legal Construction of the Surveillance Economy, Philosophy and Technology (Forthcoming).

24. Colm Harmon, Hessel Oosterbeek, & Ian Walker, The Returns to Education: Microeconomics, 17 Journal of Economic Surveys 115 (2003).

25. Ming Yin et al., The Communication Network Within the Crowd (Proceedings of the 25th International Conference on World Wide Web 1293, 2016), https://www .microsoft.com/en-us/research/wp-content/uploads/2016/07/turker_network1.pdf.

26. Irani & Silberman, Turkopticon; and Mary L. Gray & Siddharth Suri, The Humans Working Behind the AI Curtain, Harvard Business Review, January 9, 2017.

27. Mary L. Gray & Siddharth Suri, this project is currently untitled, but is under contract from Houghton Mifflin Harcourt. (Forthcoming).

28. Annalee Newitz, Raters of the World, Unite—The Secret Lives of Google Raters, Ars Technica (April 27, 2017), https://arstechnica.com/features/2017/04/the -secret-lives-of-google-raters/.

29. 例如在 2017 年，一位批判谷歌商業實務的研究人員被開除，而關於谷歌在事件中所扮演的角色，就引發了激烈爭議。

30. See Roland Bénabou & Jean Tirole, Intrinsic and Extrinsic Motivation, 70 Review of Economic Studies 489 (2003), for a survey of this literature.

31. Sara Constance Kingsley et al., Accounting for Market Frictions and Power Asymmetries in Online Labor Markets, 7 Policy & Internet 383 (2015).

32. Arindrajit Dube, Jeff Jacobs, Suresh Naidu, & Siddharth Suri, Monopsony in Crowdsourcing Labor

Markets (Columbia University Working Paper, 2017).

33. https://www.nytimes.com/2016/05/06/business/facebook-bends-the-rules -of-audience-engagement-to-its-advantage.html?mcubz=0&_r=0.

34. avid L. Harris, Massachusetts Woman's Lawsuit Accuses Google of Using Free Labor to Transcribe Books, Newspapers, Boston Business Journal (January 23, 2015), https://www.bizjournals.com/boston/blog/techflash/2015/01/massachu setts-womans-lawsuit-accuses-google-of.html.

35. 關於這項研究的評論，可參閱 AdamAlter,Irresistible:TheRiseofAddictive Technology and the Business of Keeping Us Hooked (Penguin, 2017)。

36. Bénabou & Tirole, Intrinsic and Extrinsic Motivation; Roland Bénabou & Jean Tirole, Incentives and Prosocial Behavior, 96 American Economic Review 1652 (2006).

37. Aaron Smith, What Internet Users Know about Technology and the Web, Pew Research Center (November 25, 2014), http://www.pewinternet.org/2014/11/25 /web-iq/.

38. Lisa Barnard, The Cost of Creepiness: How Online Behavioral Advertising Affects Consumer Purchase Intention, https://cdr.lib.unc.edu/indexablecontent /uuid:ceb8622f-1490–4078-ae41–4dc57f24e08b (unpublished PhD dissertation, Uni- versity of North Carolina at Chapel Hill, 2014); Finn Brunton & Helen Nissenbaum, Obfuscation: A User's Guide for Privacy and Protest (MIT Press, 2015).

39. 關於如何實行的提案，請參考 Lanier, Who Owns the Future?; Butler Lampson, Personal Control of Data, Microsoft Research (July 13, 2016), https:// www.microsoft.com/en-us/research/video/personal-control-of-data/。

40. Karl Marx, Capital: A Critique of Political Economy (Ben Fowkes, trans., Pen- guin Classics, 1992) (1867).

41. Friedrich Engels, The Condition of the Working Class in England (David Mc- Lellan, ed., Oxford University Press, 2009) (1845).

42. John E. Roemer, A General Theory of Exploitation and Class (HarvardUniver- sity Press, 1982).

43. Beatrice & Sydney Webb, Industrial Democracy (Longmans Green and Co., 1897).

44. John Kenneth Galbraith, American Capitalism: The Concept of Countervailing Power (Houghton Mifflin, 1952).

45. Robert C. Allen, Engels' Pause: Technical Change, Capital Accumulation, and Inequality in the British Industrial Revolution, 46 Explorations in Economic His- tory 418 (2009).

46. 這是這些作者正在進行研究的主題，不過艾塞默魯 2016 年在微軟演說時曾討論到。請參閱 Daron Acemo- glu, The Impact of IT on the Labor Market (September 2016), https://economics .mit.edu/files/12118。

47. 在不同環境、與不同合作者共事之下，作者之一正在研究數據邊際價值的量化。

48. 這項計畫的第一篇論文是 Azevedo 等人 2017 年發表的〈A ／ B 測試〉（A/B Testing），但是它只和數據用於測試新產品、建議產品構想的一個狹窄層面相關。儘管這是數據勞務價值的重要組成，卻稱不上是主要面向。2018 年，本書作者韋爾與藍尼爾、以巴拉（Imanol Arrieta Ibarra）和赫南德茲（Diego Jiménez Hernádez）將著手建構用途更廣泛的系統，用於在實證上計算數據在不同機器學習環境裡的價值。

49. See, e.g., Lawrence F. Katz & Alan B. Krueger, The Rise and Nature of Alter- native Work Arrangements

in the United States, 1995–2015 (National Bureau of Eco- nomic Research, Working Paper No. 22667, 2016); Jonathan V. Hall & Alan B. Krueger, An Analysis of the Labor Market for Uber's Driver-Partners in the United States (National Bureau of Economic Research, Working Paper No. 22843, 2016); Gray & Suri, untitled book project.

50. Mark Aguiar, Mark Bils, Kerwin Kofi Charles, & Erik Hurst, Leisure Luxuries and the Labor Supply of Young Men (NBER Working Paper, 2017).

結論

1. 在經濟學領域的科技樂觀論者中，近來最知名的鼓吹者是發表《第二次機器時代》（Erik Brynjolfsson and Andrew McAfee in their 2014 book, The Second Machine Age: Work, Progress and Prosperity in a Time of Brilliant Technologies）的艾瑞克・布林優夫森（Erik Brynjolfsson）和安德魯・麥卡菲（Andrew McAfee）。更廣泛而言，最知名的科技樂觀主義者是寫了一系列書籍的雷・庫茲維爾（Ray Kurzweil）。

2. 最著名的科技悲觀論，請參閱：Robert J. Gordon in his 2016 book, The Rise and Fall of American Growth: The U.S. Standard of Living since the Civil War (Princeton University Press)。

3. 這個觀點在經濟學家間愈來愈普遍。近年來有大量論文記述了市場力量的龐大與日益增加的重要性，我們無法在此逐一列出，但是讀者可以在以下這個出色的部落格裡找到詳盡的資源：http://www.promarket.org。

4. 經濟未來的這個觀點在許多經濟學家對經濟史的理解裡位居核心，有鑑於此，它在經濟學家之間並沒有廣為接受，說來或許令人意外。例如，根據經濟學家艾塞默魯 2016 年對土魯斯資訊科技網路（Toulouse Network for Information Technology）所發表的演說「資訊科技對勞動市場的影響」（The Impact of IT on Labor Markets），十九世紀初期英國的盧德份子對科技取代勞工的恐懼，事後證明是個「錯誤」，原因並非不受羈絆的資本主義推高了勞動力的價格，而是根本而劇烈的體制改革（工會、全民教育等）幫助勞工在經濟面迎頭趕上。

5. 在過去數十年間，政治權力集中度因企業合作而升高的記述，請參閱 Jacob S. Hacker & Paul Pierson, Winner-Take-All Politics: How Washington Made the Rich Richer—and Turned Its Back on the Middle Class (Simon & Schuster, 2011)。

6. 這樣的取捨可能會違反美國憲法第一修正案（以目前的解讀來說），但是我們認為，如果對社會有利，法院最後會順應政治發展。

7. Eric A. Posner & Nicholas Stephanopoulos, Quadratic Election Law, 172 Public Choice 265 (2017).

8. 關於這些顧慮的詳細討論，請參閱 Ben Laurence & Itai Sher, Ethical Considerations on Quadratic Voting, 172 Public Choice 195 (2017); Josiah Ober, Equality, Legitimacy, Interests, and Prefer- ences: Historical Notes on Quadratic Voting in a Political Context, 172 Public Choice 223 (2017)。

9. Milanovic, Global Inequality.

10. Margaret E. Peters, Trading Barriers: Immigration and the Remaking of Glo- balization (Princeton University Press, 2017).

11. Eric A. Posner & Alan O. Sykes, Voting Rules in International Organizations, 15 Chicago Journal of International Law 195 (2014).

12. Émile Durkheim, The Division of Labour in Society (Simon & Schuster 1997; originally published in 1893).

13. 佛瑞德・赫許（Fred Hirsch）提出最經典、或許也是立論最嚴謹的批判，參見 Fred Hirsch, The Social Limits to Growth (Harvard University Press, 1976)。但是麥可・桑德爾（Michael J. Sandel）最近發展出類似的論調，請參閱 Michael J. Sandel, What Money Can't Buy: The Moral Limits of Markets (Farrar, Straus and Giroux, 2012), and Samuel Bowles, The Moral Economy: Why Good Incentives Are No Substitute for Good Citizens (Yale Uni- versity Press, 2016)。

14. A. O. Hirschman, Rival Interpretations of Market Society: Civilizing, Destructive, or Feeble?, 20 Journal of Economic Literature 1463 (1982).

15. Durkheim, Division of Labour in Society.

16. Jane Jacobs, The Death and Life of Great American Cities (Random House, 1961).

17. 有人指出，市場最有力的願景在本質化具有道德教化力量，不是只有經濟顯景，請參見 Marion Fourcade & Kieran Healy, Moral Views of Market Society, 33 Annual Review of Sociology 285 (2007)。我們希望會有讀者覺得這個道德願景是激進市場方案的重要元素。

18. 有人可能在想，個人是否可以免於恐懼他人取走自己的所有物。然而，在最適的 COST 稅率下，個人在為他們的所有物訂價時，會高於他們願意接受的水準，因此這仍然會是雙方互惠的交易，而不會處於像現在的不平衡狀態。有些個人或許會嚴重低報資產價值，想要隱藏或損壞這些資產，以避免被迫售出，但是這種反社會策略可能也應該會受到社會制裁，就像逃漏稅一樣；請參閱後文。

19. Gary Becker, The Economics of Discrimination (University of Chicago Press, 2d ed., 2010).

20. See Richard H. Thaler & Cass R. Sunstein, Nudge: Improving Decisions About Health, Wealth, and Happiness (Penguin, 2009).

尾聲

1. F. A. Hayek, The Use of Knowledge in Society, 35 American Economic Review 519 (1945).

2. Ludwig von Mises, Economic Calculation in the Socialist Commonwealth 19–23 (S. Adler trans., Ludwig von Mises Institute, 1990) (1920).

3. Leonard E. Read, I, Pencil (Foundation for Economic Education, 2010) (1958), https://fee.org/media/14940/read-i-pencil.pdf.

4. Cosma Shalizi, In Soviet Union, Optimization Problem Solves You, Crooked Timber (May 30, 2012), http://crookedtimber.org/2012/05/30/in-soviet-union -optimization-problem-solves-you/.

5. Oskar Lange, The Computer and the Market, in Socialism, Capitalismand Economic Growth: Essays Presented to Maurice Dobb (Cambridge University Press, C. H. Feinstein, ed., 1967).

6. Global Computing Capacity, AI Impacts (February 16, 2016), http://aiimpacts .org/global-computing-capacity/#easy-footnote-bottom-7.

7. J. S. Jordan, The Competitive Allocation Process Is Informationally Efficient Uniquely, 28 Journal of Economic Theory 1 (1982); Noam Nisan & Ilya Segal, The Com- munication Requirements of Efficient

Allocations and Supporting Prices, 129 Journal of Economic Theory 192 (2006).

8. Lange, The Computer and the Market, at 157.

9. The Soviet Union: GDP Growth, Nintil (March 26, 2016), https://nintil .com/2016/03/26/the-soviet-union-gdp-growth/.

10. 一個可參閱的例子就是 Modiface's eye-tracking–based advertising analytic system described at http://www.mobilemarketer.com/news/modiface-eye-tracking-app -increases-smashbox-conversions-by-27/447825/。

後記

1. José Luis Rincó, "Critiques of Radical Markerts," https://nintil.com/2018/11/29/critiques-of-radical-markerts.

2. Vitalik Buterin, "On Radical Market," https://vitalik.ca/general/2018/04/20/ radical-market.html.

3. 請參閱 Vitalik Buterin and E. Glan Weyl, "Central Planning as Overfitting," https://radicalxchang.org/blog/posts/2018-11-26-4m9b8b.

激進市場

戰勝不平等、經濟停滯，與政治動盪的全新市場設計

Radical Markets:
Uprooting Capitalism and Democracy for a Just Society

作者：艾瑞克·波斯納（Eric A. Posner）、格倫·韋爾（E. Glen Weyl）｜譯者：周宜芳｜審訂、臺灣版延伸閱讀撰述：葛如鈞、Chungsang Tom Lam林仲生｜特別感謝：唐鳳、彭筱婷、梁智程、黃雅信｜總編輯：富察｜主編：鍾涵瀞｜編輯協力：徐育婷、魏秋綢｜企劃：蔡慧華｜視覺設計：BIANCO、吳靜雯｜章名頁插畫提供：亞歷山大·如德－莫瑞（Alexander Gard-Murray）｜印務經理：黃禮賢｜社長：郭重興｜發行人兼出版總監：曾大福｜出版發行：八旗文化／遠足文化事業股份有限公司｜地址：23141 新北市新店區民權路108-2號9樓｜電話：02-2218-1417｜傳真：02-8667-1851｜客服專線：0800-221-029｜信箱gusa0601@gmail.com｜臉書：facebook.com/gusapublishing｜法律顧問：華洋法律事務所 蘇文生律師｜印刷：中原造像股份有限公司｜出版日期：2020年5月／初版一刷｜定價：600元

國家圖書館出版品預行編目(CIP)資料

激進市場：戰勝不平等、經濟停滯、與政治動盪的全新市場設計 / 艾瑞克·波斯納(Eric A. Posner, 格倫·韋爾(E. Glen Weyl)著；周宜芳翻譯. -- 初版. -- 新北市：八旗文化出版：遠足文化發行, 2020.05
452面；14.8×21公分

譯自：Radical markets : Uprooting Capitalism and Democracy for a Just Society

ISBN 978-986-5524-07-4(軟精裝)

1.經濟學 2.市場經濟 3.經濟政策

550   109004632